ZHIXIANG KEXUE XUEKE HEXIN SUYANG DE XIAOXUE KEXUE DANYUAN SHEJI SHIJIAN

指向科学学科核心素养的小学科学单元设计实践

王小宁◎著

中国文联出版社

图书在版编目（CIP）数据

指向科学学科核心素养的小学科学单元设计实践 / 王小宁著. -- 北京：中国文联出版社，2023.12
ISBN 978-7-5190-5371-0

Ⅰ. ①指… Ⅱ. ①王… Ⅲ. ①科学知识－教学设计－小学 Ⅳ. ① G623.62

中国国家版本馆 CIP 数据核字（2023）第 244428 号

著　　者　王小宁
责任编辑　于晓颖
责任校对　秀点校对
装帧设计　张　凯

出版发行　中国文联出版社有限公司
社　　址　北京市朝阳区农展馆南里 10 号　　邮编　100125
电　　话　010-85923025（发行部）　010-85923091（总编室）
经　　销　全国新华书店等
印　　刷　三河市龙大印装有限公司

开　　本　710 毫米 ×1000 毫米　1/16
印　　张　16.25
字　　数　221 千字
版　　次　2023 年 12 月第 1 版第 1 次印刷
定　　价　65.00 元

序

初识王小宁，是在2008年的一次常态听课中。刚刚毕业的她年轻、有想法。

再识王小宁，是在2010年她校的师徒结对活动。我与她有了正式的师徒之名。

真识王小宁，是在之后的12年里，是在无数次指导与交流的回合中。她逐步褪去稚嫩，日趋成熟，从实验基本功到课堂教学，从一课时的教学设计到如今的单元教学活动，逐渐形成她独特的教学风格，凝练出她实践的教学成果，可以说她获得的朝阳区最年轻的市级骨干及科学学科“小满贯”，印证了她一步一个脚印、扎扎实实的成长之路。

我眼中的她，曾是一个有韧性的年轻教师。还记得，在2011年北京市第一届实验技能大赛中，她从全区初赛教师中脱颖而出，成为复赛年龄最小的老师。在复赛的培训中，她积极备战，不断充实自己，辅导手册上记满了各种专家的讲解与她自己的思考。正是这种认真钻研、拼搏向上的态度，让她从复赛的选手中脱颖而出获晋级市赛的资格。最后的冲刺阶段，她更是以实验室为基地，早7点踏入，晚8点踏出，十个参赛实验至少做了百遍之多。就这样，她代表朝阳团队获得了市级一等奖的好成绩。经历这次磨炼，她夯实了基本功，也让我看到了她身上的那股韧劲。

我眼中的她，曾是一个有思考的优秀青年教师。还记得，2015年作为区级优秀青年教师的她，代表朝阳区参加北京市评优课活动。从她试讲

《简单电路》的第一次，到最终站在展示的舞台上，她再次经历了漫长且蜕变的过程。十几次的试讲，从思维的设计、问题的关联，到语言的组织、教态的表现，她都在我普适常规的要求下，自然融入独到的新想法。最终她荣获了北京市评优课一等奖的佳绩。这次课堂教学的历练，让我看到了她的成长与蜕变。

我眼中的她，曾是一个有创意的区级骨干教师。还记得，2018 年作为区级骨干教师的她拔得头筹，参加了北京市第二届“京教杯”青年教师教学基本功展示活动。本次展示首次提出以单元形式开展教学设计及说课。就在大家皆处懵懂时，她凭借自己的思考与创意，撰写了《设计楼梯照明电路》这个技术与工程领域下充满跨学科味道的单元教学设计初稿。她的字里行间，蕴含着对单元教学设计的独到见解与新意，因而成功入围备赛选手行列。在接下来的培训准备阶段，我们一次次思维碰撞，一次次梳理打磨，曾经为开篇首语凝思苦想，曾经为揣摩一字站立不动几小时，更曾经创下了一个上午连续录制三节教学实录的纪录……更不能忘怀的是，我俩赛事的巧合，她复赛当日，恰逢我正高市级答辩之时。中午给她进行最后一次演练后，我匆忙赶到自己答辩地点。由于她是当日参赛的最后一名出场，所以我答辩结束折回“京教杯”赛场，正好目送她自信地走入答辩赛室。耳机里传出她有条不紊的说课声、与专家互动答辩的娴熟声，我知道一等奖非她莫属，这让我感受到了她的理性又带有创意的教学风格已悄然而成。

我眼中的她，曾是一个全面发展的市级骨干教师。又记得，2020 年她被评为北京市骨干教师，成为朝阳团队中最年轻的佼佼者。在多年的教学实践中，她参与了各级各类的教学竞赛活动，从实验技能大赛、市级现场评优课、市级“京教杯”说课到全国案例展示，真可谓获得了教学竞赛中的“小满贯”，成功跃进北京市科学教学领军队伍。

我眼中的她，现是一个优秀的小助手。十几年前，从我带领她一步步成长，到现在她独当一面成为他人的师父，无论在市区级教学设计、论文评审还是说课答辩、论坛发言等活动中，她皆与我一起承担辅导的重任。她的无私奉献，让我看到了朝阳科学团队的传承精神，让我看到了朝阳科学教育的更大希望。

现在，我眼中的她，还是一个善于总结的研究型教师。她基于自己的教学研究及参加教学竞赛活动的经验，编写了《指向科学学科核心素养的小学科学单元设计实践》一书。审视此书，我觉得书中有理论有实践，有对撰写单元教学设计、单元作业设计和单元评价的框架设计等内容，通过真实的案例展现了一线教师创新课堂的成果，是一本值得科学教师学习与借鉴的好书。

最后我想说，作为她的师父、她的引路人，我眼中的她更是一个可以有着深远发展的科学教师。希望她在今后的教育之路上，以课堂为沃土，成就自己与学生更精彩的人生！

王李英

2023 年 1 月

前　言

2022年4月21日，教育部出台了《义务教育课程方案和课程标准（2022年版）》（以下简称《新课标》），本书就是紧密围绕着新出台的科学课程标准而撰写的。

一、核心思想

在《新课标》中明确指出，科学课程要培养学生的核心素养，而课堂教学就是提升学生核心素养主战地，作业就是副战地，只有通过评价将两者关联，形成教学评一体化的完整设计，才能最终达成目标，显然单课时的备课已无法满足现在的需求，所以本书是基于以学生核心素养的培养为目的，围绕开展单元活动设计的话题进行撰写的。

二、主要内容

本书分为课堂篇、作业篇及评价篇三部分内容。

课堂篇中，主要阐述了科学课程标准核心素养如何在课堂教学中得以落实，通过常年对于教学设计的钻研，提出一个基本的单元教学设计范式供一线教师使用，可以参照范式进行单元教学设计活动，提高教师备课效率，增强核心素养情况的落实。该篇最后列举出了完整单元教学设计的案例供一线教师参考使用，分别指向工程实践类单元教学设计和科学探究类单元教学设计，两篇案例分别荣获市、区级单元教学设计竞赛一等奖。

作业篇中，主要阐述了科学课程标准核心素养如何在单元作业中得以落实，通过常年对于单元作业的钻研，提出一个基本的单元作业设计范式

供一线教师使用，教师可以参照范式进行单元作业设计活动，提高教师备课效率，增强学生核心素养的落实情况。该篇最后列举出了学生不同方面作业成果的案例供一线教师参考使用，分别指向单元教学设计中的作业、课后自然科学实践作业、课后社会科学实践作业和课后设计与制作类实践作业。

评价篇中，主要阐述了科学课程标准核心素养如何在单元作业评价中得以落实，通过常年对于单元作业评价的钻研，提出几类单元作业评价的模板，可以参照模板开展对单元活动的评价，提高教师备课效率，增强核心素养的落实情况。该篇评价主要是针对单元教学活动和单元作业的表现性评价，并在最后列举出单元表现性评价的案例供一线教师参考使用，分别指向单元教学活动（作业）中的评价、单元课后实践作业评价。

对于年轻的小学科学教师而言，此书可以打通一条快速成长之路。通过阅读本书内容，可以清晰地知道在进行单元活动设计时，按照一个怎样的流程，每个流程中要思考哪些问题，在单元教学中插入的作业或者单元教学后布置的实践作业可以怎样设计并进行评价改进。这些都是这本书的特色所在，并且书中还充分做到了理论与实践相结合，围绕单元活动的教学评一致性进行全书的架构，由此帮助年轻教师快速高效完成单元活动的备课，以此提升学生的核心素养。

目　录

上篇　课堂篇

中篇　作业篇

下篇　评价篇

上　篇

课堂篇

本篇内容解读：本篇主要阐述了科学课程标准核心素养如何在课堂教学中得以落实，通过常年对于教学设计的钻研，提出一个基本的单元教学设计范式供一线教师使用，可以参照范式进行单元教学设计活动，提高教师备课效率，增强核心素养情况的落实，本篇最后列举出了完整单元教学设计的案例供一线教师参考使用，分别指向工程实践类单元教学设计和科学探究类单元教学设计。

一、什么是科学学科核心素养

2022 年新出台的科学课程标准中明确提出，科学课程要培养的学生核心素养，主要是指学生在学习科学课程的过程中，逐步形成的适应个人终身发展和社会发展所需要的正确价值观、必备品格和关键能力，是科学课程育人价值的集中体现，包括科学观念、科学思维、探究实践、态度责任等方面。

科学课程的四个核心素养相互依存，共同构成一个完整的体系，体现了科学课程的育人价值。科学观念是科学课程本质属性的集中体现，是其他素养的基础。科学思维是从科学的视角对客观事物本质、规律与关系的认识方式，也是适应现代社会发展的核心思维方式，而且可以迁移到其他领域，是科学课程中最重要的核心素养。探究实践是学生形成其他素养的主要途径，同时，作为核心素养，它也是一种关键能力。态度责任是学生基于对科学观念的深度理解，在探究实践的支撑下，通过科学思维内化而形成的必备品格，是社会主义核心价值观在科学课程中的集中体现。本篇章在单元教学设计的基本原则中还会有对科学课程的核心素养更详细的解读。

二、什么是单元教学设计

单元教学设计中的“单元”指的是“学习单元”。单元教学设计以学习者为核心，以学生的知识背景为基础，以学科核心素养及其进阶发展为目标，在细化课程标准的基础上，系统分析课程内容所承载的学生素养发展价值和社会应用价值，并根据学生的实际情况，将教学内容整合为具有一定主题的、结构化的学习单元。

单元教学设计有着这样的几点基本要求。首先要有整体性，主要体现在教学目标的设定和教学内容的整合。其次要有相关性，主要体现在课型

的选择与教学目标和内容相关；教学方法与教学目标和内容相关；教学活动与教学活动之间和教学目标相关。再次要有阶梯性，主要体现在教学活动的设计与教学内容相结合，要从简单到复杂，从单一到综合，从基础到提高，活动的要求体现循序渐进的教学原则。最后要有综合性，主要体现在整个单元教学能否体现学生综合运用语言的能力，包括单一目标与多维教学目标的综合，单一技能与多项技能的综合。

单元教学设计常见的有四种类型：1. 以科学的学科知识体系为主题的学习单元。按照所使用的教材章节框架来组织，与教材的章节框架基本一致，有一些适当的增加和删减，更多的是关注知识点与知识点之间的内在逻辑关系，具有层次性和递进性，呈现教材单元的特点和内容。2. 以创设核心任务为主题的学习单元。确定本学科的核心任务内容，将教材中相似的主题教学内容进行整合形成学习单元，使学习单元呈现结构化、整体性和可操作性。3. 以解决生活中现实问题为主题的学习单元。按照生活中的现实情境问题进行学习单元重构，需要学生运用跨学科的知识和技能，打破学科之间的界限，有利于更有效地培养学生的综合思维。4. 以某一学科核心素养进阶为主题的学习单元。确定某一学科核心素养，按照具体课标规定的层次水平，选择教学内容进行整体设计。

三、为什么要进行单元教学设计

站位单元进行教学设计标志着教学专业逻辑起点的转变：从知识到学习，从内容到课程。单元整合了时间、目标、内容、情境、任务、活动、评价等要素，组成了一个相对独立而完整的学习事件。

1. 单元教学设计构建了学科体系化的学习内容

知识的学习不是简单的重复，也不是碎片化的传授，而是让学生在学习活动中获取知识，帮助学生学会思考知识之间的联系，构建体系化的知识。科学课程中的13 个核心概念是涵盖学生日常生活、学习和未来工作所需的体系化的内容，在单元教学中，要围绕单元构建的核心，打破或重整教材单元的结构，整合教学资源，构建具有关联性、层次性、递进性的课时教学内容，让学生学会科学知识，构建起体系化的科学相关知识内容，并将体系化的知识运用于复杂多元的生活，解决生活中的实际问题。

2. 单元教学设计是培养学生科学核心素养的基地

单元代表了课程的最小单位，是课程的细胞，也是落实学科核心素养、实现学科育人的重要路径和基本单位。单元教学设计的目标是培养和提升学生的科学核心素养，教学的途径是开展探究实践活动。在整体单元的构建之初，就要改变科学观念、科学思维、探究实践和态度责任在单课时之间割裂的现状，基于探究实践活动进行科学观念、科学思维和态度责任的一体化设计与实施。要建构出重探究、重实践、重综合和重基础并符合科学学科特性的单元教学，体现以学生为主体、教师为引领的课堂地位的转变，围绕解决真实的生活问题开展探究实践活动，激发学生积极思考和表达，引导学生自主学习、合作探究，在探究实践中培养和提升学生的科学核心素养。

3. 单元教学设计能够丰富学生学习评价的方式

评价是单元教学成效的一把标尺，也是评价学生素养的一把标尺。由于知识和内容的体系化，加之创设教学的情境性、实践性和综合性，就需要学习评价的多元化。单元教学的评价要改变注重结果、忽视过程的状况，将科学核心素养与评价内容相结合，将学习评价纳入专题学习的全过程；要改变注重他评、忽视自评的现象，将自我反思能力的培养纳入科学核心素养的培养之中，发挥学生自我评价、自我反思的主体性和主动性；要改变重成绩、轻表现的倾向，突出对学生探究实践行为表现的评价和增

值评价。要探索单元教学的过程性、自主性、增值性的评价方法，从而更好地推动和改进单元教学设计，此部分在本书下篇中会有更详细的介绍。

四、怎样进行单元教学设计

1. 单元教学设计的基本原则

原则一：源自真实的生活问题，忠于学科特点

新版课程方案的基本原则中提到，要加强课程内容与学生经验、社会生活的联系，强化学科内知识整合，统筹设计综合课程和跨学科主题学习。加强综合课程建设，完善综合课程科目设置，注重培养学生在真实情境中综合运用知识解决问题的能力。开展跨学科主题教学，强化课程协同育人功能。

对于培养学生核心素养，科学课程标准中也提出了明确且细致的要求，最后都指向于学生运用知识解决生活中的问题，解决的问题可能是课上所学习知识内容的迁移应用，也可能是课上所学习思维方法的迁移应用，但无论哪种情况，都需要学生将课上所学习的内容内化为自己的技能，用来解释和解决生活中遇到的实际问题，所以单元教学设计的源头一定是来源于一个或几个相关的真实生活问题，且这一个或几个问题能够在教师的引导下，学生基于自己的经验基础，可以通过探究实践活动，运用正确的科学思维方法达成对于问题的解决，并能在单元学习后运用本单元所学习的知识去解决新的问题，在此单元中形成正确的科学态度和相关的社会责任意识，这才达成了单元教学的要求，且高度符合科学学科的特点。

原则二：基于课程标准的要求，善于解读课程标准的文字内容

科学课程标准中有很多值得我们深入学习、分析、理解并实施的内容。因此要想设计一个指向核心素养的单元教学设计，必然要基于课程标准来进行，并且要求备课教师能够善于解读课标，我们可以从以下方面来进行。

（1）关注课程目标即核心素养的具体解读

核心素养作为课程目标，必然是我们要深入理解并进行落实的重要内容，除了上文中已经呈现的核心素养的内涵定义外，在进行单元教学设计前，我们必须还要把各部分拆解为更加细致的具体内容。

首先是科学观念，它在课标中的具体表述可以概括为三部分：一是对于具体观念的认识，即物质、能量、结构等；二是对于科学本质的认识，即可验证性、相对性、暂时性等；三是对于观念应用的要求，即解释自然现象和解决生活问题。

其次是科学思维，它在课标中的具体表述可以概括为三部分：一是模型建构；二是推理论证；三是创新思维。

再次是探究实践，它在课标中的具体表述可以概括为三部分：一是科学探究能力，明确了科学探究的八要素，即提出问题、作出假设、制订计划、搜集证据、处理信息、得出结论、表达交流和反思评价；二是技术与工程实践能力，明确了技术与工程的六要素，即明确问题、设计方案、实施计划、检验作品、改进完善和发布成果；三是自主学习能力。其中，科学探究能力、技术与工程实践能力在课堂教学中可以通过怎样的途径得到落实将作为本篇后续重点介绍内容。而自主学习能力将在作业篇中进行重点介绍。

最后是态度责任，它在课标中的具体表述可以概括为两部分：一是科学态度，即探究兴趣、实事求是、质疑创新和合作分享等；二是社会责任，即人地协调、健康生活、价值判断、道德规范和家国情怀等。

在明确了每个核心素养所包含的各个要素点后，设计单元教学活动时就要具体匹配上每个核心素养的具体哪个要素点是你在设计中要重点突出并落实的，单个单元注重核心素养四方面都要包含，如果长期进行单元备课还要考虑不同要点的培养全面性问题，不能总在某一个要素点上过于强化，在学生整个的学习经历中还要均衡地进行核心素养的全面培养与落实。

(2) 关注学业质量的具体要求

首先要理解学业质量的内涵。《新课标》中提出的学业质量是学生在完成课程阶段性学习后的学业成就表现，反映核心素养要求。学业质量标准是以核心素养为主要维度，结合课程内容，对学生学业成就具体表现特征的整体刻画。

学业质量描述是对核心素养的四个维度学段目标的综合概述与表达，依托探究实践活动，形成科学观念（正确价值观），培养科学思维（关键能力），养成科学态度与社会责任（必备品格）。

其次要理解《新课标》提倡的学业质量观。《新课标》改变以往的学业质量观，建立了素养导向的学业质量观。新的质量观具有整合性、实践性和发展性的特点，指向学生的全面发展。学业质量是指学生在应用和解决各种不确定的真实现实问题或任务中体现出来的科学核心素养。核心素养导向的学业质量观蕴含了新的学习观，学习不是识记教材中展示的知识，而是一个不断解决问题、不断创生意义的过程。

由此，我们可以看出对于学业质量的理解是非常重要的，它直接体现了单元教学活动中学生的掌握程度和单元目标的实现程度。同时，在单元备课的过程中，也应当把学业质量标准作为制定教学目标（教）、设计教学活动（学）和检测教学评价（评）的重要依据，体现了新课程方案中提到的课标指导性，也就是教学评的一致性。

(3) 关注课程标准附录中学生必做探究实践活动

课程方案中提到的要变革育人方式，突出实践，加强课程与生产劳动、社会实践的结合，充分发挥实践的独特育人功能。突出学科思想方法和探究方式的学习，加强知行合一、学思结合，倡导“做中学”“用中学”“创中学”。优化综合实践活动实施方式与路径，推进工程与技术实践。积极探索在新技术背景下学习环境与方式的变革。

具体落实到科学课中，至少要让学生必须亲自实践附录中的126个探究实践活动，这是最低的要求，如果有条件还需要为学生增加更多的探究实践的机会，丰富学生的亲身体验，所以在进行单元教学设计时，要充分考虑到学生亲自实践体验的时间以及学生进行的探究实践活动要如何更深入地展开。

2. 建构单元教学设计的一般流程及解读

在厘清了基于核心素养的单元教学设计相关的内涵和原则后，作为教师，我们应该如何来准备一个单元教学设计呢？这里提供给大家一个构思单元教学设计的一般流程图（如图1－1），供一线教师在进行单元教学备课时使用。

《新课标》中探究实践包含三个方面，科学探究、工程实践和自主学习能力，在课堂教学篇中，着重介绍科学探究和工程实践类单元教学设计的一般流程，自主学习单元教学设计的一般流程将放入后面作业篇中展开详细的介绍。

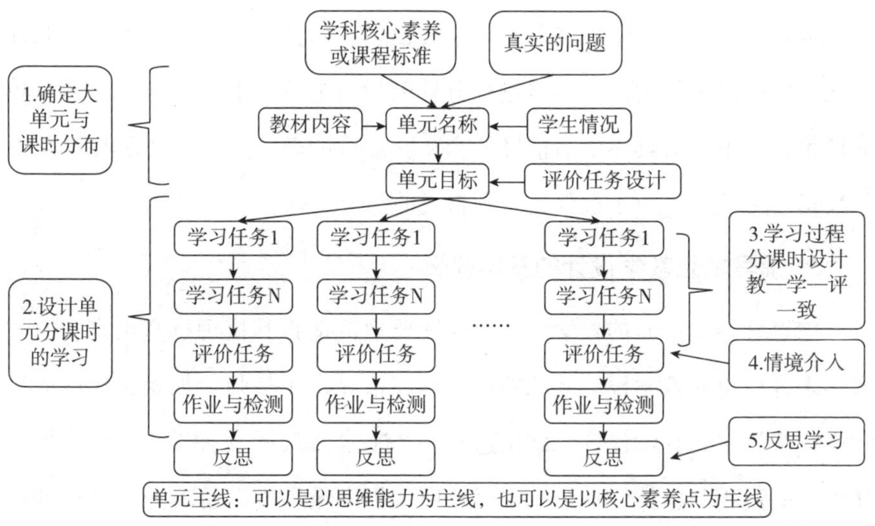

图1－1　科学探究类单元教学设计的一般流程图

流程图解读：

图1-1的流程图主要分为5个步骤，提示教师们在构思一个单元教学设计时，首先要确定大单元与具体的课时安排。可以依据学科核心素养或者课程标准来确定单元名称，这里在考虑单元名称时，可以结合教材内容以及学生的实际情况，制定单元的教学内容；还可以从一个真实的问题开展单元的设计，这个问题可以是生活中的问题，也可以是一个以往教学中学生提出的或是上课生成的教学问题；也可以参考上文中提出的单元教学的四种类型来确定。在此环节中还要明晰流程图最下面的单元主线，这个主线可以是培养学生的某种思维方法，比如归纳推理、演绎推理、类比推理等，也可以是某个核心素养点，比如科学思维、科学观念中的某个具体方面、态度责任的某个具体方面（创新）等，还可以是教学的某个侧重点，比如作业应用、评价反馈等，最好能在单元中有着相对教扶放的结构蕴含其中。在确定了单元后，下面就要设计单元学习的具体内容了。它具体包括以下几个环节：第一步，明确单元目标；第二步，设计相应的评价任务，拆解多个学习任务分配到不同的课时中；第三步，单元结束后进行总体的评价任务、作业检测及教学反思活动。这里要注意，学习任务和评价任务要同时进行设计。学习过程分课时设计要注意教—学—评一致。单元评价任务中要有具体生活情境的介入。最后的教学反思中要引导学生进行反思学习活动，而不仅仅是教师自我的一个反思。

3. 撰写单元教学设计的基本模板

构思好一个单元的教学设计后，还要规范地将其梳理撰写出来，通过多年来开展单元教学设计活动的经验和在指导青年教师参加相关比赛的过程中，我将单元教学设计总结出这样一个基本模板图（如图1-2），把握住模板的流程和整体性将会在很大程度上提高教师们撰写单元教学设计的效率。

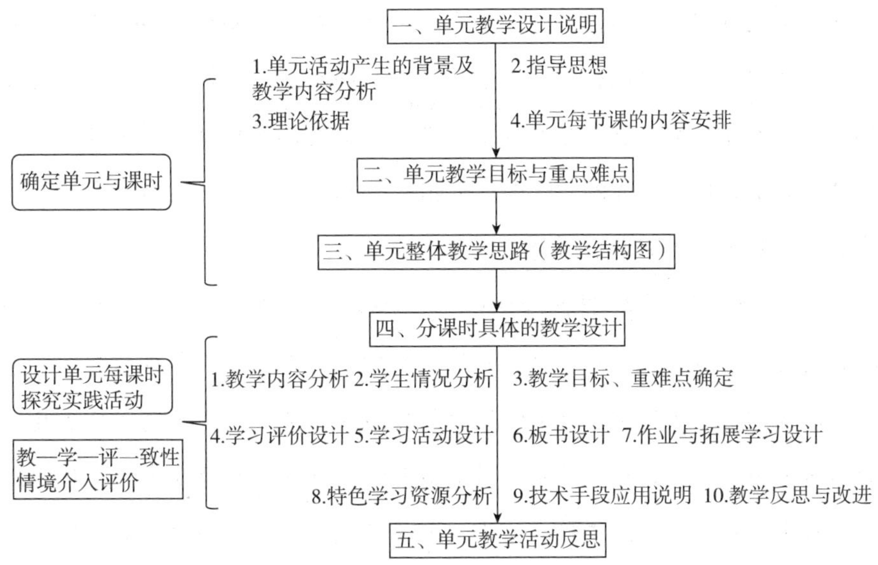

图 1－2　单元教学设计基本模板图

4. 单元教学设计基本模板图的解读

在进行单元教学设计时，一线教师应该如何使用图 1－2 的基本模板图呢？结合具体的单元教学设计实例“热是怎样传递的”，将每个环节中需要注意的事项进行逐一的举例说明。

模板图中的基本格式包括五部分：单元教学设计说明、单元教学目标与重点难点、单元整体教学思路（教学结构图）、分课时具体的教学设计和单元教学活动反思。

第一部分：单元教学设计说明

这部分模板中包含单元活动产生的背景及教学内容分析、指导思想、理论依据以及单元每节课的内容安排等。

（1）单元活动产生的背景及教学内容分析

任何一个单元教学活动内容的产生一定是有缘由的，或者是来自学生生活的困惑，或者是来自教材的不足，或者来自课外的研究活动，也就是

上文中提到的单元教学设计的四种类型，总而言之，要在活动产生的背景中阐述清楚你所设计课程内容的来源，且有理有据。比如“热是怎样传递的”这个教学内容，我的由来就是从新旧课标对于热传递的具体要求，再结合教科版教材中具体的教学内容而搭建了这样一个单元。所以我撰写产生的背景时用到了如下的语句。

2022 年 4 月 21 日，最新的小学科学课程标准正式出台了。通过近一段时间的阅读与分析，我发现：课标中，对于热在五、六年级的具体要求新旧课标都是：• 说出生活中常见的热传递的现象，知道热通常从温度高的物体传向温度低的物体。• 举例说明影响热传递的主要因素，列举它们在日常生活和生产中的应用。但是，2017 年版活动建议中仅仅着重提出了对于热传导现象的描述，由此在教科版科学书中，热单元里面只具体学习了热传递中的热传导和热对流，而热辐射只在学习热传导一课的拓展环节中出现并进行了简单的学习与认识。而 2022 年版新课标出台后，在学习活动建议中明确提出探究生活中的热传递现象：加热物体的一端，观察是否发生了热传导现象；加热烧杯里的水，借助锯末等观察水的热对流现象；用纸袋包裹温度计放在太阳下晒，记录温度计示数的变化过程，探究热辐射现象。也就是热辐射将成为重要的学习内容，并且在《新课标》附录 4：学生必做的探究实践活动中，明确提出热传递的三个内容实验。由此，将热辐射有机地加入热单元的学习中是很有必要的。

在确定好自己实施的单元教学内容后，还要进行与课标和现行教材匹对，找到有相互连接的知识、技能等方面的内容进行分析，这样才能更加准确地找到对学生培养的能力点，也才能形成单元的指导思想。比如在“热是怎样传递的”这个单元的分析中，我从《新课标》所处位置及相应的要求、在整体教科版教材中的位置和目前教科版教材中热单元每课的具体内容三个方面进行详细的分析。

（2）指导思想的制定

任何一个教学设计的灵魂都是指导思想，在单元式教学设计中更是如此，在开始设计教学内容前，就应当明确自己的设计中要解决什么问题，研究方向是什么，准备尝试哪种教学模式来进行教学设计活动。在本次教学设计中，必须从始至终突显对于选择的核心素养的培养，以及串联起整个单元的概念进阶的线索或者单元活动的流程必须要在指导思想中有所交代。比如在“热是怎样传递的”这个单元活动中，我要培养学生的重点是自主完成探究实践活动的能力，借助的教学手段主要是通过实验记录单，教学环节的搭建是依据杜威探究五步法，所以将这些重点内容综合成一段话，这个单元的指导思想就是：

科学探究是人们获取科学知识、认识客观世界的重要途径，因此掌握探究实践的方法比掌握更多的科学知识更加重要。所以，为了培养学生自主完成探究实践活动的能力，我在调整教材内容的基础上，根据学生现有知识水平与认知结构，建构出符合学生最近发展区需求的新的单元活动结构，确定单元教学内容“热是怎样传递的”，并进行设计与教学实施，借助杜威教学过程五个阶段完成课程的环节设计，以含有思维活动且有递进层次的实验记录单为“脚手架”，力求以学生为中心，通过对探究活动的设计与学习，经历“教—扶—放”的过程，帮助学生进一步加深对于探究实践素养的理解与应用，从而提升学生的科学核心素养。

（3）理论依据的书写

根据自己阐述的指导思想，引述有分量的教学理论，用来给自己的想法提供可靠的依据，包括相关的课程价值和学科素养等内容。但是也请大家注意，这里不是大量地复制粘贴理论的原文和说明，甚至是举例，而是书写在教学设计中的理论依据一定是这个理论用到的最核心的内容和自己的理解以及运用，撰写时可以是一个理论以及它的应用这种陈述格式，还

可以是把所有的理论写出来，另起一个段落进行指导思想与所有理论依据在本单元的一个综述，我常用的格式是后者。

在这个环节中常用到的一些理论依据可以推荐给教师们作为参考。关于科学逻辑推理思维方法的内容，可以使用周建武老师《科学推理》和叶宝生老师《基于逻辑的小学科学教学设计》书中的相应理论；关于探究思维发展的内容，可以使用杜威探究实验五步法。关于概念的认识，可以是皮亚杰的同化与顺应，也可以使用建构主义。关于作业的内容，可以使用王月芬老师《重构作业》一书中的相应内容。

还是举个实例来说明一下，比如："热是怎样传递的"单元中，在指导思想里明确写出了运用杜威教学过程的五个阶段，那在理论依据中一定要找到它的说明，同时，本单元中指向学生思维的主要方法是归纳推理和演绎推理，它们也应当出现在理论依据中。因此我在教学设计中是这样写的：

杜威[①]提出"反省的思维的分析"，并应用于教学过程，从而形成了教学过程的五个阶段：从情景中发现疑难；从疑难中提出问题；做出解决问题的各种假设；推断哪种假设能解决问题，经过检验来修正假设；获得结论。

叶宝生教授在《基于逻辑的小学科学教学设计》[②]一书中，对于归纳推理和演绎推理进行了详细的阐述。他提出归纳推理就是从若干个个别的认识前提出发，推出一般性结论的推理。演绎推理是从一般性认识推出个别性或特殊性认识的推理。

基于上述指导思想和理论依据，我将"热是怎样传递的"这一单元活动中的复杂问题即热传递的几种方式，拆解为 3 个相对简单的可探究问题：从学生能够直观认识的热传导，到需要间接观察的热对流，最后是较为抽象的热辐射

---

① 〔美〕约翰·杜威. 我们怎样思维·经验与教育［M］. 姜文闵，译. 北京：人民教育出版社，2005.

② 叶宝生等. 基于逻辑的小学科学教学设计［M］. 长沙：湖南科学技术出版社，2019.

问题。符合由简到繁的顺序结构，并在每节课中运用杜威反省思维的五个阶段进行课堂教学设计，在每堂课中遵循学生思维发展的轨迹，运用归纳推理得出一般结论，在运用演绎推理进行应用推广，并利用我自己设计的包含思维活动的记录单，将学生探究实验活动中的思维过程外显化，通过人人记录的方式促进每位学生都在单元活动中有所思，有所得。从而达成培养学生自主完成探究实践活动能力的目的，以此提升学生的科学核心素养。

（4）单元每节课的内容安排

一般情况下，当把指导思想和理论依据说清楚后，单元的组成结构也就顺其自然地呈现出来了，此时，设计出一个单元的结构图会非常有利于开展单元教学活动时具有清晰的逻辑结构，也让看你的设计或者使用你的设计进行教学实践活动的教师清晰地明白单元的整体结构性。比如“热是怎样传递的”单元中，我绘制了这样的单元结构图（如图 1－3），用于辅助说明我整个单元教学中有几节课，每节课之间的逻辑关系是什么，重点培养学生的哪方面能力，每课都是以杜威的五步法进行搭建的。

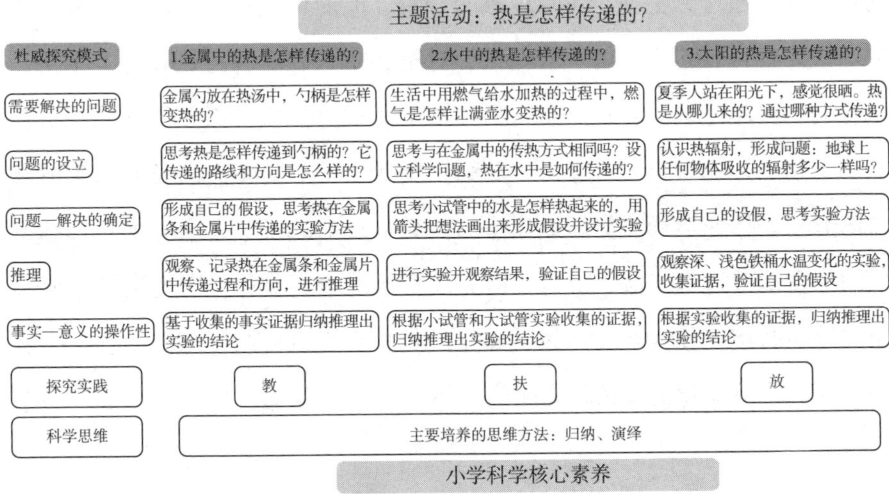

图 1－3　“热是怎样传递的”单元结构图

第二部分：单元教学目标与重点难点

这部分包含了单元教学目标的制定、单元教学重点的确定和单元教学难点的确定。

（1）单元教学目标的制定

《新课标》出台后，教学目标要从核心素养的四个维度进行系统设计，包括科学观念、科学思维、探究实践和态度责任，要求合理运用行为动词，使目标具体、明确、可观察和便于测量。

单元活动的整体教学目标应该源于课程目标且高于课程目标，是反映共性的一般教学目标与特定教学对象（学生），源于课程内容又高于课程内容，是教师以既定的课程内容为原型，结合学生的最近发展区和教师本人的教学经验进行课程再开发的结果；单元目标通常也要参考对于学生学科核心素养的培养以及课程标准中对该内容的要求程度而制定。

《新课标》出台后，喻伯军[①]老师在解读基于核心素养的教学目标应该怎样撰写中提到，科学观念：不但要写出所学习的科学知识，还要写出它的应用。如通过分类和对典型现象的分析，能简单描述一年四季的典型现象与主要特点，初步了解季节变化会对植物生长、动物迁徙和人类生活产生影响。科学思维：要写出运用哪些科学思维方法做什么。如观察季节礼盒中的物品，通过交流、分析、归纳，概括出季节的特点以及制作季节礼盒的方法。探究实践：要写出具体的探究实践活动及其要求。如对教师提供的礼盒清单进行交流、辨析，能完成夏季礼盒的制作。态度责任：要写出通过什么培养什么态度责任。如通过观察、交流、制作等活动，产生进一步探究季节变化对动植物影响的兴趣。

---

① 喻伯军主编．义务教育课程标准（2022 年版）课例式解读　科学［M］．北京：教育科学出版社，2022：36—37.

这里要注意单元教学目标的确定一定是在单元内容分析的基础上进行的，以“热是怎样传递的”一课为例，制定的单元教学目标是：

科学观念：通过对于热传递的各项实验活动的证据分析，能够描述出热量传递的方向性，通常热从温度高的物体传向温度低的物体，能说明热在水中以对流的方式进行热量的传递，能描述出不同颜色的物体吸收太阳光的能力不同，初步了解热作为一种能量，能够转移。

科学思维：运用分析、比较、归纳推理等方法，概括出热传递的特点以及认识热传递的三种方式，再运用演绎推理将结论应用于生活中，解决真实的问题。

探究实践：通过对于热传递的各项实验活动的设计与交流，能完成对于热传递的各项实验活动。

态度责任：通过对于热传递的各项实验活动的证据分析，养成以事实为依据的意识，并在实验活动中保持积极的观察探究热传递的兴趣。

（2）单元教学重点的确定

单元教学设计的教学重点一定是来自教学目标中的具体内容，同时也要与核心素养的培养紧密相连。在“热是怎样传递的”这一单元活动中，教学重点就被确定为科学观念这一目标。

（3）单元教学难点的确定——学生情况分析

单元教学设计的教学难点一定是来自学生的，所以要想确定所阐述的真的是本次活动的难点所在，就必须要对学生的课前情况进行具体的分析。

那如何做学生情况分析呢？应该要把学生已有的基础充分调取出来，首先要明确什么是学过的、应该具备的，但是也要检测一下他们学得如何，实际的基础是什么。通过分析他们的常见错误和问题等实际表现，来做出不同的归因，哪些是思路问题，哪些是习惯问题，然后还要结合新的单元教学内容，找到已学内容的关联点，是对以往学习的回顾，也是对本次单元学习的支持帮助。这样的学生情况分析就是完整的。比如“热是怎样传递的”这一单元活动中，因为重点培养学生的自主探究能力，所以在对学生进行前测时着重了此方面的测试与分析，具体是这样进行的：

对学生自主完成探究实践活动的能力进行前测分析：学生是否能够根据情景独自完成探究的各个环节。

学生从一年级开始学习科学课，在前面的学习中经常进行探究实践活动，为了更好地了解学生对于探究活动方法的掌握情况，设计了相关的前测题目，针对授课班级30人进行了前测调查，前测问题如图1－4：

有人说，水仙花可以水培（只在水中生长），也可以土培（只在土中培养，适当浇水）。但是土培的水仙花开的花会更大更好。对此你有什么看法？请你设计一个探究实验活动来验证你的想法？

实验记录单

研究问题	
我的假设	
实验材料	
实验步骤	
实验现象	
实验结论	

图1－4　前测问卷

前测结果如表 1－1：

表 1－1　前测结果

<table>
<tr><th>人数及占比</th><th>前测结果样例</th></tr>
<tr><td>12 人（40%）</td><td>实验设计完成较好

有人说，水仙花可以水培（只在水中生长），也可以土培（只在土中培养，适当浇水）。但是土培的水仙花开的花会更大更好。对此你有什么看法？请你设计一个探究实验活动来验证你的想法？

实验记录单
<table>
<tr><td>研究问题</td><td>土培水仙好，还是水培水仙花更好？</td></tr>
<tr><td>我的假设</td><td>我认为土培水仙花开花会更大更好，水培水仙花不会长得很大</td></tr>
<tr><td>实验材料</td><td>水仙花6株，花盆（带土）3个，水瓶3个</td></tr>
<tr><td>实验步骤</td><td>1. 准备长势差不多的水仙花6株；
2. 3株放在带土的花盆中，3株放在水瓶中；
3. 每天进行实际的观察记录，
4. 6盆水仙花放于同样的环境中，定期浇水。
5. 比较实验结果</td></tr>
<tr><td>实验现象</td><td></td></tr>
<tr><td>实验结论</td><td></td></tr>
</table>
图 1－5　学生前测小卷</td></tr>
<tr><td>11 人（36.7%）</td><td>实验设计有所欠缺

有人说，水仙花可以水培（只在水中生长），也可以土培（只在土中培养，适当浇水）。但是土培的水仙花开的花会更大更好。对此你有什么看法？请你设计一个探究实验活动来验证你的想法？

实验记录单
<table>
<tr><td>研究问题</td><td>水仙花在土中还是水中会开更好的花？</td></tr>
<tr><td>我的假设</td><td>我认为水中的水仙花会开得更大更好</td></tr>
<tr><td>实验材料</td><td>水仙花2株，1个装有土的花盆，1个装有水的水瓶</td></tr>
<tr><td>实验步骤</td><td>1. 将2株水仙花分别放入花盆和水瓶中；
2. 每天观察记录它们的开花情况；
3. 根据记录进行比较</td></tr>
<tr><td>实验现象</td><td></td></tr>
<tr><td>实验结论</td><td></td></tr>
</table>
图 1－6　学生前测小卷</td></tr>
<tr><td>7 人（23.3%）</td><td>实验设计不能按要求独立完成</td></tr>
</table>

前测结果及相关分析：

(1) 学生呈现非常明显的两极分化，班级中仅有12人能够较好地完成实验设计，还有7人不能按要求进行设计活动。

(2) 在完成较好的12人中，仍存在着细节认识不足的问题。对于实验前的预设与分析，实验方案中需要设计自己的记录表格，这些内容没有出现相应的设计。透过学生反思，作为教师，在日常的教学活动中可能出现了为学生搭设过多的“脚手架”，以至于在学生独立进行探究活动设计时缺乏对于细节之处的设计与思考。

(3) 有11人的探究活动设计有明显的不足，主要问题出现在试验方案的设计不够严谨，对于对比实验的落实，以及观察实验方法的思考不足。

(4) 有7人实验设计不能按要求独立完成。通过反思分析，可能是课上的小组活动中，明确的实验活动身份导致有些学生不再进行思考，完全依赖同组的学生进行活动，缺乏兴趣性和主动性，以至于独自进行设计活动时，完全不能胜任这项工作。

相应的对策：

(1) 提升每位学生对探究活动的积极性。通过对课程的设计，从学生感兴趣的生活问题入手，贴近学生的情景化背景，激发学生对于解决问题的主动性。

(2) 要求每人进行探究活动的记录。借助实验记录单形成每节课自己思维外显化的独特成果，鼓励学生们在自己有想法的基础上再展开小组成员间的讨论活动，通过生生互评的方式促进学生的主动性。

(3) 设计有“教—扶—放”递进结构的单元活动。第一课时提供详细的实验记录单，帮助学生回顾复习完整探究活动应该如何设计并开展；第二课时提供部分提示的记录单，引导学生尝试着主动设计并开展探究活动；第三课时提供空白的记录单，学生能够独立主动完成设计并开展探究活动。

第三部分：单元整体教学思路（教学结构图）

应当在这一部分阐述清楚所设计的每个课时与单元或者单元活动的关系，能够让别人看清楚主线或者概念的递进关系。但是实际教学设计时一般都把这个结构图前置到背景分析中，尽早亮相让别人清晰你的设计意图，或者在这里设计更加详细的单元结构图，可以包含目标、评价、作业，还有具体环节中的主要设问。当然对于教学结构图的绘制方式可以有很多种，只要达成清晰展现设计结构的目的即可。

第四部分：分课时具体的教学设计

每一课的教学设计都包含教学内容分析、学生情况分析、教学目标及重难点确定、学习评价设计、学习活动设计、板书设计、作业与拓展学习设计、特色学习资源分析、技术手段应用说明和教学反思与改进这 10 项内容。

1. 教学内容分析是针对本课时内容进行阐述的，需要注意的是教学内容应该有上下的关联性，尤其是位于中间的几节课，应当清晰表明与前后课之间的关系，是起始课还是概念递进的某个层次，应当在教学内容中有明显的呈现。

2. 学生情况分析要针对本节课前学生已有的知识技能经验进行分析，为如何能够更好地达成本课教学目标，进行必要的分析与设计相应策略，尤其是中间几节课也需要表明学生在前几课的基础上已经具备了什么样的知识技能，为本节课的学习做出了什么必要的铺垫。

3. 教学目标的确定，一定来源于单元的总目标，而且具体到本节课可以达到的程度，能够根据制定的评价标准进行准确的评价。

4. 教学重难点与单元活动相同，重点来自教学目标，而难点来源于学生的情况分析，每课要有独立的教学重难点，这个重难点也要是单元活动重难点中的一部分，当完成单元或者单元活动所有课时学习时，学生应该达成对于单元活动重难点的学习。

5. 学习评价设计应当紧密围绕着教学目标而制定，给出一个明确的针对于本课学习的评价量规，能够帮助教师及学生清晰认识到本课学习后自己所能够达成的水平，应当具有实用性及可操作性，详细的介绍还要在本书下篇中具体展开。

6. 学习活动设计是教学设计中最重要的一部分，它包含了教学环节、教师活动、学生活动以及活动意图说明四部分。其中教学环节要有明确的标题，标题的体例要统一，可以以概念进程、教学进程、学生学习进程、探究活动进程等方式设计。教师活动则侧重教学行为表现，教学策略实施，不必机械地一问一答，可以用叙述的形式讲述教学活动进程，但是对于关键的设问与过渡语言要清晰表述，可以更换另一种字体表明是课堂上教师的设问。学生活动中呈现对学生的分析要多于其他内容的描述，特别是对学生的活动预设，要有充分的考虑，如果是二次修改的教学设计，要在有改进的地方标注出改进后的效果和原有的设计，便于他人比较（仅涉及关键环节）。活动意图说明则需要围绕教学指导思想展开。并非每一个活动都要有分析，要在重要环节和表现设计思想的环节做分析，分析不能够脱离教学活动，要以教学活动为证据，展开简要的分析，突出分析和对策，体现学生的实际获得。比如“热是怎样传递的”这一单元活动中，以第一课的学习活动设计为例，见表 1－2。

表 1－2　“热是怎样传递的”单元活动第一课学习活动设计

教学环节	教师活动	学生活动	活动意图说明
环节一：基于真实情景明确研究问题	出示图片 提问：汤勺的勺柄为什么会烫手？你们还发现过类似这样的情况吗？	学生举例说明生活中的一些传热现象	此环节是杜威探究模式中的第一步：需要解决的问题。通过生活中的金属勺变烫的生活经验，启发学生思考在同一个物体内热传递的过程和方向
	聚焦问题：热是怎样传到勺柄的？	学生思考在同一个物体内热传递的过程和方向	

续表

教学环节	教师活动	学生活动	活动意图说明
环节二：引导学生猜测热是怎样传递到勺柄的	1. 出示记录单	学生思考，并将想法画在记录单上	通过出示记录单的方式引导学生对问题进行合理的假设，并让每位同学在自己的记录单上用自己喜欢的方式进行记录
	2. 组织学生进行交流讨论	小组交流，说说热在汤勺中是怎样传递的	
环节三：观察热在金属条中的传递，制订实验方案	1. 出示实验材料、装置图，引导学生进行探究实验活动的设计	学生根据材料设计实验方法 预设学生的设计。 预设1：在一根金属条表面均匀涂上蜡，然后将金属条固定在铁架台上，用酒精灯加热金属条的中部，观察金属条上蜡的变化。 预设2：在金属条上涂上感温油墨，加热金属条，观察感温油墨的颜色变化	首先，让学生交流和预测热在勺柄中的传递过程，希望学生能注意到勺柄中的温度变化，对理解热传递的方向性有一定的铺垫。其次，开展“热在金属条中的传递”实验，希望学生直观地看到热在物体中的传递过程，对热量的传递过程和方向有一定的启发。在这个探究实验的设计中，教师主要是借助较为详细的记录单进行了辅导，以此希望在下面金属片的实验中，学生可以试着自主进行设计
	2. 组织学生交流实验方案，重点强调实验设计中对实验结果的预设与分析	学生实验前要能表述出如果……说明，如果……则说明	
	3. 再引导学生说说实验注意事项	学生开展实验探究	
	4. 组织学生交流实验中的发现	学生通过对观察到的现象的归纳推理，从而得到科学的结论	
环节四：观察热在金属片中的传递	1. 教师出示金属片	学生推测热在金属片中是怎么传递的	在学生认识到热传递具有一定的方向性后，再利用金属片实验进一步验证学生得出的结论，论证结论的科学性。同时，金属片实验也是探究实践活动再次设计并开展的过程，这里不再有记录单的完整设计，而是让学生用语言描述实验的过程和对结果的预设与分析，由此验证学生探究实践能力的学习程度
	2. 提出问题：怎样让金属片上的热传递可以被“看到”？	学生根据问题进行实验的设计 预设1：在涂有蜡或感温油墨的金属圆片边缘的一个点上加热，观察变化情况。 预设2：在涂有蜡或感温油墨的金属圆片的中心加热，观察变化情况	
	3. 组织学生交流实验方案	学生交流讨论	
	4. 小组展开实验活动，教师巡视	学生进行实验活动，收集证据	
	5. 引导学生交流实验中的发现	学生通过对观察到的现象的归纳推理，从而得到科学的结论	

续表

教学环节	教师活动	学生活动	活动意图说明
环节五：研讨总结	1. 全班进行交流研讨： (1) 热在金属条上是通过什么传递过去的？ (2) 热在金属条中是怎样传递的？热在金属片上又是怎样传递的？ (3) 热在金属条和金属片中的传递方式有什么相同点？	学生针对三个问题进行回答，在回答中梳理对于热传导的概念学习	通过归纳和梳理，进一步比较热在金属条和金属片中传递的异同点，在比较的基础上，学生认识到热量的传递有一定的方向性，通常热从温度高的物体传向温度低的物体，或从温度高的部分传向温度低的部分
	2. 整理、概述对热传递的认识	通过板书进行概念的梳理	
环节六：拓展	举例说明生活中热传导是怎样进行的	学生学习概念后的演绎推理	在知道“热量的传递有一定的方向性，通常热从温度高的物体传向温度低的物体”的基础上，举出更多的生活实例

在例子中，可以看出本课教师的语言是详略有当的，有的地方需要写出详细的问句，有些地方只是叙述表达方式，对于教学难点环节，要用非常详细的记录方式，在教师活动中把详细的过渡语和引导语呈现出来，学生活动部分则详细预设了学生可能出现的情况，并附上相对应的教学策略。

7. 板书设计，我认为是非常重要的，它通常能够贯穿几节课的内容，应当是一个连续的板书记录，所以建议大家在做单元活动时可以选择班级记录单的形式，将整个活动的板书进行整体的设计，而非每节课独立的板书，体现学习概念的进阶过程，体现学生在每课时的实际获得，课程尾声还要对整体板书进行分析与总结，这样可以提升学生对于活动的整体认知。

8. 作业与拓展学习设计通常有两种类型：一种是与本课相关的生活问题，让学生进行实践，应用所学解决实际问题，也是学生对于知识技能掌握情况的一个课后评价。另一种则是为了下节课进行的准备活动，布置学生提前去思考或者调查一些资料，帮助学生在下节课的学习中有更好的经验基础。详细的内容在本书中篇——作业篇还会具体展开进行。

9. 特色学习资源分析、技术手段应用说明主要围绕如何达成指导思想的方式方法来阐述。例如“热是怎样传递的”这个单元中，指导思想中就提到了学生记录单为“脚手架”，因此在特色分析时就应当围绕它进行。

单元活动的三课时中，紧密围绕着热传递的科学知识内容，搭建以探究实践活动设计和开展为主线的教学活动，并在此过程中设计具有递进关系的记录单（如图1－7），以期让学生逐步达成自主完成探究活动的设计与开展的目的，最终达成对于学生科学核心素养提升的目的。

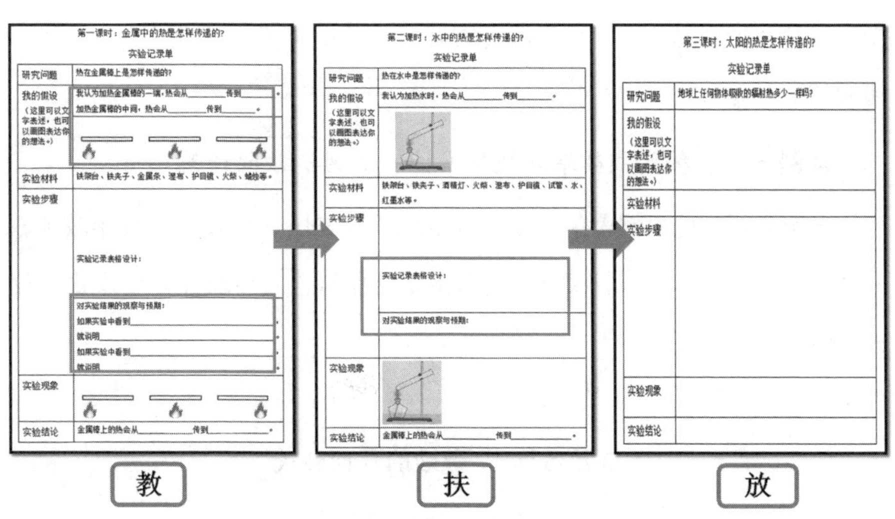

第一课时：金属中的热是怎样传递的?

实验记录单

研究问题	热在金属棒上是怎样传递的?
我的假设（这里可以文字表述，也可以画图表达你的想法。）	我认为加热金属棒的一端，热会从______传到______。 加热金属棒的中间，热会从______传到______。
实验材料	铁架台、铁夹子、金属条、湿布、护目镜、火柴、蜡烛等。
实验步骤	实验记录表格设计： 对实验结果的观察与预期： 如果实验中看到______。 就说明______。 如果实验中看到______。 就说明______。
实验现象	
实验结论	金属棒上的热会从______传到______。

第二课时：水中的热是怎样传递的?

实验记录单

研究问题	热在水中是怎样传递的?
我的假设（这里可以文字表述，也可以画图表达你的想法。）	我认为加热水时，热会从______传到______。
实验材料	铁架台、铁夹子、酒精灯、火柴、湿布、护目镜、试管、水、红墨水等。
实验步骤	实验记录表格设计： 对实验结果的观察与预期：
实验现象	
实验结论	金属棒上的热会从______传到______。

第三课时：太阳的热是怎样传递的?

实验记录单

研究问题	地球上任何物体吸收的辐射热多少一样吗?
我的假设（这里可以文字表述，也可以画图表达你的想法。）	
实验材料	
实验步骤	
实验现象	
实验结论	

图1－7　单元教学中学生所使用的记录单

10. 教学反思与改进，应当根据指导思想，结合本课学习目标分析完成教学重点，突破教学难点的情况，对本课中出现的问题进行总结，提出今后的改进方式。

第五部分：单元教学活动反思

这里的反思有别于每课后要进行的反思内容，它是对整个单元活动进行总结性的反思，一般要围绕指导思想中所述的内容进行，本次授课是否达成了指导思想中要培养的学生核心素养，是否按照你所阐述的达成了对于知识技能的掌握与提升，这里就要进行分析，还可以提出一些今后再实践需要改进的地方或者尝试的方法。

五、单元教学设计与实施案例（工程实践类方向及科学探究方向）

上文就是对于单元教学设计模板的解读，虽然每部分进行了举例说明，但是环节之间如何进行、单元教学设计整体怎样进行，还需要借助完整的实例来进行学习与了解，因此下文结合科学课常见的两种课型，即科学探究类和工程实践类，提供给大家两个完整的单元教学设计案例，供一线教师学习参考。

案例一：工程实践类单元教学设计“奇妙的双向开关”

案例说明：此案例曾荣获北京市中小学第二届“京教杯”青年教师教学基本功市级一等奖，收录书中的版本是已经结合《新课标》要求进行修改后的文本。

单元名称： 奇妙的双向开关

——提升实践创新素养

一、 单元教学设计说明

（一）单元活动产生背景

源于核心素养的培养需求。核心素养是指学生应具备的适应终身发展和社会发展所需要的必备品格与关键能力，科学学科的核心素养是学生在接受科学教育过程中逐步形成的重要品格和关键能力，两者在方向和性质上是统一的。《中国学生发展核心素养》中提到的实践创新，主要是学生在日常活动、问题解决、适应挑战等方面所形成的实践能力、创新意识和行为表现，具体包括劳动意识、问题解决、技术应用等基本要点。科学学科核心素养中提到“科学思维与创新”，“是基于事实证据和科学推理对不同观点和结论提出质疑、批判，进而提出创造性见解的能力与品质……是科学学科核心素养的核心，在科学一般思维基础上，强调创造性思维”①。

源于学生对解决问题的需求。《义务教育科学课程标准（2022 年版）》中提出了“技术和工程”领域的具体要求，同时，现在教育发展的转变提到以课程为中心转变到以学生为中心，主张学生进行解决问题的实践活动。翻开现行的教科版《科学》教材不难发现，有相关的技术与工程类课程的设置，但与生活密切相连的、能够真实解决生活实际问题的相关内容还是较少；再看我们的课堂教学，虽有解决问题的环节设计，但停留在理论解答层面；尤其在教学四年级电学单元后，通过与学生聊天发现，学生很骄傲地认为自己所学的“假想电流法”理论知识可以解决一切生活中的用电问题……

学生的想法正确吗？能否提供真实的实践机会，让学生进行主动学习，从而在技术与工程层面的学习中，培养实践创新的萌芽？基于课标要求及学生情况，我尝试设计了本单元活动“奇妙的双向开关”。

本单元活动核心在于对学生实践创新素养的培养，由此达成对于科学学科核心素养的形成。具体设计是在四年级教材中简单电学学习的基础上，至六年级时对课程进行拓展：通过设计楼梯照明电路这个生活实际问题引入，分析拆解楼梯开关需要在楼下开灯走到楼上再关灯，反之也可正

① 胡卫平．基于核心素养的科学学业质量测评［J］．中国考试，2016（8）：23—25.

常使用，甚至可以仅使用楼上或者楼下的开关完成开灯和关灯的任务。学生在设计（电路及开关）、制作开关、试验解决问题的活动中，像工程师那样，经历一项技术发明的过程，从而培养实践创新的萌芽，经历过程如图1-8：

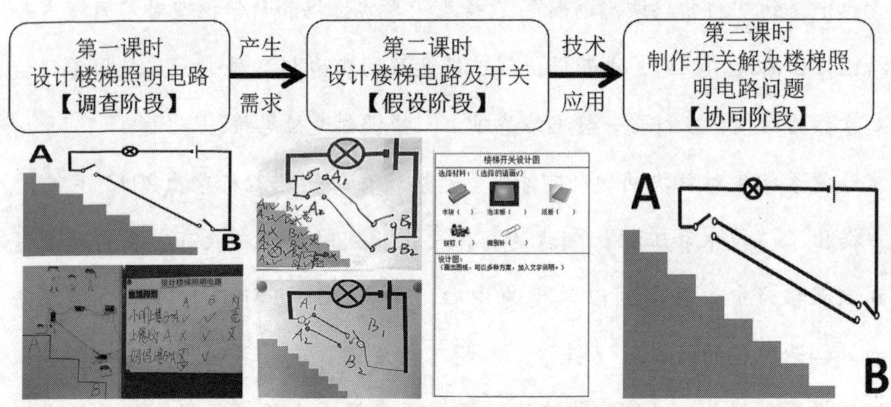

图1-8　“奇妙的双向开关”单元课时分布图

（二）指导思想

基于上述思考，为了培养学生科学素养中的实践创新和理性思维，我在充分地将教材电学知识内化的基础上，根据学生现有知识水平与认知结构，建构出符合学生最近发展区需求的新的教材结构，确定教学单元“奇妙的双向开关”，并进行设计与教学实施，力求以学生为中心，借助假想电流法①和对电路逻辑分析的教学策略，从学生思维起点出发，引导学生感受像工程师一样发明一项技术的过程，分层引导学生发明出双向开关，解决生活实际问题，从而培养创新萌芽。

---

①　假想电流法：学生想象电池内部有像水一样的电流，通过导线能从电池正极流出，只要顺利通过各个电路元件回到电池的负极，就说明电路形成了闭合回路，电路中的小电珠就能正常工作。

（三）理论依据

《中国学生发展核心素养》中，科学精神被细化为理性思维、批判质疑、勇于探究三个要点。这三个要点有一定的梯度，理性思维是基础，批判质疑要基于理性思维，勇于探究是科学精神的最高阶表现。对《中国学生发展核心素养》的解读中提到，实践创新是指要具有能够综合运用已有的知识、信息、技能和方法，提出新方法、新观点的思维能力和进行发明创造、改革、革新的意志、信心、勇气和智慧。实践创新是一种勇于抛弃旧思想旧事物、创立新思想新事物的精神。例如不满足已有认识（掌握的事实、建立的理论、总结的方法），不断追求新知；不满足现有的生活生产方式、方法、工具、材料、物品，根据实际需要或新的情况，不断进行改革和革新等。

《美国国家科学教育框架草案》第五章第三部分“科学和工程实践”中提到，工程师所做的工作分为三部分：调查、假设和协同。在调查阶段，工程师收集数据来评估特定的某个设计方案的优劣。在假设阶段，工程师发展或重新构架技术难题的解决方法。协同阶段中，工程师将对调查阶段的实践活动、科学理论、科学应用模型以及创见性的解决方法进行分析、论证及批判，这是工程实践与工程师的批判相结合的阶段，也就是在这个过程中，工程师批判性地找出模型和设计的潜在问题，并对其是否符合常规要求，是否适合社会需要进行评估。

技术是应用科学知识解决我们生活中的实际问题和改造周围世界的活动，就是所谓的发明和创造。技术发明的一般规律，就是，由需求出发，产生技术目标（观念中的技术物），进行技术设计（包括结构设计和流程设计），依设计进行制作、试验，对技术物的评价。

为此，制定本单元活动分为三课时，如图 1－9：

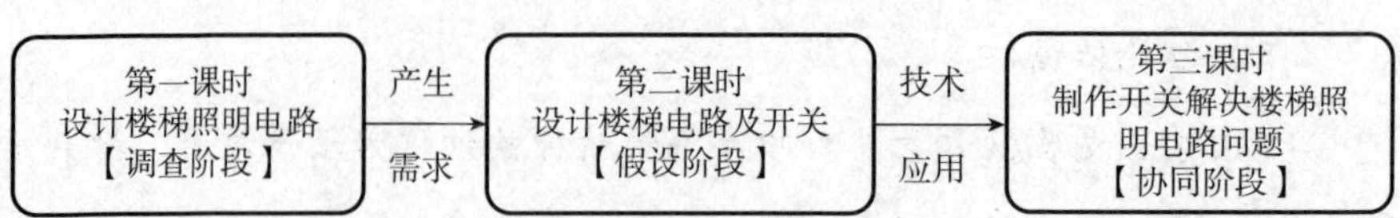

图1－9　单元课时安排

三课时具体安排如下：

第一课时：设计楼梯照明电路【调查阶段】

在调查阶段，工程师收集数据来评估特定的某个设计方案的优劣，而技术发明的一般规律中提到，技术发明一般源于学生需求，产生技术目标。

为此我设计本课时，以解决生活实际问题为契机，让学生通过原有知识基础来寻求解决问题的办法，设计一个得到全班认可的初步方案，再通过电路检测单对初步方案的电路进行检测，经过对电路的逻辑分析找到问题的难点，寻找解决办法，培养学生的理性思维和创新能力。

第二课时：设计楼梯电路及开关【假设阶段】

在假设阶段，是培养学生实践创新最重要的环节，工程师发展或重新构架技术难题的解决方法。而技术发明的一般规律在产生技术目标后就要进行设计。

通过上节课楼梯照明电路设计图，本课时聚焦问题难点，产生要突破的技术目标，聚焦单元活动难点——开关的发明，在对电路图进行假想电流分析的支撑下，发明双向开关电路元件，逐步完成技术发明活动，引导学生经历发明的过程，体会到技术的核心是发明、技术改变生活，培养学生科学素养中的实践创新。

第三课时：制作开关解决楼梯照明电路问题【协同阶段】

协同阶段中，工程师将对调查阶段的实践活动、科学理论、科学应用模型以及创见性的解决方法进行分析、论证及批判。而技术发明的一般规律在设计后要有制作和测试技术成品。

本课时要求学生在自己设计的基础上，将双向开关制作出来，并使用自己制作的双向开关搭建楼梯照明电路，从而试验评价双向开关和楼梯照明电路，学生根据评价提出改进自己双向开关的思路，从而进一步培养学生的实践创新能力，同时，在解决生活问题的过程中感受发明一项技术的过程，体会到技术的出现是为了满足我们不断增加的生活需求。

二、 单元教学目标与重点难点

（一）单元目标

在学科核心素养和课程标准的指导下，基于对本单元教学活动的思考与理论依据，特制定本单元教学目标如表1－3：

表1－3 “奇妙的双向开关”单元教学目标

学科核心素养	课程标准	单元教学目标
1. 科学观念技术与发展观中提到，创新是设计的灵魂，每一项设计都需要不断完善。 2. 科学态度追求创新及培育实践创新	本课属于“技术与工程”领域下： 12. 技术、工程与社会 12.1 技术与工程创造了人造物，技术的核心是发明，工程的核心是建造 12.2 技术与工程改变了人们的生产和生活 12.3 科学、技术、工程相互影响与促进 13. 工程设计与物化 13.2 工程的关键是设计 13.3 工程是设计方案物化的结果	科学观念目标： 在分析实际问题和设计双向开关的探究活动中，了解双向开关在楼梯照明电路中的控制作用，知道发明一项技术的基本步骤，能够认识到技术与工程的关系。 科学思维目标： 能够运用比较、分析、综合、归纳等基本思维方法，在设计楼梯照明电路探究活动中，创新设计并制作出双向开关。 探究实践目标： 1. 通过设计楼梯照明电路探究活动，在遇到困难时能够主动思考解决问题的办法，创新出双向开关去解决实际问题。 2. 通过设计楼梯照明电路探究活动，在分析需求、设计、创新等能力都能得到一定提升。 3. 在教师引导下，通过设计楼梯照明电路探究活动，能对自己的探究过程、方法和结果进行反思，做出自我评价与调整。 态度责任目标： 通过设计楼梯照明电路探究活动，学生面对失败时，有不怕困难，勇于创新的探索精神，并将这种科学精神运用到学习和生活中去

（二）基于上述单元目标，制定本单元教学重点

了解双向开关在楼梯照明电路中的控制作用，知道发明一项技术的基本步骤。

（三）基于下述学生实际情况分析，制定本单元教学难点

在遇到困难时能够主动思考解决问题的办法，创新出双向开关去解决实际问题。

（四）单元学习者实际情况及教学策略分析

本教学设计施教的对象是小学六年级学生。

1. 对创新能力的分析：学生是否能够根据需要提出新的想法

本课前，学生经历了串、并联电路的研究学习，8 组活动小组有 4 组独立完成了串联与并联电路的连接，还有 2 组学生是在老师的提示下完成了连接活动，剩余 2 组学生是通过小组汇报环节完成了对于并联电路的认识。由此可以分析出，如果恰当设计教学环节，本教学班级中大部分学生可以顺利完成创新任务，尤其要关注稍落后的 2 组同学，在本单元活动中适当提供他们学习的“脚手架”。

2. 对电路基础的分析：学生对于电路的知识技能的掌握情况

通过“点亮小电珠”一课的学习，学生已经认识到了如何才能点亮小电珠、串并联电路以及如何画电路图，但是为了更好地了解本课前学生对于电路基础知识技能的掌握情况，对六年级 3 班 35 人进行了前测，如图 1－10：

请你为房间设计照明电路，点亮一间屋。

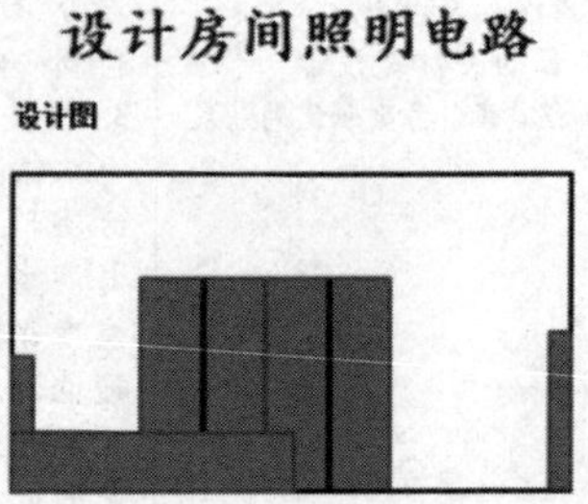

图 1－10　学生前测题

学生情况分析及单元活动中教学安排：

①电路图绘制正确，符号准确，连接准确，能够使用假想电流法分析电路图

全班35人基本电路图（如图1－11、图1－12）都是闭合回路正确的，电路图符号也都是绘制正确的，电路连接准确，能够使用假想电流法对自己设计的电路图进行分析。为此，本单元活动中可以继续让学生绘制电路图，把头脑中的想法具体形象化，便于交流与分析。

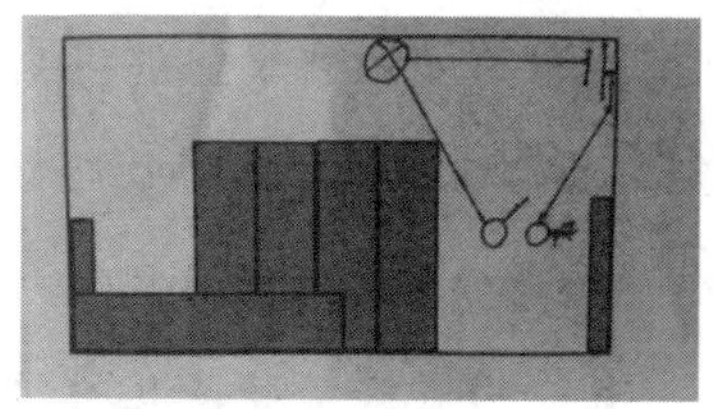

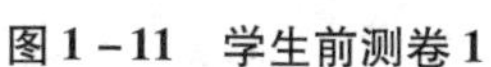

图1－11　学生前测卷1

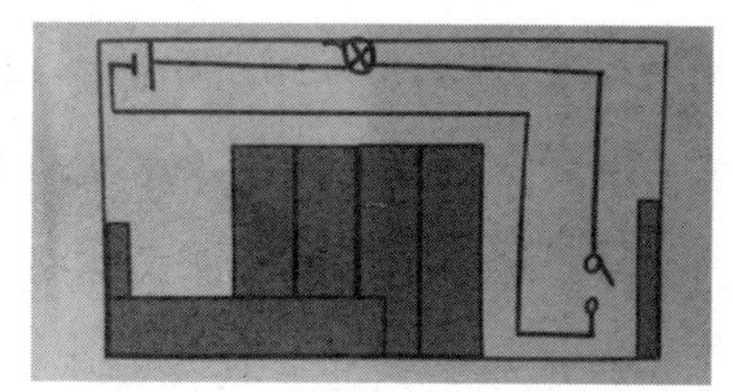

图1－12　学生前测卷2

②学生设计没有经过测试，无法发现问题

在考虑开关实际位置的15人里面，有6个同学考虑到了不止一个开关的问题，但是他们所设计的电路图（如图1－13、图1－14），因为没有经过实际的验证，所以只考虑了闭合回路，没有考虑到实际使用的效果问题，一个人门口开灯上床关灯后，第二个人进屋就无法开灯。这个问题同样是本单元活动引起问题冲突的地方，从学生进行完前测没有任何疑问的态度中，可以看出学生没有意识到自己设计电路的问题，因此设计本单元活动运用电路逻辑分析的教学策略，帮助学生运用理性思维的方式找到电路的问题所在，聚焦修改设计电路图。

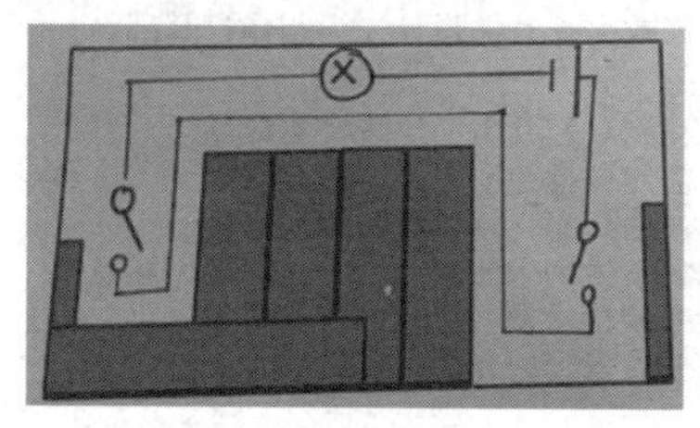

图1－13　学生前测卷3

图1－14　学生前测卷4

3. 依据技术发明的一般规律，确认学生本单元学习难点

针对以往人们对于技术发明的一般规律的研究，往往在发明过程中创新设计是最难的地方，所以分析本班学生也会在此环节存在较大难度，为此设计第一课时教学活动内容为铺垫，第二课时充分开展教学活动，逐层帮助学生突破难点。

4. 依据学生情况，考虑授课分组安排

针对上述学生情况，先对本次单元课程学生分组情况进行调整，将不同水平的学生组合成为一个小组，使学生不同的学习需求能够得到及时的、富有针对性的满足，水平略低的学生因水平略高的学生帮扶而得以提高学习水平，水平略高的学生因为帮扶水平较低的学生而使自己对知识的理解进一步深化，尤其是保证每个小组中有能够考虑实际情况的同学存在，6 个有双控想法的学生分别安排在不同小组中，确保小组活动时可以有更多的意见，形成头脑风暴。

三、单元整体教学思路（教学结构图）

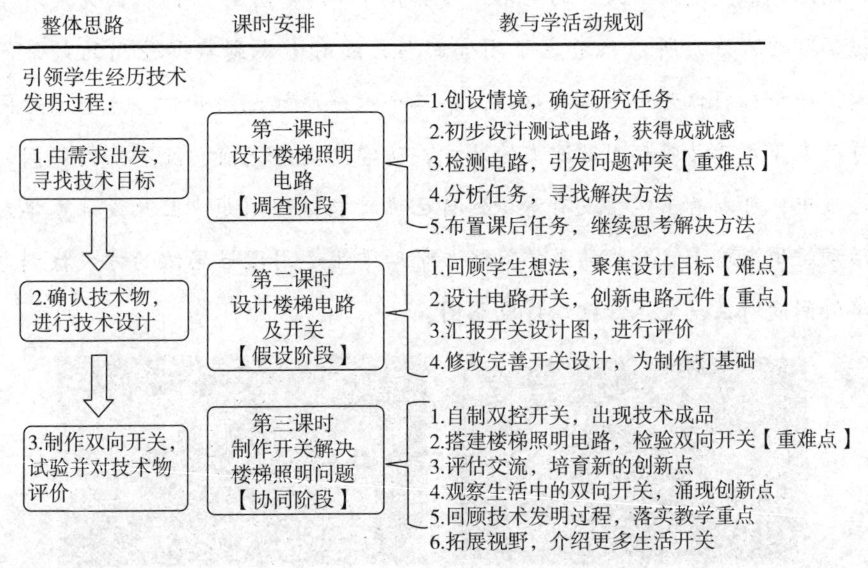

图 1-15　单元整体教学思路

四、 分课时具体教学设计

第一课时“设计楼梯照明电路”教学设计

（一）教学内容分析

本单元活动是依托课程标准中技术与工程领域下技术的发明过程。本活动前学生电学相关知识基础是教科版四年级下册“电路”单元，本活动属于此单元之后设计的拓展实践活动课。

第一课时主要完成的核心任务是进行调查活动并确定技术目标。通过实际情境问题，引领学生完成对电路的逻辑分析过程，从而感受技术发明的第一步——由需求出发产生技术目标，为后面培养学生核心素养——实践创新聚焦话题。

（二）学习者分析

本课时主要需要调查学生是否有使用过双向开关的经验，为此学情调查不占用过多的课前时间，而是将它放入教学中的一个环节里面，让学生进行楼梯照明电路的设计，通过学生的设计图，对调查的结果仅进行定性的认识，不做定量的分析，提高前测准确性、实效性。

其他学生情况在单元活动前已经进行了分析。

（三）学习目标确定

基于上述学生情况分析，确定本课教学目标。

科学观念目标：在“设计楼梯照明电路”的任务驱动下，知道分析生活实际电路问题的具体思路，能够在课后运用此方法解决其他相似问题。

科学思维目标：通过比较、分析、综合等思维方法，在“设计楼梯照明电路”的任务驱动下，能够对电路进行准确分析。

探究实践目标：在“设计楼梯照明电路”的任务驱动下，能够通过对电路的逻辑分析找到任务难点。

态度责任目标：在“设计楼梯照明电路”的任务驱动下，学生面对失

败时，有不怕困难、主动探索解决办法的科学精神，并将这种精神运用到学习和生活中去。

（四）学习重点难点

重点：在“设计楼梯照明电路”的任务驱动下，知道分析生活实际电路问题的具体思路，能够在课后运用此方法解决其他相似问题。

难点：在“设计楼梯照明电路”的任务驱动下，能够通过对电路的逻辑分析找到任务难点。

（五）学习评价设计

根据本课时中使用的任务分析单进行学生表现性评价，具体标准如表1－4：

表1－4　第一课时学生表现性评价具体标准

A	B	C	D
能够根据电路测试单对电路进行逻辑分析，准确找到电路存在的问题	能够根据电路测试单对电路进行逻辑分析，在同学的帮助下准确找到电路存在的问题	能够根据电路测试单对电路进行逻辑分析，在教师的引导下准确找到电路存在的问题	不能根据电路测试单对电路进行逻辑分析，找到电路存在的问题

（六）学习活动设计

环节一：创设情境，确定研究任务

出示小明家楼梯图片（如图1－16）

图1－16　生活情境图

谈话：小明家有一个双层楼高的小别墅，一般他和爸爸妈妈一起在一楼客厅进行活动，晚上9点他要上楼睡觉了，发现楼梯漆黑一片，他想请同学们为他设计一个节约用电、方便使用的楼梯照明电路。

今天我们一起为这个楼梯设计一个照明电路（板书：设计楼梯照明电路）。

活动意图说明：

根据技术发明的一般规律，发明源于生活，因此创新也来源于生活，为此在开始环节出示生活中的情境，依靠发明解决生活实际问题。

环节二：初步设计测试电路，获得成就感

1. 布置第一个任务：使用电路元件设计楼梯照明电路，完成小明上楼开灯、关灯睡觉的任务。

学生使用假想电流法分析连接电路。

2. 学生展示设计

预设1：电路中有一个开关。

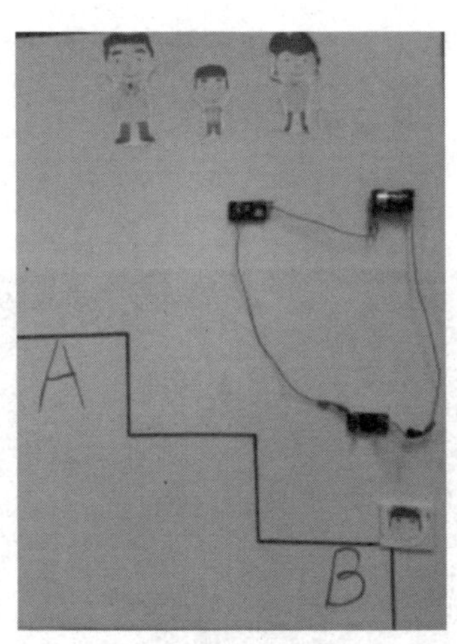

图1－17　学生连接的电路图

对策1：如图1－17，该生无法解决楼梯照明电路的任务，因此教师采用了生生互评的策略解决她出现的问题。让她上台展示，由学生相互评价

自行解决，发现楼上无法关灯的问题，不能很好地解决实际问题。

预设2：电路中有两个开关。

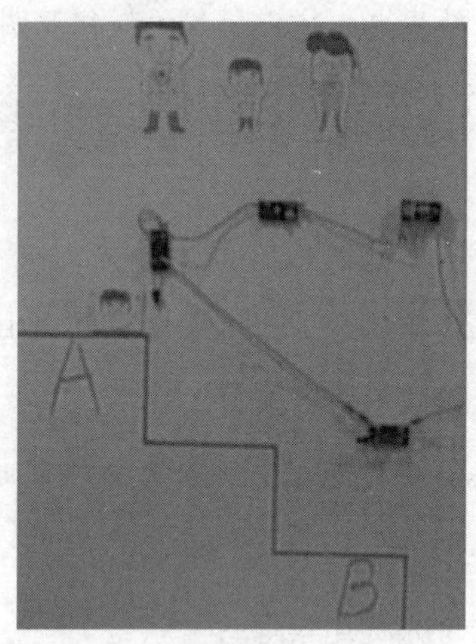

图1－18　学生连接的电路图

对策2：如图1－18，该生可以解决楼梯照明电路中小明上楼的问题，为了满足学生对于验证的需求，本环节使用策略请学生上台演示，学生初步感受成功的喜悦，为后续活动埋下伏笔。

3. 板书梳理规律

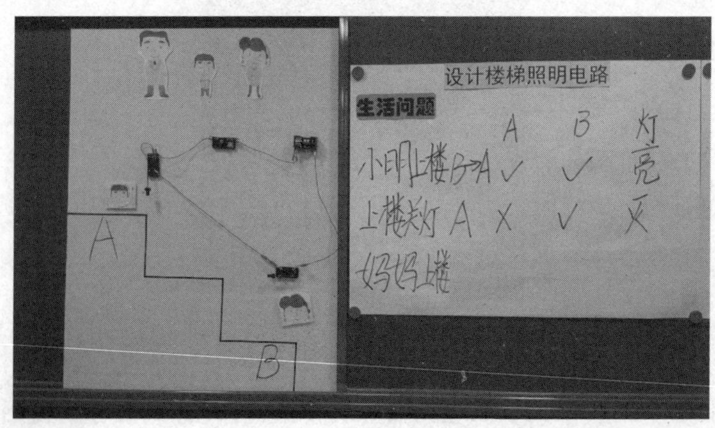

图1－19　板书

活动意图说明：

调查学生原有认知，学生初步解决小明上楼的问题，有了成功的喜悦，为后面运用理性思维对电路进行逻辑分析打基础，同时引起学生兴趣，为产生创新萌芽打下了必要的情感基础。

环节三：检测电路，引发问题冲突【调查阶段】【凸显重难点】

1. 提出检测标准

提问：小明的家里不只有他一个人，别人使用这个电路可以吗？可能有哪些常见的情况？

板书梳理各种常见情况，形成电路检测单（如图1－20）。

电路检测单

	生活情况	图示路径	A（通√断X）	B（通√断X）	灯的情况	是否达成需求
1	小明上楼	B → A				
	再下楼	A → B				
2	小明上楼取东西	B → A				
	下楼时关灯	B				
3	小明下楼取东西	A → B				
	回楼上关灯	A				
4	小明上楼	B → A				
	关灯回屋	A				
	妈妈上楼	B → A				

图1－20　电路检测单

学生分组使用电路检测单测试电路。

2. 汇报电路检测结果，进行逻辑电路分析

学生进行实验汇报：

①汇报4种情况测试结果：发现当小明上楼后，妈妈无法上楼使用开关。

②利用班级记录单，对电路进行逻辑分析，总结结论：只有当两个开关都连通时灯才会亮，任意一个开关断开时灯都不会亮。

教学策略：引导学生分析问题难点，确定要解决的问题难点是什么，有针对性地思考解决方法。

提问：通过电路检测单（如图1－21），你能总结一下什么时候灯才会

电路检测单

	生活情况	图示路径	A（通√断×）	B（通√断×）	灯的情况	是否达成需求
1	小明上楼	B→A	√	√	亮	是
	再下楼	A→B	√	√	亮	是
2	小明上楼取东西	B→A	√	√	亮	是
	下楼时关灯	B	√	×	灭	是
3	小明下楼取东西	A→B	√	√	亮	是
	回楼上关灯	A	×	√	灭	是
4	小明上楼	B→A	√	√	亮	是
	关灯回屋	A	×	√	灭	是
	妈妈上楼	B→A	×	√	灭	否

图 1－21　学生填写的电路检测单

亮，什么时候灯不会亮吗？

③聚焦第二个任务

提问：为什么妈妈上楼无法开灯？如果想要妈妈上楼能开灯，我们需要创造一个什么条件？（A 断变成 A 通）

板书记录：红笔标注需要达成的目标（如图 1－22）。

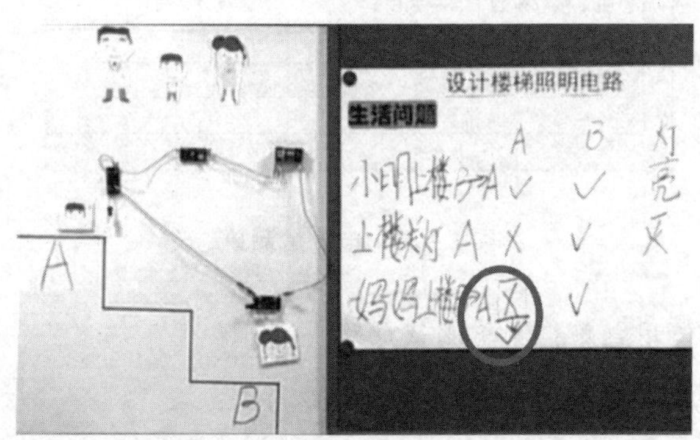

图 1－22　板书

活动意图说明：

本环节是本课重难点所在，针对工程项目进行调查阶段。本环节利用对电路进行逻辑分析的教学策略，依次进行汇报结果，分析结论和对电路进行逻辑分析等逐层递进的思维活动，引发问题冲突，爆出难点所在，为后面有针对性的思考（A 断变成 A 通）提供非常重要的理论支撑，从而提升学生要继续研究的兴趣、产生实践创新的萌芽。班级记录单的使用，为后续研究做了思维的衔接。

环节四：分析任务，寻找解决难点的方法

出示楼梯照明电路设计单（如图 1－23），借助电路实验板和假想电流法分析自己的解决办法。

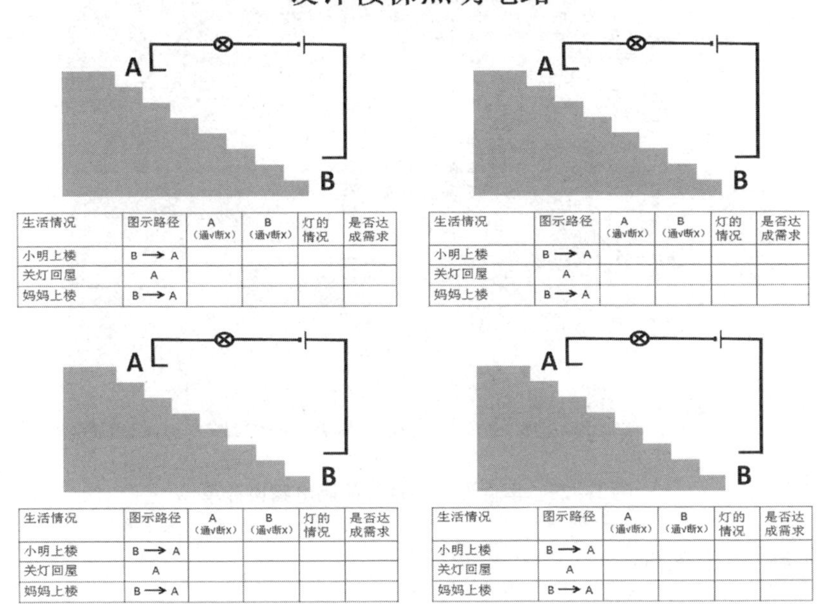

设计楼梯照明电路

生活情况	图示路径	A（通√断×）	B（通√断×）	灯的情况	是否达成需求
小明上楼	B → A				
关灯回屋	A				
妈妈上楼	B → A				

生活情况	图示路径	A（通√断×）	B（通√断×）	灯的情况	是否达成需求
小明上楼	B → A				
关灯回屋	A				
妈妈上楼	B → A				

生活情况	图示路径	A（通√断×）	B（通√断×）	灯的情况	是否达成需求
小明上楼	B → A				
关灯回屋	A				
妈妈上楼	B → A				

生活情况	图示路径	A（通√断×）	B（通√断×）	灯的情况	是否达成需求
小明上楼	B → A				
关灯回屋	A				
妈妈上楼	B → A				

图 1－23　楼梯照明电路设计单

各小组分组活动，讨论填写设计单。

图 1－24　学生分组活动照片

教师巡视关注：

（1）学生参与讨论程度；

（2）了解学生基本解决思路，方便分析进行预设。

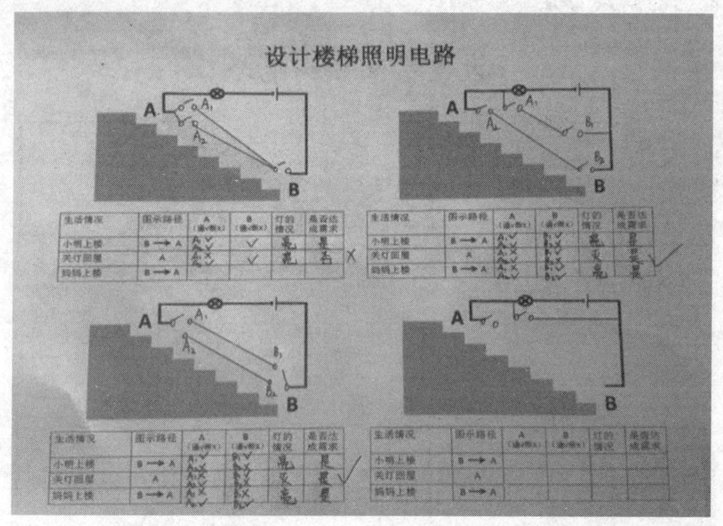

图 1－25　学生设计的楼梯照明电路设计单

活动意图说明：

楼梯照明电路设计单是帮助学生梳理自己想法的重要依据，学生可以利用画电路图和假想电流法的分析形成解决问题的办法，将头脑中抽象的内容变为直观的图像，便于展示交流其思考过程，产生创新技术的需求萌芽。

环节五：布置课后任务，继续思考难点解决方法

布置课后任务：

谈话，请同学们课后继续思考解决的方法，下节课我们一起来分享你们的创意。

活动意图说明：

在课上短时间设计的基础上，布置任务让学生继续改进思考解决方法，为下节课创新改进设计积累更多想法。

（七）板书设计

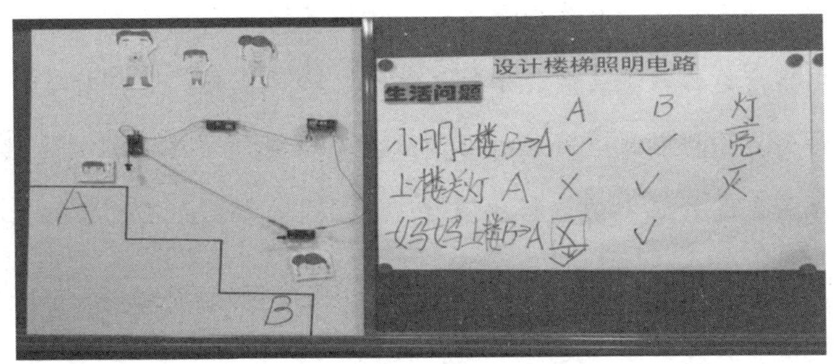

图 1－26　板书

（八）作业与拓展学习设计

布置课后思考类作业：

继续课上的任务，思考更多（A 断变成 A 通）解决的方法。

设计意图：

在课上短时间设计的基础上，布置任务让学生继续改进思考解决方法，为后续创新改进设计积累更多想法。能力较弱的学生可以完善现有想法，能力较强的学生可思考还有什么其他解决的方法。

（九）特色学习资源分析、技术手段应用说明

1. 以学生为中心，电路检测单及板书的使用

电路检测单

	生活情况	图示路径	A（通√断×）	B（通√断×）	灯的情况	是否达成需求
1	小明上楼	B → A	√	√	亮	是
	再下楼	A → B	√	√	亮	是
2	小明上楼取东西	B → A	√	√	亮	是
	下楼时关灯	B	√	×	灭	是
3	小明下楼取东西	A → B	√	√	亮	是
	回楼上关灯	A	×	√	灭	是
4	小明上楼	B → A	√	√	亮	是
	关灯回屋	A	×	√	灭	是
	妈妈上楼	B → A	×	√	灭	否

图 1－27　学生电路检测单

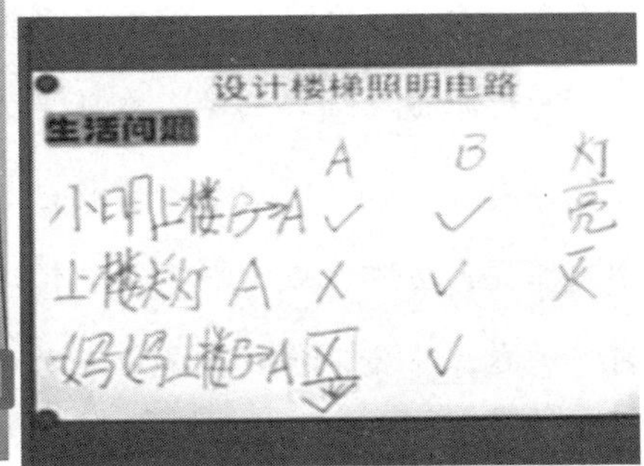

图 1－28　板书

本课重难点就是找到初步方案中的不足，聚焦、分析解决问题的关键点。为此，让学生借助电路检测单对4种情况进行检测获得结果，然后进行逻辑电路分析的教学策略，分析总结出电路（开关）通、断与灯亮、灭关系的结论，并利用结论借助板书聚焦推测出要想“小明妈妈上楼灯亮”必须“A断变成A通”难点解决问题，逐层递进学生的理性思维，从而产生实践创新的萌芽。

2. “假想电流分析法”的使用

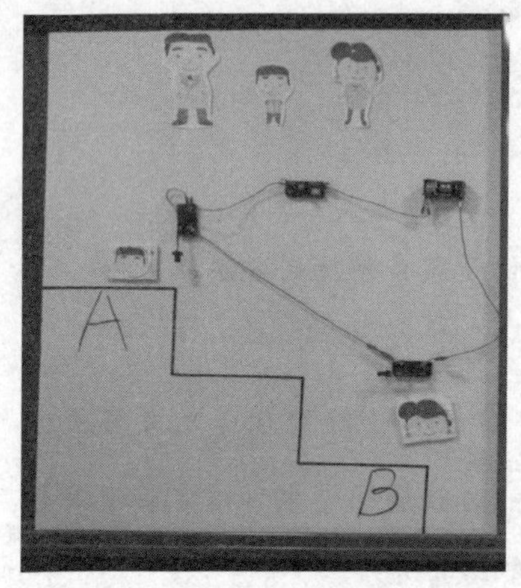

图1－29　学生连接电路图

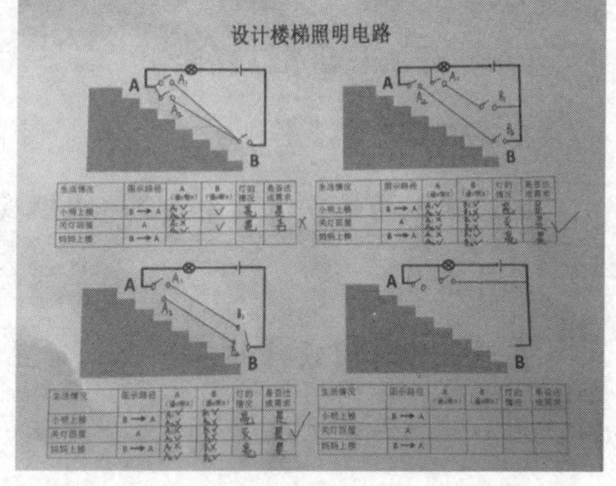

图1－30　学生设计的楼梯照明电路设计单

“假想电流分析法”是指学生想象电池内部有像水一样的电流，通过导线能从电池正极流出，只要顺利通过各个电路元件回到电池的负极，就说明电路形成了闭合回路，电路中的小电珠就能正常工作。这是学生在四年级学习电学知识时应用的一种分析电路的方法，它可以帮助学生在思考解决难题的方案时或材料不足的情况下，很好地分析判断自己的想法是否可行，本课中借助这种分析法和对电路的逻辑分析记录，分析自己的解决方案是否可行，存在什么问题。

（十）教学反思与改进

1. 基于需求寻找技术目标

根据技术发明的一般规律，发明创新的萌芽来源于生活。为此本课时特意设置生活问题——为楼梯设计照明电路。通过初次设计、使用电路检测单、板书的分析，学生发现看似简单的任务，存在着很大的问题——1个开关、2个开关都不能解决各种上下楼的情况。帮助学生寻找最需要解决的技术难题——如何能让两个开关联动就浮出了水面？学生想到了很多有价值的解决办法：其一是需要搭建另一条通路，产生了第二条路径的想法，但是没有聚焦到开关；其二是添加开关的想法，虽聚焦到了开关，但是没有想到如何能够两个开关联动，尽管这两种想法都有各自的不足，但已经看到了学生创新的思路萌芽，为下节课帮助学生确定技术目标——创新改进开关做了铺垫。

2. 实验材料的“有限性”

本课时，在思考解决问题的方法时并没有给学生很多材料，每组中仅有2个开关和3根导线，目的在于鼓励他们充分用画图的方法表达自己的想法，利用“假想电流法”进行分析，从而找到问题的解决方法。但是在实际授课中，一部分学生还是更倾向于动手操作，实验出成功的方案后再进行记录。为此是否应当给予学生充足的材料进行尝试，还值得实验和改进。

第二课时“奇妙的双向开关（一）”教学设计

（一）教学内容分析

本单元活动是依托课程标准技术与工程领域下技术的发明过程。

本课时内容是技术发明过程中的核心——设计，也是像工程师那样进行假设的阶段。基于上节课已经寻找技术难点的基础上，借助对楼梯照明电路图设计的分析，为学生产生设计开关的萌芽提供重要的“脚手架”，

布置创新改进开关的任务，完成对于双向开关的设计，在创新改进开关的过程中培养学生科学实践创新。

（二）学习者分析

设计开关能力分析：

根据技术发明的一般规律，设计往往是发明中最难的一个环节。本课时前学生已经在生活调查的基础上，积累了对于双向开关的思考与使用经验，在本课中可能碰到的困难就是如何创新设计出双向开关，为此我进行了有结构的教学活动设计，逐层帮助学生搭建“脚手架”，完成设计环节 。

（三）学习目标确定

科学观念目标：在“设计开关”的任务驱动下，知道自己设计的双向开关的结构，并能够解释自己双向开关应用的过程。

科学思维目标：通过比较、分析、归纳的思维方法，概括出楼梯照明电路所需开关的功能，从而设计双向开关。

探究实践目标：在“设计楼梯照明电路”的任务驱动下，能够准确识别任务的困难并思考解决办法，利用身边的材料设计双向开关，并用它来控制电路，解决实际问题。

态度责任目标：在设计双向开关的活动中培养创新的意识。

（四）学习重点难点

重点：在“设计开关”的任务驱动下，知道自己设计的双向开关的结构。

难点：在“设计楼梯照明电路”的任务驱动下，能够准确识别任务的困难并思考解决办法，在设计双向开关的活动中培养创新的意识。

（五）学习评价设计

根据本课时中学生最终双向开关设计图与成品，对学生进行表现性评价，具体标准如表1－5：

表 1-5 第二课时学生表现性评价具体标准

A	B	C	D
能够根据需求，独立完成双向开关的设计	能够根据需求，在同学分享中达成双向开关的设计	能够根据需求，在教师引导下设计双向开关	能够根据需求，在教师引导和同学帮助下设计双向开关

（六）学习活动设计

环节一：回顾学生想法，聚焦设计目标【假设阶段】【突破教学难点】

谈话：上节课中我们一起为小明设计了楼梯照明电路，通过对电路的分析，发现了设计方案中有一些问题，同学们又使用了各种方法重新设计了照明电路，绘制了电路图，下面谁能分享一下你的想法？汇报分析各组解决方案，聚焦技术目标。

1. 根据学生汇报情况，分别采用二路合一或一分为二教学策略引导，分组展示解决方案

本环节为教学难点环节，为此对于基本解决思路，进行详细的分析。

预设 1：学生认为再增加一条电能流通的闭合回路，两条回路并行，两个开关分别控制各自的回路（如图 1-31）。

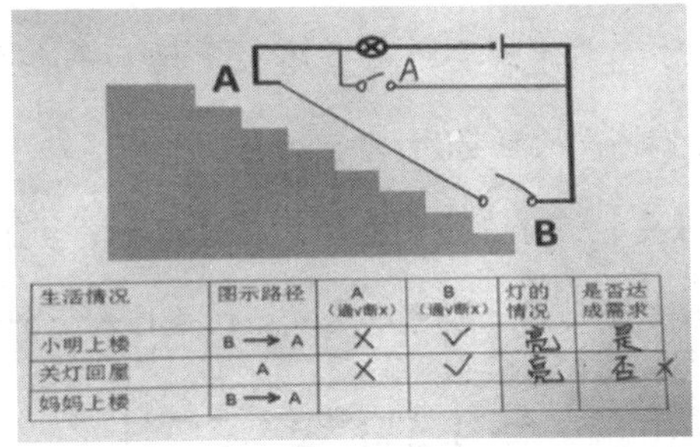

图 1-31 学生记录单

对策 1：学生想法非常好，已经有了要经过两条路径的创新萌芽，但是欠缺关键对于两个开关都要能够控制灯的考虑。为此我采用“二路合

一”教学策略，引导学生聚焦开关进行创新设计。

所谓“二路合一”教学策略是指当学生提到需要两个回路时，我要引导学生将两个回路分别控制变为一个开关控制两条回路，将分为以下几步进行引导：

①原有经验

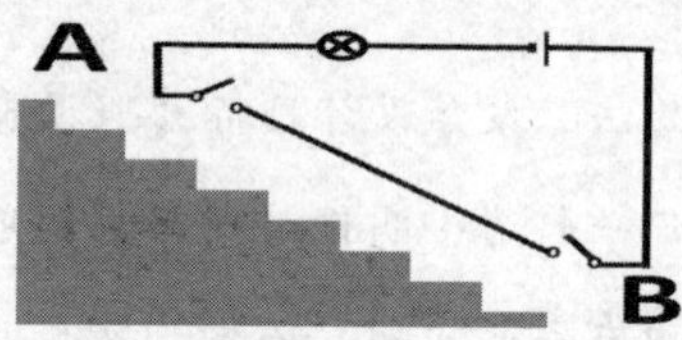

图1－32　学生过程性想法①

②产生二路想法

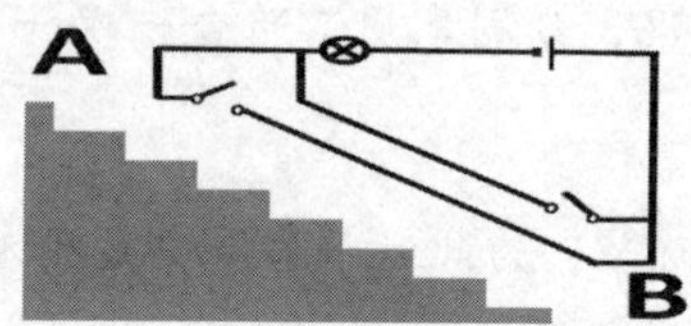

图1－33　学生过程性想法②

引导语：通过对电路的分析，如果两条路上每条路只有一个开关，小明上楼后就无法关灯了，你需要给每条路径上增加一些什么设计，才能达成小明上楼关灯这个初步的任务？

③引导两条路径要能够分别控制电路，经过引导学生会想到增加开关分别控制。但是在分析后发现妈妈上楼可以达成，但是再来一个人就无法使用了。

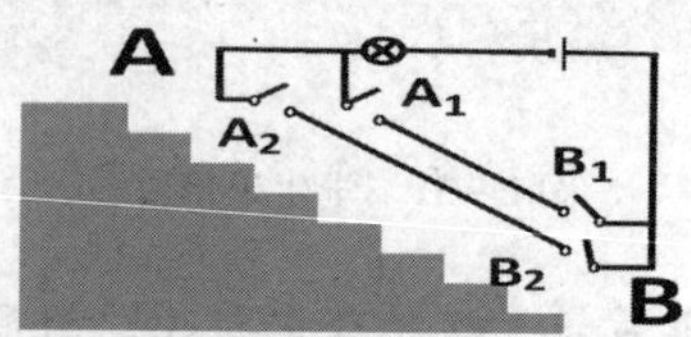

图1－34　学生过程性想法③

引导语：通过分析我们知道这样的设计比较麻烦，如果要保证除了小明和妈妈以外的人上楼使用，我们要先断开 B2 连通 B1，上楼后要断开 A_1 连通 A_2，每次都要连通一个开关的同时，人为断开另一个开关才可以，我们生活中谁都不会这么麻烦的，怎样在这个电路的基础上稍加改进，让我们在连通 B_1 的同时自动断开 B_2，不需要我们人为地去操作，你有什么好办法？

④引导学生二路合一，将两条路径分别控制改为有一个特殊开关在两条回路中进行切换，聚焦问题难点开关。

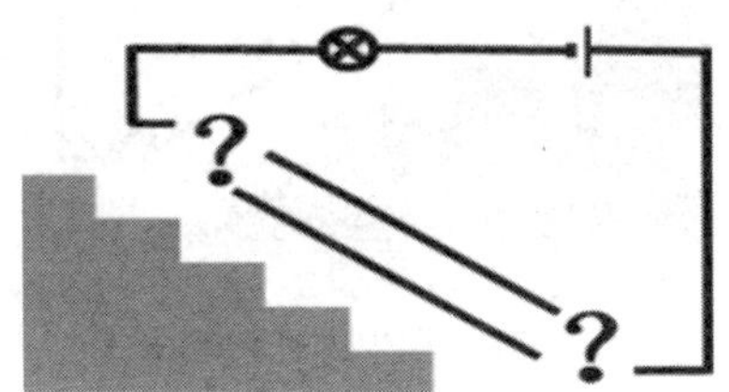

图 1－35　学生过程性想法④

预设 2：增加开关的方法，把楼上变成两个开关，楼下一个开关（如图 1－36）。

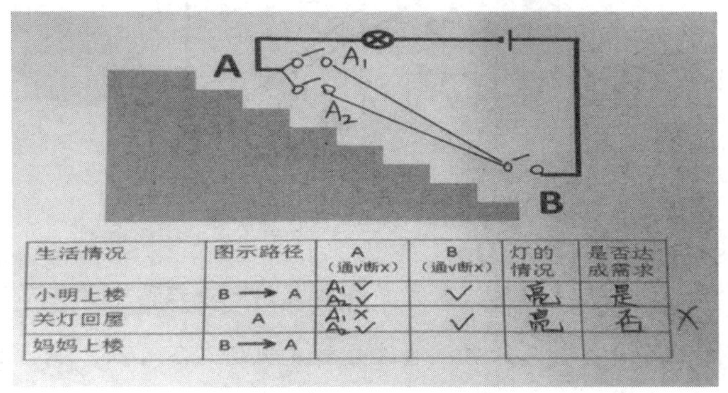

生活情况	图示路径	A（通√断×）	B（通√断×）	灯的情况	是否达成需求	
小明上楼	B → A	A1 √ A2 √	√	亮	是	
关灯回屋	A	A1 × A2 √	√	亮	否	×
妈妈上楼	B → A					

图 1－36　学生记录单

对策 2：学生想法非常好，已经有了要把一个开关变成两个开关的创新方法，为此我采用“一分为二”教学策略引导学生聚焦开关进行创新设计。

所谓“一分为二”教学策略是指当学生提到需要增加开关时，我要引导学生分析增加开关的可行性以及出现的不足之处，在两个开关的基础上改进由一个开关分出两个接口，这样一分为二的想法，从而设计出双向开关，将分为以下几步进行引导：

①原有经验

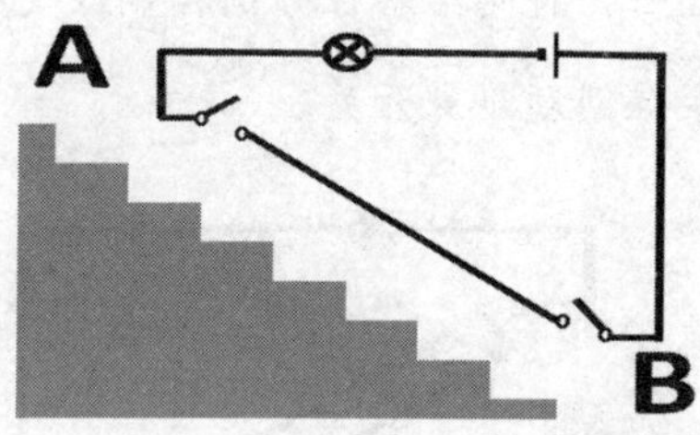

图 1-37　学生过程性想法①

②学生产生楼上设计两个开关的想法，经过分析小明上楼关灯要断开两个开关，妈妈仍然无法使用，由此引导学生楼下是否可以再增加开关？

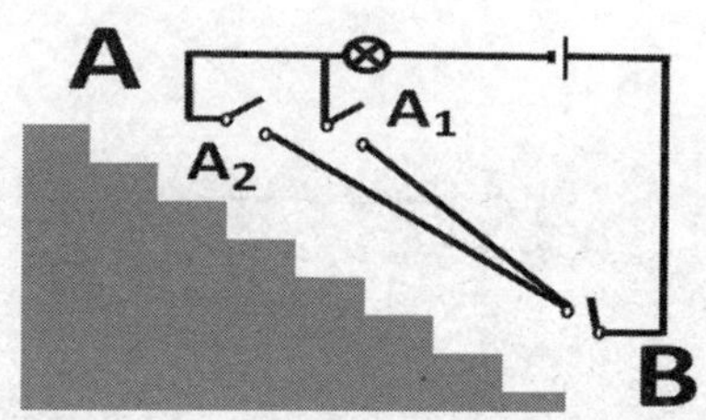

图 1-38　学生过程性想法②

引导语：这组同学的想法非常新颖，既然一条路两个开关不可以，那加一条路加一个开关行不行呢？通过分析发现还是不可以，小明上楼要想关灯就要断开两个开关，因为 B 点处只有一个开关并且上楼时处于连通状态，不能做到 A 点对于小明来说是断开，对于妈妈来说是连通，妈妈仍然无法使用，那在这个电路的基础上，有什么办法稍加改进，就可以让妈妈也使用了呢？

③楼上楼下各有两个开关时，经过假想电流法分析，妈妈上楼是可行，但是再有第三个人来还需要再增加一组开关。

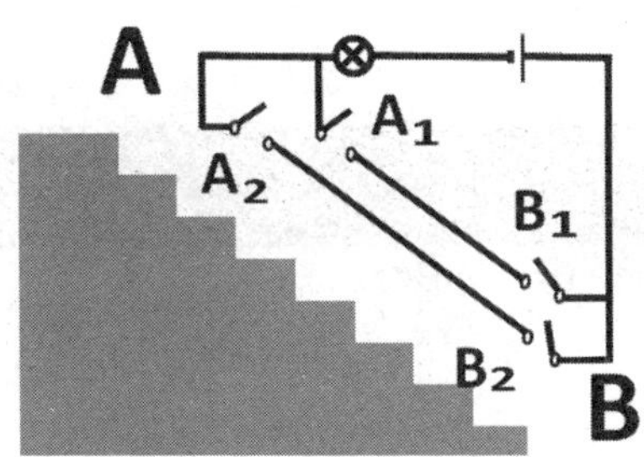

图 1 –39　学生过程性想法③

引导语：通过分析我们知道这样的设计比较麻烦，如果要保证除了小明和妈妈以外的人上楼使用，我们要先断开 B_2 连通 B_1，上楼后要断开 A_1 连通 A_2，每次都要连通一个开关的同时人为断开另一个开关才可以，我们生活中谁都不会这么麻烦的，怎样在这个电路的基础上稍加改进，让我们在连通 B_1 的同时自动断开 B_2，不需要我们人为地去操作，你有什么好办法？

④引导学生思考怎样做在 A 点就可以对小明来说电路断开了，而对于妈妈来说恰巧电路连通了，将同一位置两个开关进行改进，转化为一个开关分为两个接口的想法，这样一分为二产生新的双向开关。

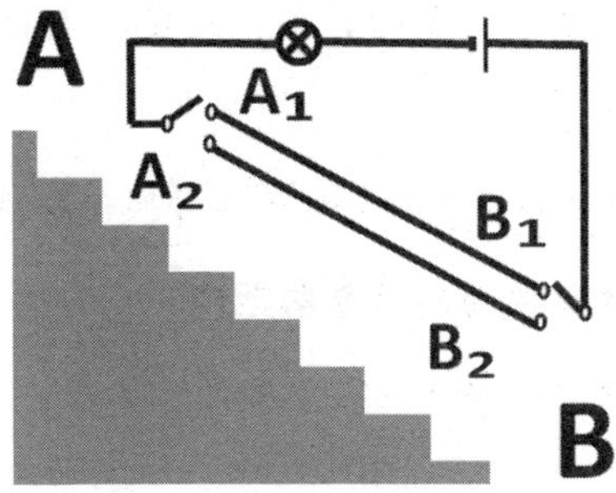

图 1 –40　学生过程性想法④

2. 使用“假想电流法分析”电路，确认需要设计的技术目标的标准

提问：谁能再用假想电流法分析一下我们需要一个什么样子的开关？

3. 板书记录学生分析过程

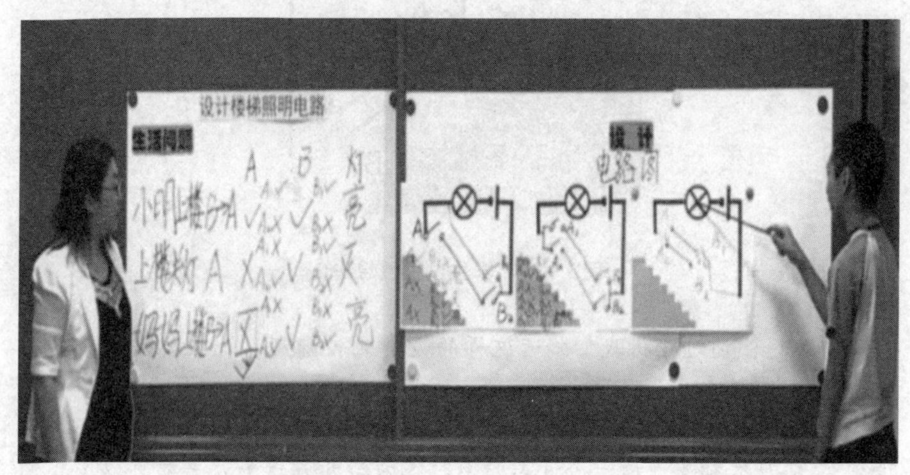

图 1－41　学生汇报展示

活动意图说明：

在假设阶段，工程师发展或重新构架技术难题的解决方法。而根据技术发明的一般规律，由生活需求才能聚焦技术目标，通过对学生解决思路的分析，利用综合思维模式，借助假想电流分析的方法，采用“二路合一”及“一分为二”的教学策略，通过理性思维的分析，最终引导学生将问题难点归结到需要发明一个新的开关，启发学生的思考过程，产生创新技术的萌芽。

环节二：设计电路开关，创新电路元件【假设阶段】【突出教学重点】

提出要求：设计你需要的新的电路元件。

课件出示使用材料（如图 1－42）及设计要求：

使 用 材 料

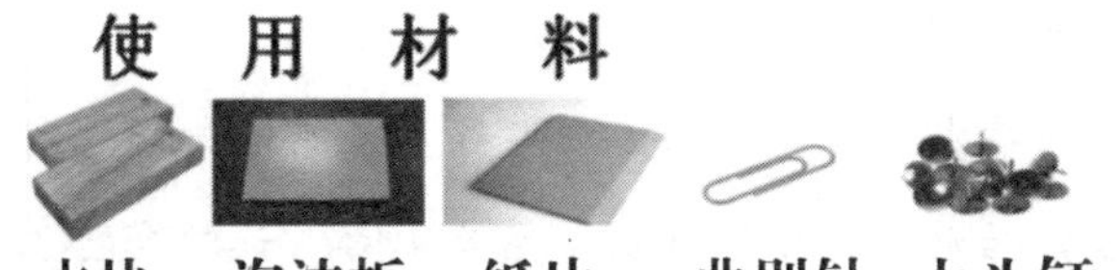

木块　泡沫板　纸片　曲别针　大头钉

选择材料：**（选择的请画√）**

木块（ ） 泡沫板（ ） 纸片（ ） 大头钉（ ） 曲别针（ ）

设计图：

（画出图纸，加入文字说明，1.制作材料；2使用方法）

图 1－42　课件出示材料图片

教师巡视关注：(1) 学生参与设计情况；(2) 学生主要想法。

学生分小组进行设计活动（如图 1－43）

选择材料：（选择的请画√） 木块（ ） 泡沫板（ ） 纸片（ ） 大头钉（ ） 曲别针（ ） 设计图1： （画出图纸，加入文字说明，1.制作材料；2.使用方法）
选择材料：（选择的请画√） 木块（ ） 泡沫板（ ） 纸片（ ） 大头钉（ ） 曲别针（ ） 设计图1： （画出图纸，加入文字说明，1.制作材料；2.使用方法）
选择材料：（选择的请画√） 木块（ ） 泡沫板（ ） 纸片（ ） 大头钉（ ） 曲别针（ ） 设计图1： （画出图纸，加入文字说明，1.制作材料；2.使用方法）

图 1－43　楼梯开关设计图

活动意图说明：

通过前期教学活动安排，学生已经储备了足够的知识经验基础，此时安排学生进行设计活动，充分体现以学生为中心，让学生自己创新解决实际问题，从而培养学生的实践创新，给出学生一定的材料范围，有利于培养学生的理性思维。

环节三：汇报开关设计图，进行评价

过渡：王老师看到了许多小组都有了自己的好想法，谁能与大家分享一下？

学生汇报开关设计图（如图1－44、图1－45），教师组织进行评价活动。

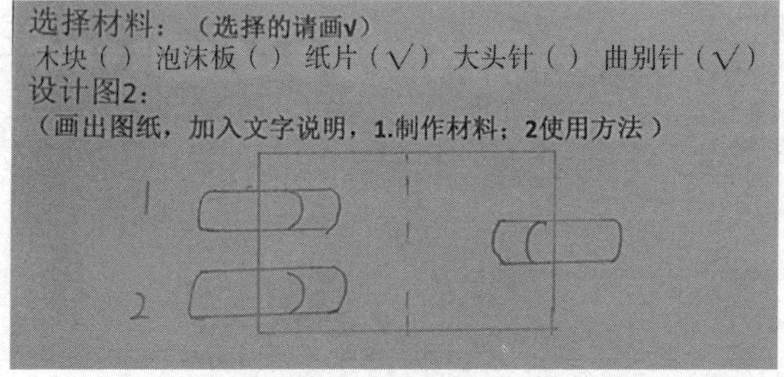

图1－44　纸片式双向开关

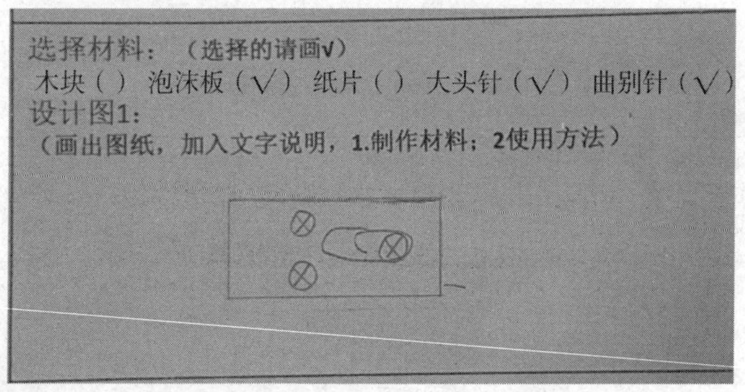

图1－45　木块/泡沫板式双向开关

活动意图说明：

设计是一个反复的过程，在分组汇报中，学习其他组优秀的地方，改进自己组的开关，直至最终成品出现，在这个反复修改完善的过程中，培养学生的创新能力，为下节课制作和使用双向开关设计楼梯照明电路、解决生活实际问题做铺垫。

环节四：修改完善开关设计，为制作打基础

布置课后任务：

谈话：生活中我们也能找到这样的开关，请同学们下课后仔细观察，生活中这样的开关是怎样控制楼梯灯的，改进自己的开关设计图，下节课我们来制作你设计的开关。

学生体验活动：利用中午吃饭后的时间，去食堂楼梯感受一下双向开关的使用。

活动意图说明：

使用生活调查教学策略，布置任务让学生观察生活中的双向开关，为创新改进开关设计积累生活经验。

（七）板书设计

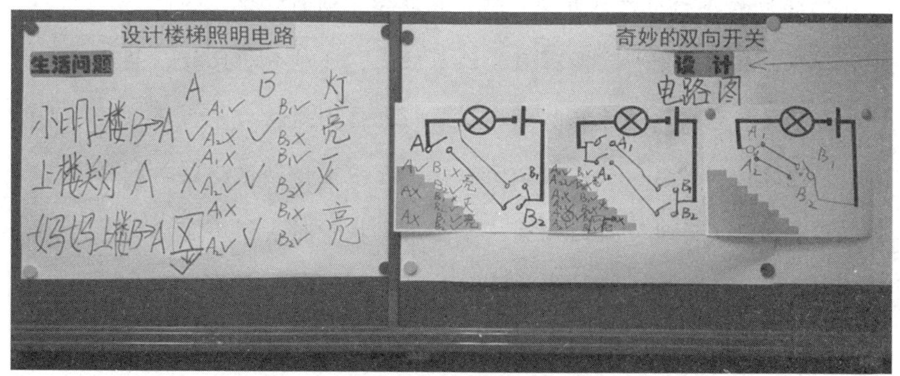

图 1－46　板书

（八）作业与拓展学习设计

布置课后思考作业：

请同学们观察生活中的楼梯开关（学校食堂位于地下一层，楼梯灯的开关为双向开关），思考你的开关还可以如何改进。

设计意图：

面向全体学生布置任务，在下节课使用自制双向开关前深入思考改进方案，能力较弱的学生想一想简单层次的改进即可，如外观上的、安装结实程度上的改进等；能力较强的学生可以提高一些思考的层次，如使用方法、是否还有更好的材料的改进等。

（九）特色学习资源分析、技术手段应用说明

1. 班级记录单的继续使用

本课继续使用班级记录单的形式，通过对上节课记录单的分析，回忆起之前学习过的内容，聚焦问题的冲突点，本课中通过学生设计电路图不断改进分析，最终设计出了满足需求的电路图，并在第一节课的记录单上进行了红笔的分析，让学生思维具有一定的连贯性，同时在不断改进电路图的过程中发现开关无法满足需求，产生了创新设计开关的萌芽。

2. 借助简单材料设计开关元件，培养学生创新意识

本课，在学生进行了多种假设的基础上，通过分析比较，最终确定要产生一个新的电路元件才能解决楼梯照明电路问题，为学生提供了常见的木块、泡沫板、纸片、大头钉和曲别针，让学生借助这些简单材料去设计自己需求的开关元件，鼓励学生从生活中寻找材料去解决自己的问题，培养学生在生活中利用身边的材料进行创新的意识和能力。

（十）教学反思与改进

1. 在发明新元件活动中，促实践创新发展

依据技术发明的一般规律，最难的创新发明环节就是设计，为此在本单

元活动中，为了突破这个教学难点，培养学生实践创新，安排如图1－47的环节：

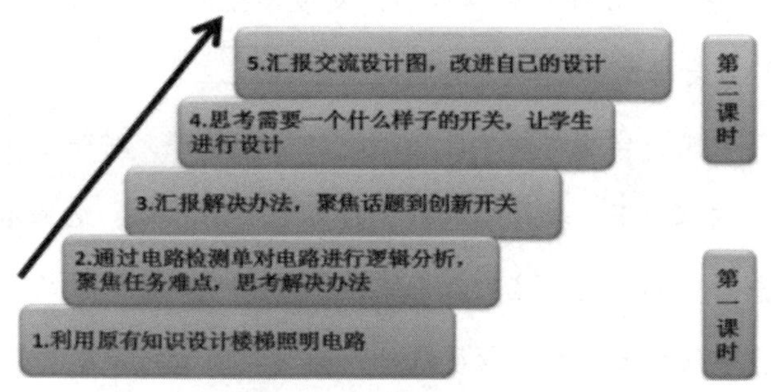

图1－47 创新发明的环节示意图

正是有了这样的一个过程，多数学生在好奇心和想象力的引领下，不断地进行思考改进，不畏困难，大胆尝试，积极寻求有效的创新方法解决问题。通过自己的不断努力，最终达成了对双向开关的认识与设计——想到连接两条路，成功完成楼梯照明电路的设计。

2. 实验材料的“丰富性”，为后期开关制作“活起来”“动起来”做铺垫

由于授课年级是六年级学生，所以本课时内给予学生制作开关的材料比较丰富，以利于思维活跃，完成后期设计与制作。课后深思，如果此环节再加入更加丰富的材料，如塑料块、海绵块、酸奶盒、不同长度的铁钉、铜丝，等等，或许学生会呈现出更精彩的设计。

第三课时“奇妙的双向开关（二）”教学设计

（一）教学内容分析

本单元活动是依托课程标准技术与工程领域下技术的发明过程。

本课时内容，是技术发明过程中的制作试验评价环节，也是工程师协同的阶段。通过前两课时生活调查经验的积累、双向开关的设计，将自己

的想法转化为成品，制作出来，并应用自制双向开关搭建楼梯照明电路，解决生活多种实际问题，检验自制双向开关的使用效果，进行评价，反思再修改。通过电路的设计与制作活动，发展学生的实践创新能力。

（二）学习者分析

本课学习之前，学生对简单电路及连接基本掌握，对导体与绝缘体基本认识，为本课内容打下了较好的基础。只有了解了导体、绝缘体，才能去合理选择材料制作双向开关，这对六年级学生是有一定挑战性的，要达到这一目标，选择多种多样的材料是物质基础，而实践创新的开发才是关键。

（三）学习目标确定

科学观念目标：通过解决生活中实际问题的任务驱动，知道发明一个技术的基本过程，并能运用发明技术的过程解决新的技术问题。

科学思维目标：通过比较、分析、综合等思维方法，能够制作出双向开关，并解释如何控制楼体照明电路。

探究实践目标：在解决生活实际问题的任务驱动下，能够使用自制的双向开关连接出楼梯照明电路。

态度责任目标：在解决生活实际问题的任务驱动下，当学生面对失败时，有不怕困难、勇于探索的科学精神，并将这种精神运用到学习和生活中去。

（四）学习重点难点

重点：通过解决生活中实际问题的任务驱动，知道发明一个技术的基本过程。

难点：在解决生活实际问题的任务驱动下，能够使用自制的双向开关连接出楼梯照明电路。

（五）学习评价设计

根据本课时中学生最终是否解决实际问题进行学生表现性评价，具体标准如表1－6：

表1－6　第三课时学生表现性评价具体标准

A	B	C	D
1. 成功制作出双向开关。 2. 能够根据需求，独立连接楼梯照明电路	1. 成功制作出双向开关。 2. 能够根据需求，在同学辅助下连接楼梯照明电路	1. 在同学互助下制作出双向开关。 2. 能够根据需求，在同学辅助下连接楼梯照明电路	1. 在同学互助下制作出双向开关。 2. 能够根据需求，在同学及老师的辅助下连接楼梯照明电路

（六）学习活动设计

环节一：自制双向开关，呈现技术成品

谈话：在以前的课时中，我们为小明同学设计了楼梯照明电路，通过大家的共同努力，最终我们完成了电路的设计，但是我们却没有合适的开关，为此同学们又设计了一个可以选择路径的开关，在生活中我们把它称为双向开关，这节课我们就把同学们设计的开关制作出来。

提出制作要求：凭设计图领取所需材料，制作两个开关，按图制作，制作过程中允许更换材料，制作中注意操作安全!!!

学生按图制作开关，如图1－48、图1－49、图1－50。

图1－48　木块式双向开关成品

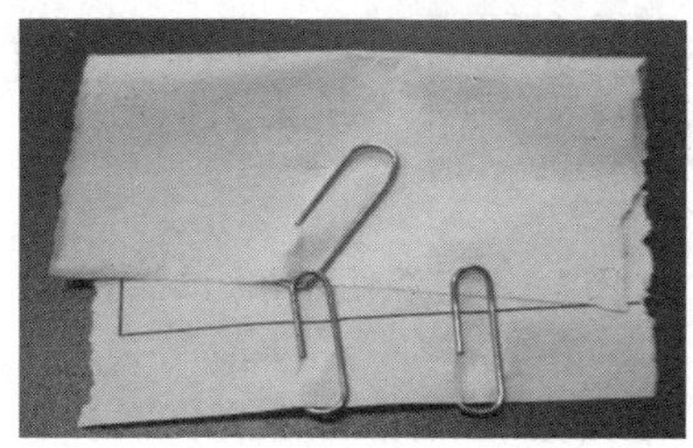

图1－49　纸片式双向开关成品

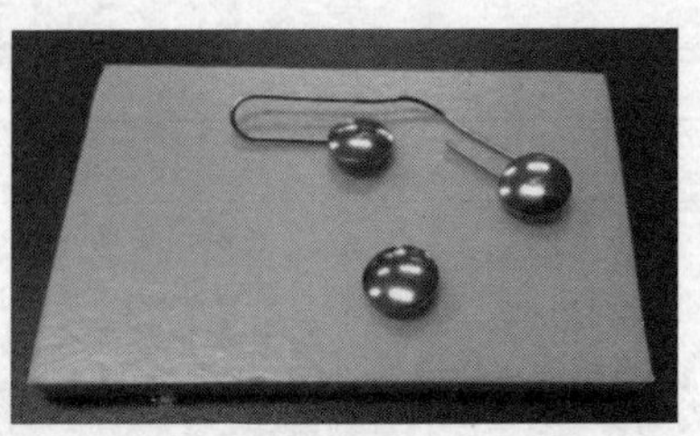

图1－50　泡沫板式双向开关成品

活动意图说明：

本环节进入协同阶段，根据技术发明的一般规律，依设计进行制作、试验。通过制作环节将学生的创新想法转化为实物，在这个过程中培养学生的创新能力，为接下来使用双向开关搭建楼梯照明电路、解决生活实际问题做铺垫。

环节二：搭建楼梯照明电路，检验双向开关【再次突破教学重难点】

过渡：请同学们把自己制作的开关放入我们设计的电路中，测试一下你的开关是否可以正常使用、满足各种生活情况，如果不可以，请你重新回到设计环节，再设计、再制作、再测试，直到成功为止。

使用双向开关连接电路，测试应用，课件出示测试要求（如图1－51）。

测试要求

	生活情况
1	小明上楼
	再下楼
2	小明上楼取东西
	下楼时关灯
3	小明下楼取东西
	回楼上关灯
4	小明上楼
	关灯回屋
	妈妈上楼

- 将自制的开关接入楼梯电路板上
- 模拟常见生活情景测试电路

图1－51　课件出示测试要求

教师巡视关注：（1）学生连接电路方法；（2）学生参与程度情况。

学生分组进行测试活动，使用假想电流法分析连接电路。

预设：连线错误，形成闭合回路但是小电珠、电池关键元件放于支路上（如图 1－52）。

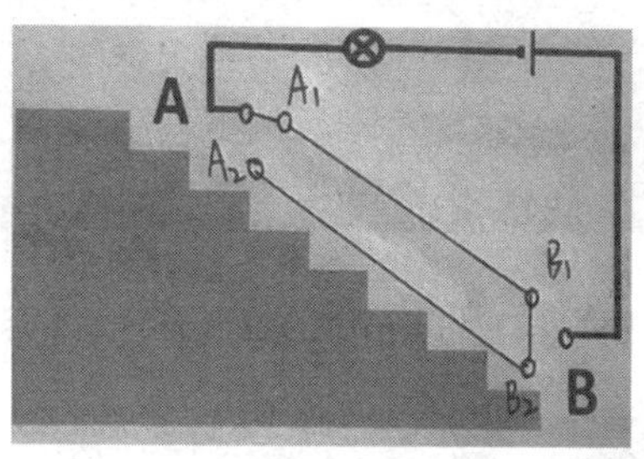

图 1－52　学生记录单

对策：学生将小电珠、电池关键元件放于支路上是不能完成任务的。为此，教师使用假想电流法进行电路分析的教学策略，带领学生一起对电路进行分析，发现只有当开关都位于灯所在支路一侧时，灯才能亮起来，其他时候不可以亮，所以另一条支路设计变得可有可无，由此追问学生：你们觉得重要元件要放置于哪里？鼓励学生独自修改电路连接。

活动意图说明：

根据技术发明的一般规律：制作出成品后，一定要经历试验和评价环节，本环节就是利用双向开关元件，改进楼梯照明电路的设计，从而进行解决实际问题的试验活动，也是本课难点所在。通过对电路元件的观察及设计活动，学生已经有了设计两条支路的意识，所以在此进行有目的的连接实验活动，在活动过程中培养学生的实践创新。

环节三：评估交流，培育新的创新点

过渡：下面请每组派一名展示同学进入展示区域，进行测试活动，出示评价标准。

引导语：请同学们关注与你们制作方法不同的开关及它的使用情况。

8 个小组展示电路板（如图 1－53），并进行测试活动（如图 1－54）。

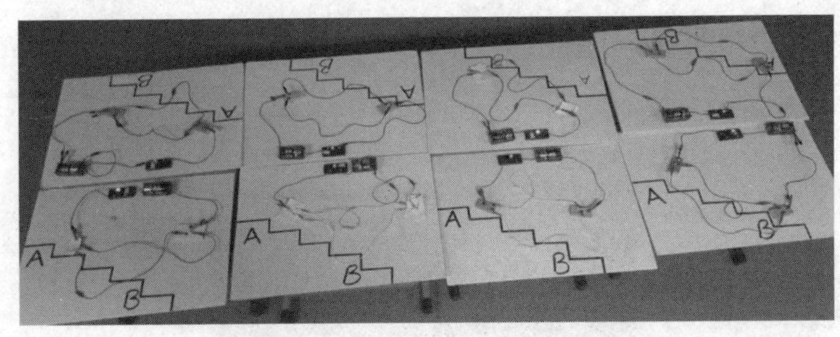

图 1－53　8 个小组学生设计作品展示

图 1－54　8 个小组学生进行测试活动

以组 1、组 2、组 3 为例，展示学生设计制作的双向开关。

组 1：使用两个木块、大头钉和曲别针制作的双向开关（如图 1－55）。

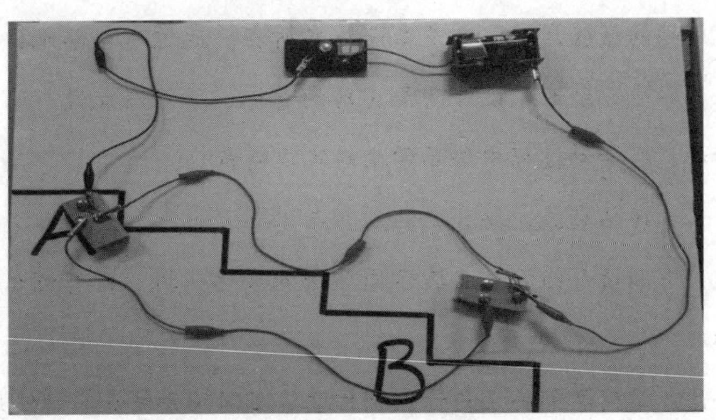

图 1－55　组 1 连接图

组2：使用两个纸片和曲别针制作的双向开关（如图1－56）。

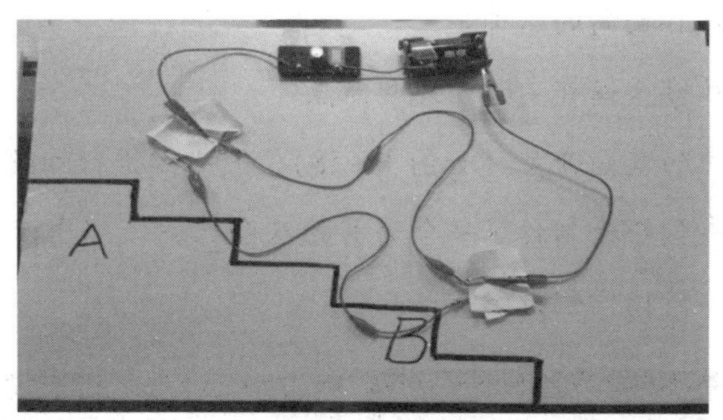

图1－56 组2连接图

组3：楼上使用一个纸片、大头钉和曲别针制作的双向开关，楼下使用泡沫板、大头钉和曲别针制作的双向开关（如图1－57）。

引导语：有的小组制作了两个不同的双向开关，思考一下哪个更好用？

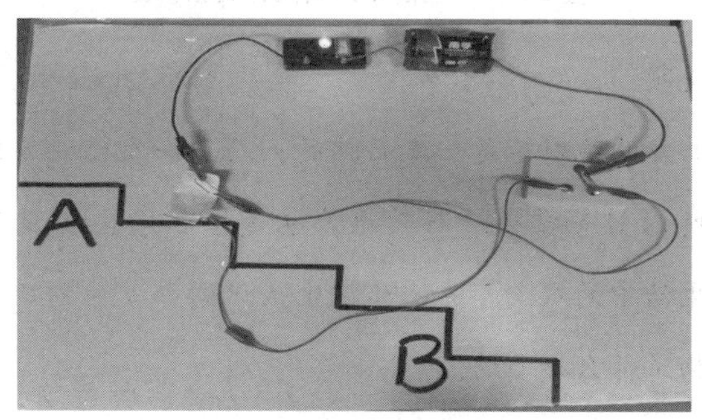

图1－57 组3连接图

学生针对测试过程中各组模型的表现进行评价。

结合同学们的评价，提出对自己组或者其他组双向开关的修改想法。

过渡语：谁能说说你观察到的各组使用的开关有什么优点与不足？

活动意图说明：

引导学生经历技术发明的过程——试验评价，把自己设计的双向开关放到实际电路模型中，解决实际问题。但使用效果如何，需进行有针对性

的评价——本组与他组的比较与建议，观察别人制作方法的优点与不足，有助于学生激发再创新的萌芽。

环节四：观察生活开关，涌现创新点

出示生活中的双向开关（如图1－58），分小组进行细致观察。

过渡语：我们今天制作了一个简易的双向开关，那生活中的双向开关是什么样子呢？请同学们仔细观察。

图1－58　生活中的双向开关结构图

活动意图说明：

一个技术的发明绝对不是一蹴而就的，而是一个需要不断反复修改再创新的过程，所以引导学生进行改进，也是培养学生实践创新的重要方式，最后出示生活中的双向开关，让学生认识到今天他们所设计的开关最终成熟的技术物是什么样子的。

环节五：回顾技术发明的过程，总结教学重点【教学重点全部落实】

通过连续的班级记录单，总结教学重点。

谈话：经过本次活动，我们经历了像工程师一样技术发明的基本过程。由需求出发，产生技术目标，进行技术设计，依设计进行制作、试验，对技术物进行评价，成功解决了楼梯照明电路这个生活问题。

活动意图说明：

回顾单元活动内容，梳理技术发明的基本步骤，落实本课知识重点。

环节六：拓展视野，介绍更多生活开关

过渡：双向开关可以解决楼梯照明问题，但是它能解决生活中所有电路控制的问题吗？显然是不行的，所以生活中还有着各种各样的开关。

展示更多生活中的开关。

活动意图说明：

通过贴近生活的介绍，让学生更加深刻感受到更多的电学知识，体验到技术改变了生活，从生活需求出发，设计制作检验一项技术成品的必须性，感受到创新的重要性。

（七）板书设计

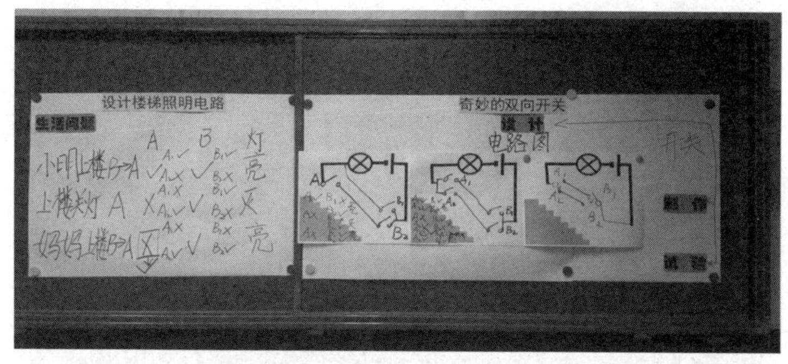

图 1－59　板书

（八）作业与拓展学习设计

布置检测类作业：

请同学们使用双向开关为房间（如图 1－60）设计一个照明电路。

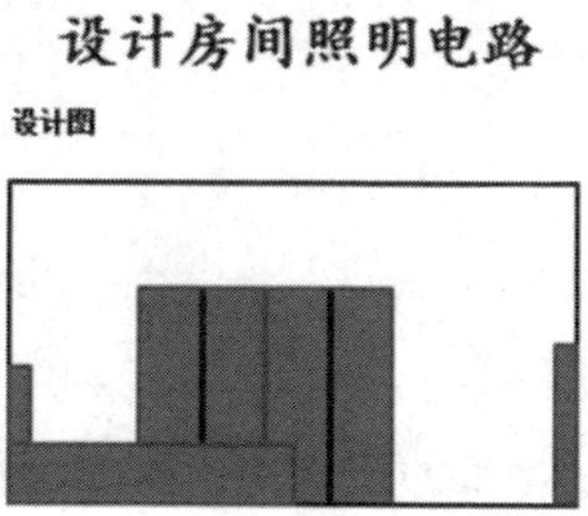

设计房间照明电路

设计图

图 1－60　后测题

设计意图：

面向全体学生布置任务，通过本课学习，考察学生是否可以将所学知识迁移到前测内容上，从而检测学生单元活动学习效果，是否能够知道并应用双向开关进行设计活动，解决生活其他问题。能力较弱的学生画出电路图即可，能力较强的学生不仅要画出电路图，还要考虑生活实际情况。

（九）特色学习资源分析、技术手段应用说明

以学生为中心，通过班级记录单的使用，促使学生经历发明的完整过程。

第一节课板书：

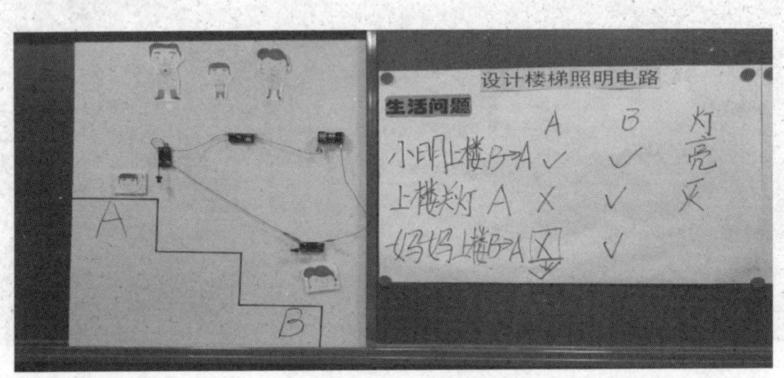

图 1－61　第一节课板书

第二、三节课板书：

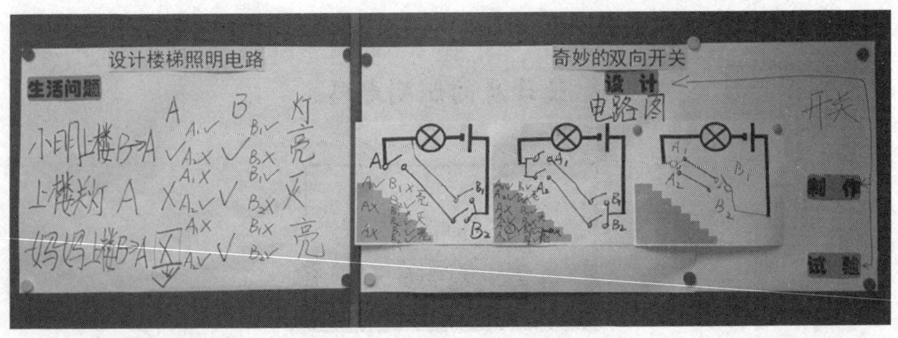

图 1－62　第二、三节课板书

本次单元教学活动，整体使用班级记录单的形式进行板书记录，优点在于可以把三节课重点内容完整连续地呈现在学生面前，有助于学生归纳总结发明的一般规律。第一课时初步利用班级记录单对电路进行逻辑分析，聚焦研究的问题；第二课时，通过自己设计的电路成功解决了问题，并用红笔直接在第一节课的板书上面深入地进行记录分析，有助于学生理性思维的连续发展；第三课时，当学生达成生活任务时，可以通过班级记录单快速回顾他们经历的重点环节，有助于学生进行归纳与反思，从而认识到任何一项发明一定源于人们对于生活的需求，并能够用生活中的物品去创新设计并解决遇到的问题，进而使学生的创新精神在像工程师那样的研究中得到很好的训练与提升。

（十）教学反思与改进

1. 评价——反思再创新

一个技术的发明不是一次就可以的，人们为了不断适应自己的需求，不断改进着技术，这其中就有再创新的过程，所以通过解决生活实际问题，对自制双向开关进行试验、评价，然后根据同学们的评价进行思考，改进自己或者其他小组的双向开关，也是培养学生创新思维的重要途径。

2. 感受——完整技术发明过程

本单元活动中，学生完整经历了技术发明的过程：通过生活实际问题的出现，拆解任务，根据需求聚焦新技术的创新发明，经过多层铺垫，设计出双向开关电路元件，自制并进行了试验，解决了起始课的生活实际问题的同时也引发了学生进一步的反思，再创造。

3. 改进——更多尝试更多挑战

本单元活动引发了我深层的思考：

其一，用了较多的时间在连接电路制作模型上，所以对应改进双向开关

想法的时间显得紧张与吝啬，因此，再进行教学时，要给予充足的时间。

其二，本单元既然是解决生活实际问题，就要更加符合生活实际情况。如，生活实际中为了墙体稳固及安装装饰物，墙面不会横向和斜向开槽穿线、开竖向的槽放置电线贴顶或者贴地布线等，所以设想过对模型进一步调整，是否可以加一些更加实际的内容到课程中，留待进一步思考改进。

五、单元教学活动反思

（一）承载思维轨迹，班级记录单的使用

班级记录单能够充分反映学生设计发明一个技术的完整性，也能显示出学生设计的分析思路、反思及优化改进的过程，有明显的层次性。充分关注对学生核心素养的培养，素养是通过行为体现的，班级记录单暴露学生动作，记载学生思维发展的轨迹，思维发展促进设计的优化，从根本上提升了学生的核心素养。

（二）指导思想贯穿单元教学

任何一项技术的创新都需要前期扎实的调查假设过程，为此，在本单元活动中，只要涉及电路问题，始终离不开假想电流分析法，它帮助学生完成了对复杂电路分析的过程，再利用班级记录单呈现对电路的逻辑分析方法，用简单形象贴近学生的方式，帮助学生梳理分析电路的思维方法，最终创新设计出楼梯照明电路。确认需求创新设计双向开关，解决实际问题，在这个过程中始终离不开指导思想的引领。

案例二：科学探究类单元教学设计“神奇的声音”

案例说明：此案例曾荣获北京市朝阳区教师基本功大赛“朝阳杯”D组单元教学设计一等奖，收录书中的版本是已经结合《新课标》要求进行修改后的文本。

单元名称 “神奇的声音”

——提升学生理性思维素养

一、 单元教学设计说明

（一）单元活动产生背景

源于核心素养的培养需求。核心素养是指学生应具备的适应终身发展和社会发展所需要的必备品格与关键能力，科学学科的核心素养是学生在接受科学教育过程中逐步形成的重要品格和关键能力，两者在方向和性质上是统一的。《中国学生发展核心素养》中提到的科学精神，主要是学生在学习、理解、运用科学知识和技能等方面所形成的价值标准、思维方式和行为表现。具体包括理性思维、批判质疑、勇于探究等基本要点。科学学科核心素养中提到“科学思维”，是基于事实证据和科学推理，对不同观点和结论提出质疑、批判，进而提出创造性见解的能力与品质，其中包含科学推理，重点是正确使用分析、综合、归纳、演绎、比例、概率、控制变量等方法，从定性和定量两个方面进行科学推理，形成规律和理论，解释自然现象和解决实际问题。

源于学生掌握思维方法的需求。在小学科学课的学习中，学生会接触很多的学习和思维方法，但是往往都是混杂在一起的，我们预想着由低年级逐步渗透，到中年级帮扶过渡，最后期望在高年级自主掌握，但是实际的效果往往不如我们所想。我对已经进入四年级的学生进行了一项关于归纳推理思维方法的调查前测（下文有具体分析），发现很多学生对于归纳推理的基本方法认识非常浅薄，仅仅能回答出表象的内容，对于这种思维的方法不能主动使用，或者在使用不能明确时应该如何做，只是懵懵懂懂地照着以往科学课学习的套路去使用，会使用却不知方法。因此，他们迫切需要通过一些典型课程来学习使用归纳推理思维方法解决问题。

（二）教学内容分析及单元课时分配说明

以教科版四年级“声音”单元为载体，进行有策略的课程精减，挑选与课标相符合与归纳推理思维方法相契合的课程，组合成为新的单元教学内容。

1. 分析“声音”单元在课标中的位置

“声音”单元在《义务教育科学课程标准（2022 年版）》中隶属于物质的运动与相互作用核心概念下，具体的学习内容是“3. 3 声音与光的传播”。

表 1 –7　“声音”单元在课标中的位置分析

学习内容	学习目标		
	1—2 年级	3—4 年级	5—6 年级
3. 3 声音与光的传播		12. 举例说明声音因物体的振动而产生。 13. 举例说明声音在不同物质中可以向各个方向传播。知道声音有高低和强弱之分，声音高低和强弱的变化是由于振动的变化引起的；制作能产生不同高低、强弱声音的简易装置	

通过课程标准的分析，本单元学生要发展的概念如下：

①了解声音产生的原因、声音的特征以及声音的传播。

②初步认识到声音是能量的表现形式。

如图 1 –63，“声音”单元科学知识由三部分构成：声音产生的原因、声音的特征、声音的传播，它们最终指向“声音是能量的表现形式”这一内容。

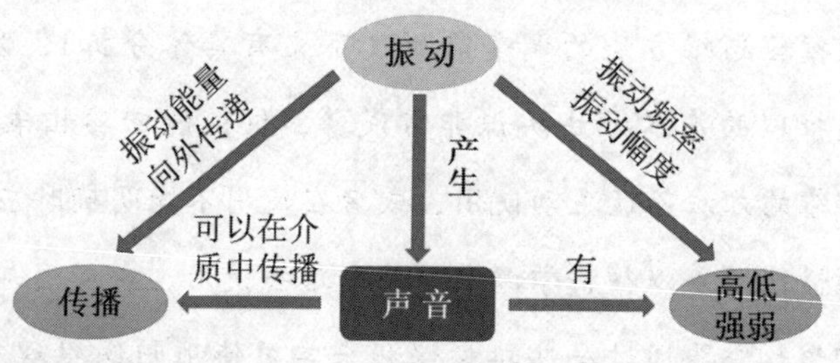

图 1 –63　“声音”单元知识结构图

2. 分析“声音”单元在整体教科版教材中的位置

表 1-8 “声音”单元在整体教科版教材中的位置分析

教材	“能量”相关单元	相关内容	学习层次
二年级下册	“磁铁”	6.5 磁铁有磁性，可对某些物体产生作用	认识磁铁（具体）
三年级下册	“物体的运动”	运动的物体具有能量	认识能量的表现形式（抽象）
四年级上册	“声音” “运动和力”	声音在介质中的传播将声源振动的能量向外传递。 运动的物体具有能量	
四年级下册	“电”	6.4.3 电是重要的能源，同时具有危险性	
五年级上册	“光”	举例说明许多光源在发光的时候也在发热	
五年级下册	“热”	6.3.3 热可以在物体内和物体间传递	认识能量在自然界中的传递
六年级上册	“能量”	6.6 自然界中存在多种能量的表现形式	认识能量在自然界中的转化，初步建立能量观

“声音”是学生在小学阶段较早接触的抽象概念，并与六年级的“能量”单元相关。由于能量是一种看不见摸不到的物质，所以在“声音”这一单元，老师应教会学生借助其他物体观察不易察觉的现象，并能借助观察收集的证据，归纳、推理、证明自己的假设，从而理解抽象概念，解释生活中与能量有关的现象，这样的学习方法也是为之后光能、热能等教学做铺垫。

3. 分析目前教科版“声音”单元的教学内容——课题、主要概念、认知特点、核心概念

表 1-9　目前科教版“声音”单元教学内容分析

单元教学内容			
课题	主要概念	认知特点	核心概念
1. 听听声音	声音可以用“高低”“强弱”“悦耳”和“刺耳”等词语来进行描述	对学生原有认知的了解是单元学习的基础。用更多的声音问题可激发学生的关注热情	声音因物体振动而产生，通过物质传播
2. 声音是怎样产生的	声音是由物体的振动产生的	用实验的方法体会振动的含义。观察物体振动的状态，并与声音建立联系	
3. 声音是怎样传播的	声音可以在气体、液体和固体中传播	对传播的认知是在不断的观察、分析、对比中获得的。用连续的探究和证据的分析来理解传播概念	
4. 我们是怎样听到声音的	人耳中的鼓膜能感应声波并振动，进而传到内耳，引起听觉	用分析和实验的方法，体会鼓膜的作用。在分析人耳构造的基础上，理解保护听力的方法	
5. 声音的强与弱	声音的强弱可以用音量来描述。物体振动的幅度越大，声音越强，音量就越大；物体振动的幅度越小，声音越弱，音量越小	在观察中，发现振动幅度对音量的影响。在比较中，发现音量强与弱是怎么获得的	
6. 声音的高与低	声音的高低可以用音高来表示。物体振动得越快，发出的声音越高；物体振动得越慢，发出的声音越低	在观察中，发现振动快慢对音高的影响。在实验中，体会改变音高的办法	
7. 让弦发出高低不同的声音	物体长短、粗细不同，发出声音的高低也就不同：短而细的物体发出的声音高，长而粗的物体发出的声音低	用弦振动获得的信息，形成对音高深层次的理解。对弦的调整和测试，体会弦乐器的工作原理	
8. 制作我的小乐器	改变物体的属性，可以使它发出高低不同的声音	制作小乐器，测试对声音的总体认知	

4. “神奇的声音”单元课时分配说明

基于上述对于课标、教材和原有单元课时的分析，不难发现，现有教科版教材“声音”单元的授课中，分为 8 个课程内容，从感受声音到发现声音的产生、传播方式到我们如何接收声音、利用声音变化的规律直至利用声音变化的规律自己动手制作一个小乐器，的确是一个相对完整清晰的单元架构，但是里面核心的归纳推理思维方法被分散在了几个不同的课程中，学生对于思维方法学习的完整性略显不足。因此，基于对学生理性思维和科学推理能力的培养，调整现有教材单元结构，提炼出与培养归纳推理思维能力紧密相关的课程，组合成一个小单元教学“神奇的声音”。

本单元活动核心在于对学生理性思维和科学推理能力的培养，借助小单元三课时教学内容，以杜威五步法为理论基础，从教、扶和放三个层次上培养学生归纳推理思维方法，由此达成对于学生科学学科核心素养培养的目标。具体设计是在四年级教科版“声音”单元教材的基础上，提炼出与归纳推理能力紧密相关的三个课时教学内容，一步步落实学生对于归纳推理思维方法的学习，同时，完成课标中对于“声音”单元教学任务的要求。课时安排如图 1－64：

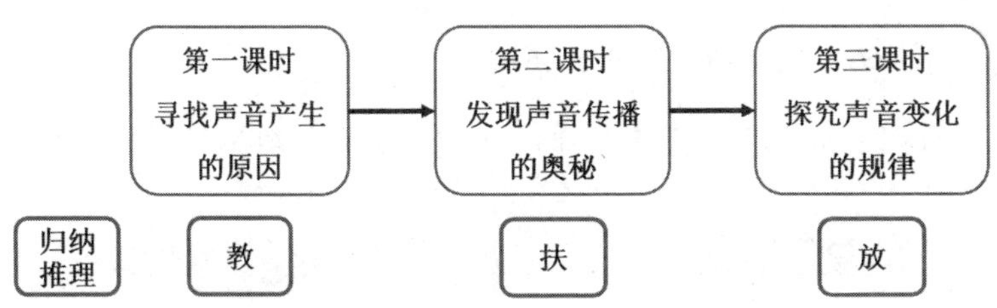

图 1－64　“神奇的声音”单元课时安排图

（三）指导思想

基于上述思考，为了培养学生的理性思维素养和科学推理能力，我在精减教材内容的基础上，根据学生现有知识水平与认知结构，建构出符合学生最近发展区需求的新的单元结构，确定教学单元为“神奇的声音”，并进行设计与教学实施，借助杜威教学过程五个阶段完成课程的环节设计，力求以学生为中心，通过对归纳推理思维方法的学习，经历“教—扶—放”的过程，帮助学生进一步加深对于归纳推理思维方法的理解与应用。

（四）理论依据

《中国学生发展核心素养》中，科学精神被细化为理性思维、批判质疑、勇于探究三个要点。这三个要点有一定的梯度，理性思维是基础，批判质疑要基于理性思维，勇于探究是科学精神的最高阶表现。在对中国学生发展六大核心素养的解读中提到，理性思维是指崇尚真知，能理解和掌握基本的科学原理和方法；尊重事实和证据，有实证意识和严谨的求知态度；逻辑清晰，能运用科学的思维方式认识事物、解决问题、指导行为等。

杜威提出"反省的思维的分析"，并应用于教学过程，从而形成了教学过程的五个阶段：从情景中发现疑难；从疑难中提出问题，做出解决问题的各种假设；推断哪种假设能解决问题；经过检验来修正假设；获得结论。

基于上述指导思想和理论依据，对"神奇的声音"单元教学课时具体安排如图 1－65、图 1－66、图 1－67：

第一课时：寻找声音产生的原因（初步学习归纳推理思维方法）

杜威探究模式	1.寻找声音产生的原因
需要解决的问题	生活中各种各样的声音是怎样发出来的?
问题的设立	观察皮筋儿实验，形成可探究问题，声音的产生与振动有关
问题—解决的确定	形成自己的假设，思考钢尺、音叉和鼓的实验方法
推理	观察钢尺、音叉和鼓的实验，验证自己的假设
事实—意义的操作性	基于收集的事实证据，归纳推理出实验的结论

图 1－65　第一课时教学环节图

第二课时：发现声音传播的奥秘（再次使用归纳推理思维方法）

杜威探究模式	2.发现声音传播的奥秘
需要解决的问题	教师打鼓，鼓声是怎么传到每位同学那里的？
问题的设立	借助声音通过空气传播的研究，设立科学问题，声音在传播的过程中借助了什么物质？
问题—解决的确定	形成自己的设假，思考声音的传播与液体、固体有关的实验方法
推理	进行实验并观察结果，验证自己的假设
事实—意义的操作性	根据固体、液体和气体传声实验收集的证据，归纳推理出实验的结论

图 1－66　第二课时教学环节图

第三课时：探究声音变化的规律（自主使用归纳推理思维方法）

杜威探究模式	3.探究声音变化的规律
需要解决的问题	播放一首乐曲，发现声音有强弱高低的变化
问题的设立	制造强弱音，形成可探究问题：声音的强弱与物体振动幅度有什么关系
问题—解决的确定	形成自己的假设，思考实验方法
推理	观察钢尺、皮筋儿和鼓的实验，收集证据，验证自己的假设
事实—意义的操作性	根据多个实验收集的证据，归纳推理出实验的结论
	引出新的问题：声音高低与什么因素有关系，通过丰富的体验活动，揭秘声音高低的变化规律

图 1－67　第三课时教学环节图

二、单元教学目标与重点难点

（一）单元目标

在学科核心素养和课程标准的指导下，基于对本单元教学活动的思考与理论依据，特制定本单元活动目标如表1-10：

表1-10 “神奇的声音”单元教学目标

学科核心素养	课程标准	单元教学目标
1. 理性思维是指崇尚真知，能理解和掌握基本的科学原理和方法；尊重事实和证据，有实证意识和严谨的求知态度；逻辑清晰，能运用科学的思维方式认识事物、解决问题、指导行为等。 2. 科学推理，重点是正确使用分析、综合、归纳、演绎、比例、概率、控制变量等方法，从定性和定量两个方面进行科学推理，形成规律和理论，解释自然现象和解决实际问题	本课属于物质的运动与相互作用核心概念下3.3声音与光的传播。具体的内容要求是： 12. 举例说明声音因物体的振动而产生。 13. 举例说明声音在不同物质中可以向各个方向传播。知道声音有高低和强弱之分，声音高低和强弱的变化是由于振动的变化引起的；制作能产生不同高低、强弱声音的简易装置	科学观念目标： 通过探究声音的产生、传播和变化的实验活动，知道声音是由物体振动产生的。声音可以在固体、液体和气体中传播。音高是由振动的快慢（频率）决定的，音量是由振动的幅度（振幅）决定的。并能运用上述知识解释生活中常见的关于声音的现象。 科学思维目标： 对实验所获得的证据运用分析、比较、推理、概括等思维方法，归纳推理得出结论。 探究实践目标： 通过探究声音的产生、传播和变化的实验活动，能从具体现象和事物的观察、比较中，提出可探究的科学问题，能基于已有经验和所学知识，从现象和事件发生的条件、过程、原因等方面提出假设。 态度责任目标： 通过探究声音的产生、传播和变化的实验活动，能在好奇心的驱使下，表现出对现象和事件发生的条件、过程、原因等方面的探究兴趣，发展对声音调查的兴趣。在科学探究中能以事实为依据，不从众，不轻易相信权威与书本；面对有说服力的证据，能调整自己的观点

（二）基于上述单元目标，制定本单元教学重点

通过探究声音的产生、传播和变化的实验活动，知道声音是由物体振动产生的。声音可以在固体、液体和气体中传播。音高是由振动的快慢（频率）决定的，音量是由振动的幅度（振幅）决定的。并能运用上述知

识解释生活中常见的关于声音的现象。

（三）基于下述学生实际情况分析，制定本单元教学难点

对实验所获得的证据运用分析、比较、推理、概括等思维方法，归纳推理得出结论。

（四）单元学习者实际情况及教学策略分析

本教学设计施教的对象是小学四年级1班35名学生。

1. 对归纳推理思维方法的分析：学生是否能够根据需要，尝试使用归纳推理思维方法，进行对假设的验证。

学生从1年级开始学习科学课，在前面的学习中曾经有过多次使用归纳推理的思维方法，但是从未向学生明晰方法的名称，为了更好地了解学生对于归纳推理思维方法的掌握情况，设计了相关的前测题目，针对授课班级35人进行了前测调查，前测问题包括三个问题：

①当我们用条形磁铁的一端去接近铁质曲别针、铁钉和铁夹子时，都发现能够把它们吸住，所以我们运用归纳推理可以得出的科学结论是（　　）。

A. 所有磁铁可以吸引铁质的物体。

B. 条形磁铁可以吸引所有铁质的物体。

C. 条形磁铁可以吸引铁质的物体。

②当我们运用归纳推理研究蜻蜓、蜜蜂和蝴蝶的身体构造共同特点时，可以得出的科学结论是（　　）。

A. 蜻蜓、蜜蜂和蝴蝶的身体都是分为头、胸、腹三部分，头部有一对触角，胸部有三对足，有两对翅膀。

B. 所有昆虫的身体都是分为头、胸、腹三部分，头部有一对触角，胸部有三对足，有两对翅膀。

③简答题：如果我们要用归纳推理的方法研究“鸟类的共同特征是什么？”这个科学问题，我们应该怎样做？

表1－11“神奇的声音”单元前测数据统计结果

前测问题	学生对问题的反馈	人数（人）
1. 选择题	A	8
	B	16
	C（正确）	11
2. 选择题	A（正确）	16
	B	19
3. 简答题	我们应该先观察几种鸟，然后找出它们的共同特征并总结。（或类似提到观察几种，比较，寻找相同，推出共同特征含义）	10
	我们可以去观察鸟类（或类似提到观察的学生）	15
	通过百度查找资料	3
	没有写出具体方法	7

根据统计结果，可以发现：1. 学生对于归纳推理思维方法熟练掌握的人不多，只有10人完全回答正确前测内容，所以通过设置专项训练达成单元学习是非常有必要的。2. 学生对于归纳推理思维方法的不确定性不是很理解，所以选择题第一题选择B的同学非常多，仅通过三种铁质物体就选择了条形磁铁可以吸引所有铁质的物体，充分说明有必要在单元教学中对归纳推理思维方法的不确定性进行渗透。3. 学生对于归纳推理思维方法的应用是不明确的。虽然曾经很多课上教师都已经带着学生经历了归纳推理的过程，但是学生自己解决问题时，无法主动想到应该如何应用归纳推理的思维方法，所以全班仅有10人能够比较清晰地说出具体的方法，还有15人只能想到观察，但是说不清楚观察什么，观察完后要怎样进行分析，得出结论，过程性不明确，所以有必要在课上明晰这种思维方法的步骤性，还有7人想不到任何具体的实施手段，说明在教学环节的设计中还需要循序渐进，搭建足够的“脚手架”来帮助他们理解此思维方法。

2. 对本单元知识内容掌握情况的分析

使用访谈法对四年级1班35名学生分别进行了解。

表 1－12 “神奇的声音”单元前测访谈数据统计结果

访谈内容	学生对问题的反馈	人数（人）
①对于声音你知道什么？	声音是物体振动产生的	3
	声音需要通过空气才能传到我们的耳朵中，真空中没有声音	7
	声音有大小和高低	26
	生活中有噪音	24
②对于声音你还想知道什么？	声音是怎么产生的？	13
	声音是怎样传到我们的耳朵中的？	12
	声音的大小和什么因素有关系？	18
	高音和低音是怎样产生的？	2
	口琴是怎样发出声音的？	16

根据统计结果，可以发现：1. 对于声音单元的知识概念学生很少有了解的，主要都是源于生活中对于声音的观察，发现的声音现象。2. 学生想要了解更多的有关于声音的科学知识。

三、 单元整体教学思路（教学结构图）

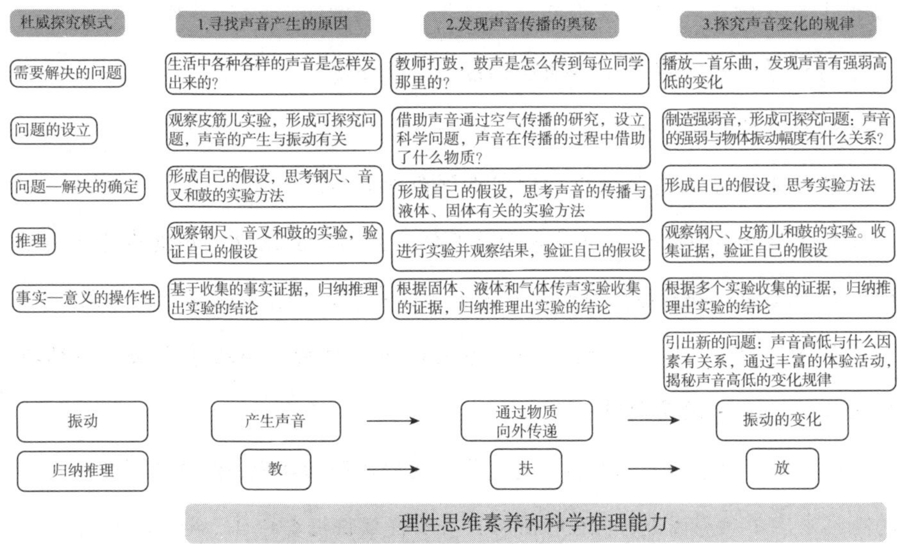

图 1－68 单元教学结构图

四、分课时教学设计

第一课时“寻找声音产生的原因”教学设计

（一）教学内容分析

本课是“神奇的声音”单元课程的第一课时，承担着了解声音产生原因的重要教学任务，也是培养学生归纳推理思维方法的初始阶段。本课中，学生会经过教师的引导，从不确定的情境中确定科学问题，提出自己的假设，并在教师的提示下，尝试使用实验材料搜集证据来支持验证自己的假设，并最终通过多个实验结果比较、分析，归纳推理出实验的结论，初步感受到归纳推理思维方法的具体应用，培养理性思维和科学推理能力，为后面两课的学习进行必要的铺垫。

（二）学习者分析

本课时中学生借助教师的引导和帮扶，经历杜威探究五步法，在经历的过程中归纳推理思维方法逐步得以发展，从而达成本课的教学目标，可能遇到的困难就是有些实验现象不明显，但是可以通过借物观察的手段帮助学生突破难点，顺利收集有效的证据，进行更好的归纳推理。

其他学生情况在单元活动前已经进行了分析。

（三）学习目标确定

基于上述学生情况分析，制定本课教学目标。

科学观念目标：通过探究声音是怎样产生的实验活动，知道声音是由物体振动产生的，并能运用所学知识解释生活中其他物体发出声音的原因。

科学思维目标：能依据证据，运用比较、分析、推理等方法，归纳推理出物体发声时的共同特征。

科学探究目标：在探究声音是怎样产生的实验活动中，能从不同物体发声的观察事实中对原因进行假设性解释，并有提供证据支持自己观点的意识。

态度责任目标：能在探究声音是怎样产生的实验活动中，积极找寻物体发声时振动的证据，知道除了用眼睛看，还可以借助其他材料观察实验现象，培养了学生求实证的科学态度。

（四）学习重点难点

重点：通过探究声音是怎样产生的实验活动，知道声音是由物体振动产生的，并能运用所学知识解释生活中其他物体发出声音的原因。

难点：能依据证据运用比较、分析、推理等方法，归纳推理出物体发声时的共同特征并进行演绎判断。

（五）学习评价设计

根据本课时中学生对于归纳推理过程的表现性评价，具体标准如表1－13：

表1－13　第一课时学生表现性评价具体标准

A	B	C	D
能够根据实验获得的多个证据准确地归纳推理出实验结论，验证自己的假设	能够在小组同学讨论中，根据实验获得的多个证据准确地归纳推理出实验结论，验证自己的假设	能够在教师引导下，根据实验获得的多个证据准确地归纳推理出实验结论，验证自己的假设	不能根据实验获得的多个证据准确地归纳推理出实验结论，验证自己的假设

（六）学习活动设计

环节一：出示生活中各种各样的声音，提出需要解决的问题

课件播放：生活中的声音。

提问：你听了什么声音，它是怎么发出来的呢？

学生交流。

预设1：雷雨声是云或者雨的碰撞发出来的。

预设2：火车声是喷出的气与其他物体摩擦或者碰撞发出来的。

预设3：古筝声是弹拨琴弦发出来的。

预设4：鼓声是敲击鼓面发出来的。

预设5：火车声是列车呼啸而过发出来的。

追问：我们使物体从无声到有声，物体产生了什么变化才使它们都发出声音呢？

学生猜想。

预设1：我觉得可能这些方法都使物体碰撞了，才发出声音。

预设2：我觉得可能这些方法都使物体振动起来了，才能发出声音。

活动意图说明：

出示生活中的各种声音，通过比较分析不同声音的发声方法，聚焦提出为什么不是所有方法都能使物体发出声音这一问题，引发学生思考不同方法到底使物体产生了什么变化而发出声音，关注到发声方法（力的作用）与物体振动之间的关系，呈现出本节课需要解决的问题，也就是杜威五步法中的第一步。

环节二：初步体验声音的产生原因，设立明确的科学问题

活动1：借助手触摸喉咙来观察发声的现象。

提问：在发出声音时喉咙有什么现象呢？

学生活动，预设学生回答：我用手摸的方法，发现说话的时候喉咙会振动。

活动2：使用皮筋儿模拟声带。

提问：我们的喉咙是靠声带发出声音的，声带长得很像皮筋儿，而且特别有弹性。我们可以用它来模拟声带进行观察，你打算怎样让皮筋儿发出声音？你觉得皮筋儿在发出声音时会有怎样的现象？

预设学生可能的回答：

预设1：我觉得可以把皮筋儿从中间剪断，这样就成为一条线，就像琴弦，可以弹一下让它发出声音，因为嗓子喊的时候会振动发出声音，所以我觉得皮筋儿弹一下也会振动而出声。

预设2：我觉得皮筋儿发声时可能会动，因为声带和皮筋儿很像，声带发声的时候会动，所以皮筋儿发声时也会动。

学生进行分组实验活动。

提问：同学们，你观察到皮筋儿发声时有什么现象？请两位同学在镜头前展示一下。

预设学生可能的回答：

预设1：我看到皮筋儿发声时，皮筋儿在来来回回地晃动。皮筋儿不发声时，不动。

预设2：我发现皮筋儿发声的时候会来回地动，而且在慢慢减弱，过一会儿就停止了。

讲述科学概念：在科学上，我们把这种来回往复的运动就叫作振动。

提问：结合声带发声和皮筋儿发声的两次观察，你们能发现它们有什么共同点吗？

预设学生可能的回答：

预设1：我发现它们都是发声的时候会振动，不发出声音就不会振动。

预设2：我觉得可能方法不同，但只要使它们振动就能发出声音。

活动意图说明：

通过观察声带发声时的变化，学生感受到物体发声时是在振动的，不发出声音时声带是不振动的，通过此次实验积累直接经验。利用皮筋儿模拟声带再次进行研究，通过收集证据、比较相同、推出共同而形成科学问题即物体发声与什么因素有关系？达成杜威五步法中的第二步，问题的设立。

环节三：问题—解决的确定，形成自己的假设

提问：皮筋儿和声带在发声时都振动，不发声时都不振动。其他物体呢？这里还有钢尺、音叉和鼓，如果按压钢尺、敲击音叉和鼓，你觉得它们发声时可能会有什么现象？

预设学生可能的回答：

预设1：因为刚才皮筋儿和声带在发声的时候都有振动，所以我觉得

音叉发出声音时也会有振动。

预设2：我觉得钢尺发声会振动，因为我做过这个实验，我把钢尺往下压一下，发现钢尺发声的时候会回弹，有振动的现象。

预设3：我觉得鼓发声的时候也会有振动，鼓面是有弹性的，因为皮筋儿是有弹性的，皮筋儿发声的时候会振动，所以我觉得鼓面也一样。

提问：现在对于声音的产生与什么因素有关系这个问题，你的观点是什么？在接下来的实验中，你们认为哪个现象最值得关注？

学生形成自己的假设。

预设1：我的观点是声音是因为振动产生的，如果一会儿鼓发声时我看到鼓面在振动，就能证明我的观点。如果鼓发声时鼓面没有振动，就不能证明我的观点。

预设2：我的观点是声音是因为振动产生的，如果一会儿钢尺发声时我看到它在振动，就能证明我的观点。如果钢尺发声时我没有看到它振动，就不能证明我的观点。

活动意图说明：

问题解决的确定需要观察，观察要越来越充分，观念才会越来越清晰。通过前面对于声带和皮筋儿的观察活动，对声音是怎样产生的进行了假设，形成了属于自己的观点。同时，对于后面收集证据的实验也明确了观察的目标是什么，会出现怎样的现象，也都是问题解决的确立过程，也就是杜威五步法中的第三步。

环节四：推理，收集证据证明自己的假设【教学重点】

课件出示温馨提示，学生开始进行实验活动。

实验快结束时提示：实验时间就要到了，最后两分钟把你的实验记录整理一下，看看你关注的现象是否发生。

组织学生汇报交流。

提示：实验汇报时要说清两件事，一是你的观点，二是你获得的证据。

学生汇报：

预设1：我的观点是声音是因为物体振动产生的。通过实验，我发现钢尺发声时有振动，能证明我的观点，但是鼓和音叉发声的时候，好像有振动，好像没有，我也看不清楚。

预设2：我的观点是声音是因为物体振动产生的。实验中钢尺是看到了振动，音叉和鼓是我摸的时候感觉到了振动，所以通过实验，我发现钢尺、音叉和鼓发声时都有振动，证明了我的观点。

策略：对于不容易观察到振动现象的物体，讲述实验方法——借物观察。

谈话：鼓和音叉发声的时候看不到振动，会不会是因为振动不明显呢？这里还有一些特别轻、特别小的物体，例如豆子和米粒，还有一盆水，你觉得怎么借助这些材料来帮助我们进一步搜集证据呢？实验中，你们认为哪个现象最值得关注？

预设学生可能的回答：

预设1：我觉得可以把豆子放在鼓上，敲击鼓，如果豆子跳起来了，说明鼓在发声的时候会振动；如果没有跳起来，说明鼓发声的时候没有振动。

预设2：我觉得可以把发声的音叉放入水中，如果水面有波动，说明音叉在发声的时候会振动；如果没有，就说明音叉发声的时候没有振动。

课件出示温馨提示，学生再次进行实验活动。

组织学生再次汇报交流。

提示：实验汇报时要说清两件事，一是你的观点，二是你获得的证据。

学生汇报：

预设：我的观点是声音是因为物体振动产生的。实验中音叉放入水中有水花溅出，说明音叉发声时有振动，鼓发声的时候鼓面上的豆子跳动

着，说明鼓发声时也有振动。它们都证明了我的观点。

活动意图说明：

收集证据需要进行实验观察，每次观察前都要明确观察的目标是什么，会出现怎样的现象，也就是对声音是怎样产生的进行假设的过程，然后再对事实进行观察，循环往复。思维就是这样在事实和推理之间来回运动，每次观察事实后会审视之前的猜想，循而往复直到可以把观察到的一个个零散的事实联系起来，形成观念，达成本课教学重点内容的学习。这就是杜威五步法中的推理环节，通过收集证据，验证自己的假设是否正确。

环节五：事实—意义的操作性，归纳推理出实验的结论【教学难点】

提问：同学们，探究到了这里，对于声音产生与什么有关系这个问题，你现在的观点是什么？有哪些证据能证明你的观点？

预设：我的观点是声音是由物体振动产生的。通过观察比较声带、皮筋儿、钢尺、鼓和音叉的实验现象，可以发现它们发声时相同的地方是都会有振动现象，所以我认为发声的原因就是因为物体的振动，这些证据都能证明我的观点。

总结：声音是由物体振动产生的。

讲述：同学们分析得特别好，我们通过观察比较寻找到了这些实验现象的相同之处，从而推断出了它们的共同之处，这种思考问题的方法就是归纳推理，但是这种方法具有不确定性，因为我们的证据还不够多，所以请同学们课下要通过更多的事例加强结论的论证。

学生学习归纳推理的思维方法，初步感受它的不确定性。

提问：现在你能解释一下开始上课时的这些声音都是由哪些物体振动发出来的吗？

学生应用所学知识进行分析活动。

活动意图说明：

通过反思性学习总结，回顾和梳理探究的全过程。学生语言的表达是帮助学生思维的工具，帮助学生梳理推理的过程。学生会主动反思每一次对问题做出的假设，搜集的证据不断推动着假设的发展。当一个一个的事实联系起来形成整体时，证据的价值也就形成了，使假设逐渐清晰和肯定。这一环节帮助学生形成搜集证据的元认知。最终提炼出归纳推理的思维方法，达成杜威五步法中的事实—意义的操作性，为后面两节课使用归纳推理思维方法做铺垫。

（七）板书设计

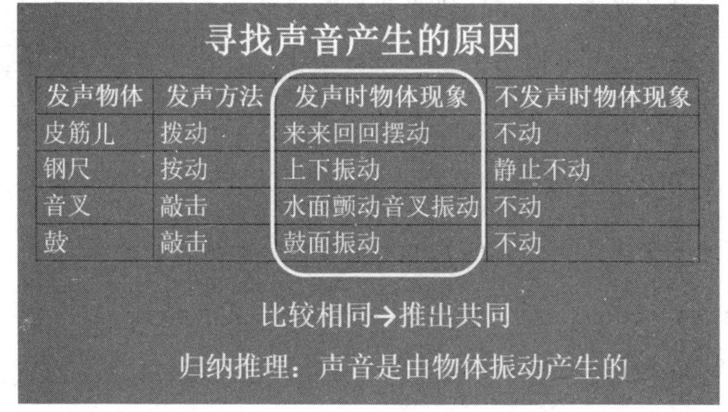
寻找声音产生的原因

发声物体	发声方法	发声时物体现象	不发声时物体现象
皮筋儿	拨动	来来回回摆动	不动
钢尺	按动	上下振动	静止不动
音叉	敲击	水面颤动音叉振动	不动
鼓	敲击	鼓面振动	不动

比较相同→推出共同

归纳推理：声音是由物体振动产生的

图1－69　第一课板书

（八）作业与拓展学习设计

布置课后实践类作业：

继续搜集能证明声音是由物体振动产生的证据。

设计意图：

课上已经让学生初步感受到了归纳推理这种思维方法的不确定性，在有限的课堂时间里不能收集到更多的实证，布置这项作业既可以加深学生对声音是由物体振动产生的这一知识的学习，还可以让学生更深入地理解归纳推

理思维方法的学习。同时，逐步渗透科学是一个反复论证、求得不断发展认识的过程，这也是核心素养中提到的对于学生理性思维的不断培养。

（九）特色学习资源分析、技术手段应用说明

1. 逐步培养学生归纳推理思维方法，突显学生主体地位

本课是“神奇的声音”单元教学的第一课，在本课的学习过程中，注重学生对于自己观点的确立，有目的地寻找实验中的现象来证明自己的观点，突显了基于学生观点而发展的实证性探究活动，并通过对于多个实证的比较分析，从这些相同中推出共同的特征，从而归纳推理出声音是由物体振动产生的。借助杜威五步法，学生完整经历了归纳推理的整个过程，从而获得了自己观点的论证，课程最后渗透给学生归纳推理这种思维方法所具有的不确定性，使得在应用此思维推理的时候，要通过更多的事例加强结论的论证，也就有了课后作业的布置，这样做可以让学生感受到教学活动终结于“论证”而非“概念的获得”，有助于学生更加深刻地理解归纳推理的思维方法，同时，培养了学生理性思维的核心素养。

2. 有结构的板书设计，体现学生思维的发展过程

课堂教学中，将学生每次观察的实证一一记录在黑板上，形成最后帮助学生比较相同、推出共同的有力的“脚手架”，借助板书记录达成概念学习，体现思维发展的过程，从而更好地认识归纳推理思维方法，学习声音是由物体振动产生的这一知识概念，达成本课教学目标和重难点的完成。

（十）教学反思与改进

本课教学后不难发现，借助杜威五步法的教学环节的搭设，以思维为主线的教学设计过程，从开始一个不确定的情境发现问题，通过体验确立可探究问题，提出自己的观点，借助多个实验现象收集证据，反复论证自己的观点，最后通过归纳推理达成对于知识的学习。经历这些教学活动后，学生对于归纳推理的思维方法有了明确的认识，达成对于归纳推理思

维方法的学习任务，能为后面两节课继续使用归纳推理思维方法起到很好的铺垫作用，能够从实证角度凸显对学生理性思维核心素养的培养。

略有不足之处在于课程最后布置给学生作业前，应当为一些能力稍有不足的同学提供一些研究的思路。只是布置作业让学生继续搜集能证明声音是由物体振动产生的证据，对于有些同学而言可能过于抽象，不知道如何寻找，课程结束前如果再用1—2分钟时间让学生讨论一下他们想要进行的实验活动，“怎样做”可能对于这些同学而言会有更多的方向性。

第二课时“发现声音传播的奥秘”教学设计

（一）教学内容分析

本课是“神奇的声音”单元课程的第二课时，在前一节课已经明确提出过归纳推理思维方法的基础上，本节课中学生将继续使用归纳推理思维方法达成对于声音传播知识概念的学习。学生会经过教师的引导，从不确定的情境中确定科学问题，提出自己的假设，并尝试使用实验材料搜集证据来支持验证自己的假设，并最终通过多个实验结果比较、分析，归纳推理出实验的结论，再一次感受到归纳推理思维方法的具体应用，培养学生的理性思维和科学推理能力，为后面一课的学习进行必要的铺垫。

（二）学习者分析

在上节课的学习中，学生已经了解归纳推理思维方法，具有一定的提出假设、主动收集证据证明自己假设的能力，在本课时中学生借助杜威探究五步法，在经历的过程中试着独自提出自己的观点，主动思考怎样收集证据、收集什么样的证据能证明自己的观点，试着罗列所有的证据，通过比较证据的相同推出共同特征，从而归纳推理出本课的知识概念。本课中学生可能遇到的困难就是有些实验现象不能直接观察，但是可以通过上节课已经使用过借物观察方法突破观察难点，顺利收集有效的证据，进行更好的归纳推理。

其他学生情况在单元活动前已经进行了分析。

（三）学习目标确定

基于上述学生情况分析，制定本课教学目标。

科学观念目标：通过探究声音传播方式的实验活动，认识“声音能在气体、液体、固体中向四面八方传播，不能在真空中传播”，即声音的传播需要介质，并能运用此概念解释生活中关于声音传播的现象。

科学思维目标：能依据证据，运用比较、分析、推理等方法，归纳推理出声音传播的共同特征。

科学探究目标：在探究声音传播方式的实验活动中，能从不同物体传声的观察事实中进行假设性解释，并有提供证据支持自己观点的意识。

态度责任目标：在探究声音传播方式的实验活动中，逐渐形成认真观察、尊重事实的科学态度。

（四）学习重点难点

重点：通过探究声音传播方式的实验活动，认识“声音能在气体、液体、固体中向四面八方传播，不能在真空中传播”，即声音的传播需要介质，并能运用此概念解释生活中关于声音传播的现象。

难点：能依据证据，运用比较、分析、推理等方法，归纳推理出声音传播的共同特征。

（五）学习评价设计

根据本课时中学生对于归纳推理过程的表现性评价，具体标准如表 1－14：

表 1－14　第二课时学生表现性评价具体标准

A	B	C	D
能够根据实验获得的多个证据准确地归纳推理出实验结论，验证自己的假设	能够在小组同学讨论中，根据实验获得的多个证据准确地归纳推理出实验结论，验证自己的假设	能够在教师引导下，根据实验获得的多个证据准确地归纳推理出实验结论，验证自己的假设	不能根据实验获得的多个证据准确地归纳推理出实验结论，验证自己的假设

（六）学习活动设计

环节一：提出需要解决的问题

教师演示打鼓。

回顾复习提问：鼓的声音是怎样产生的？

预设学生可能的回答：鼓的声音是由鼓面振动产生的。

追问：你听到鼓声了吗？鼓在教室前，它产生的声音怎么传到每位同学那里的？

预设学生可能的回答：

预设1：学生可能想到与空气有关。

预设2：学生可能想到与空气的振动有关。

活动意图说明：

通过教师打鼓的活动，快速聚焦本课研究活动，通过回顾复习上节课所学知识，将学生关注点聚焦到单元核心词语——振动上，引发学生思考鼓声传到我们每个人耳朵中与振动有什么关系？呈现出本节课需要解决的问题，也就是杜威五步法中的第一步。

环节二：借助对于声音通过空气传播的研究，形成可探究问题

过渡：既然声音在空气中的传播是看不见的，结合上节课的学习我们在研究的过程中就要借助一些物体来帮我们看到或感受到，声音传播过程中空气有什么变化。

提问：我们可以借助什么物体？我们怎样做呢？

学生设计方案。

教师演示实验（如图1－70）。演示前提示学生注意观察现象（观察火焰的变化，近处火焰与远处火焰的变化有什么不同）。

引导学生分析现象。你能解释鼓的声音是怎样传到我们这里的吗？声音向哪个方向传递呢？

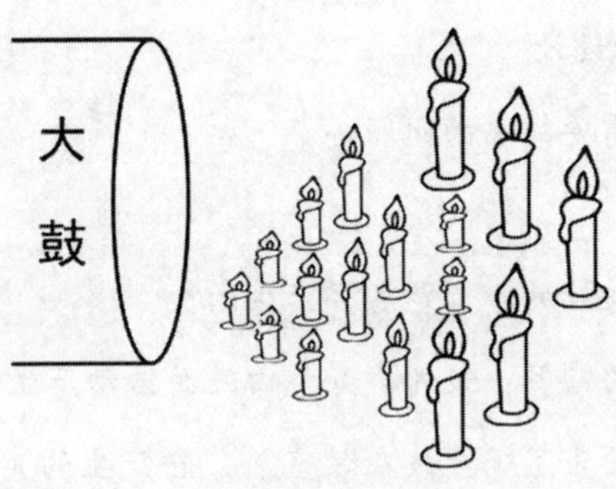

图 1－70　实验装置图

播放视频（观察到振动传递的过程）。

过渡：鼓声通过空气的振动逐渐传到我们的耳朵中，如果没有空气，声音能传播吗？

演示实验：一个正在发声的电铃，小锤不断敲击发出清脆悦耳的声音。如果把它罩在玻璃钟罩里会怎样？（操作）（听得见）如果钟罩内的空气抽掉又会怎样？（操作）如果想要再听见声音该怎么办呢？（将空气放回）（实物投影对着小锤）

小结：声音的传播需要空气。在没有空气的地方声音是不能传播的。如月球上没有空气，即使有巨大的陨石落在月球表面上，也只能看见扬起的尘土，而听不见声音。宇航员在太空需要借助电子通信设备才能进行沟通。

总结：物体振动产生声音，可以引起周围空气的振动，借助空气向四面八方传播。

提出新问题：声音在传播的过程中借助了什么物质？它可以借助气体传播，那固体或液体可以传播声音吗？

活动意图说明：

声音借助空气来传播，是比较难看到的。教师通过打鼓情境，帮助学生一起进行猜想，一起针对猜想来设计验证实验，目的是想突破难点，同时为后面学生能自主地开展固体、液体传声的实验设计做好铺垫。同时，经历过空气传播声音的学习后，学生感受到声音可以通过空气传播，通过此次实验积累直接经验，形成科学问题即声音可以借助固体或液体传播吗？达成杜威五步法中第二步，问题的设立。

环节三：思考声音的传播借助了什么物质，形成自己的假设【教学重点】

出示讨论问题：对于“声音可以借助固体或液体传播吗?”这个问题你们怎么看？你们的观点是什么？

预设学生可能的回答：

预设1：我认为其他物体也可以传播声音。门、暖气管、桌子、游泳池水等能传播声音。可能也是通过发声部位振动，引起其他部位振动，把声音传播过来。

预设2：我认为声音不能通过其他物质来传播，只能通过空气传播。

过渡：根据同学们的猜想，我们需要设计实验来验证一下，声音在固体和液体中能传播吗?

出示实验材料：

固体传声实验（如图1-71）：木制米尺、瓷盘、每两个人一个土电话。

图1-71　实验装置图

液体传声实验（如图1－72）：石头、水槽、一个小闹钟和密封袋。

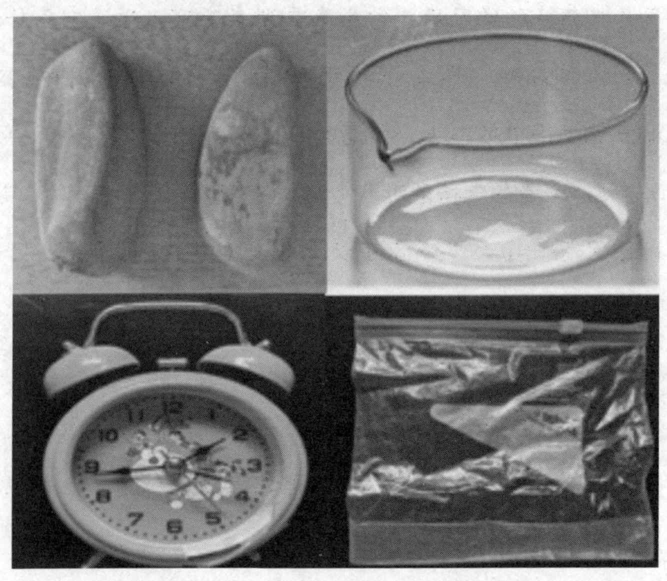

图1－72　实验装置图

实验记录单（如图1－73）：

发现声音传播的奥秘 实验记录单

研究问题	声音能在（　　）传播吗？
我的假设	
实验材料	在选择的材料上打√。 固体传声实验：木制米尺（　）瓷盘（　）土电话（　） 液体传声实验：石　头（　）　水　槽（　） 小闹钟（　）　密封袋（　）
实验步骤	可以使用画图或者文字进行记录
实验现象	
实验结论	

图1－73　实验记录单

课件出示设计要求（如图 1－74）：

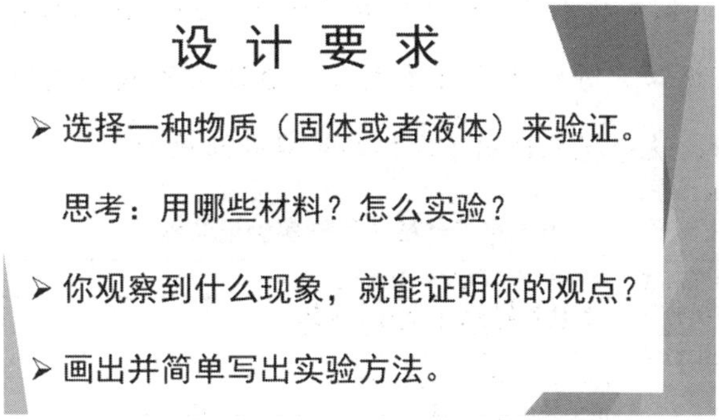

设计要求

➢ 选择一种物质（固体或者液体）来验证。

思考：用哪些材料？怎么实验？

➢ 你观察到什么现象，就能证明你的观点？

➢ 画出并简单写出实验方法。

图 1－74　课件提示图片

学生分组设计实验活动。

预设 1：音箱放入水中，看水振动吗？听水槽边有无声音。

预设 2：木制米尺，敲击一端，听另一端有无声音。

预设 3：土电话，一人说话，一人在另一端听。看或摸绳子是否会振动。

汇报交流实验设计。

活动意图说明：

问题解决的确定需要观察，观察要越来越充分，观念才会越来越清晰。通过前面对于空气能够传播声音的观察活动，对声音是怎样传播的问题进行了假设，形成了属于自己的观点。同时，对于后面收集证据的实验也明确了观察的目标是什么，会出现怎样的现象，也都是问题解决的确立过程，即杜威五步法中的第三步。

环节四：推理，收集证据证明自己的假设【教学难点】

组织学生进行分组实验活动。

实验后进行汇报交流，汇报要求：说清三件事，一是你的观点，二是如何进行实验的，三是你获得的证据说明了什么。

学生进行汇报，预设学生可能的回答：

预设1：我们的观点是声音可以在液体中传播。我们将音箱放入水中，看水中是否有振动。听水槽边有无声音。通过实验我们发现水中有振动，水槽边有声音，这个现象证明了我们的观点是正确的。

发现声音传播的奥秘 实验记录单

研究问题	声音能在（液体中）传播吗？
我的假设	我认为声音能在液体中传播
实验材料	在选择的材料上打√ 固体传声实验：木制米尺（ ）瓷盘（ ）土电话（ ） 液体传声实验：石　头（ ）　水　槽（√） 小闹钟（√）　密封袋（√）
实验步骤	可以使用画图或者文字进行记录 （图）
实验现象	水面有振动，水槽边有声音
实验结论	声音能在液体中传播

图1－75　学生记录单

预设2：我们的观点是声音可以在固体中传播。我们敲击米尺的一端，听另一端有无声音，观察米尺是否有振动。通过实验我们发现米尺有振动，在另一边可以听到声音，这个现象证明了我们的观点是正确的。

发现声音传播的奥秘 实验记录单

研究问题	声音能在（固体中）传播吗？
我的假设	我认为声音能在固体中传播
实验材料	在选择的材料上打√ 固体传声实验：木制米尺（√）瓷盘（ ）土电话（ ） 液体传声实验：石　头（ ）　水　槽（ ） 小闹钟（ ）　密封袋（ ）
实验步骤	可以使用画图或者文字进行记录 敲　听 看
实验现象	米尺有振动，在另一侧能听到声音
实验结论	声音能在固体中传播

图1－76　学生记录单

活动意图说明：

收集证据需要进行实验观察，每次观察前都将明确观察的目标是什么，会出现怎样的现象，也就是对声音传播的假设过程，然后再对事实进行观察，循环往复。思维就是这样在事实和推理之间来回运动，每次观察事实后会审视之前的猜想，循而往复直到可以把观察到的一个个零散的事实联系起来，形成观念，突破本课教学难点内容的学习。这就是杜威五步法中的推理环节，通过收集证据验证自己的假设是否正确。

环节五：事实—意义的操作性，归纳推理出实验的结论

提问：通过空气、固体和液体的实验及验证，你能归纳总结一下声音是怎样传播的吗？

学生进行归纳总结：声音需要借助物体传播。

教师总结：发声物体的振动也会引起它周围物体的振动，并通过物体把声音从一个地方传播到另一个地方。声音可以借助气体、固体、液体等各种物体传播，即声音传播需要介质，声音传播的方向是向四面八方的。

出示巡查铁路工作人员趴在火车铁轨上听声音，判断是否有火车快要经过的图片，让学生尝试解释为什么他要这么做？

学生运用知识解决生活问题。

活动意图说明：

这一环节帮助学生形成搜集证据的元认知，通过归纳推理的思维方法得出本课知识内容，即声音需要借助物体传播，进一步巩固了对于归纳推理思维方法的学习与应用，为下一课自主进行归纳推理搭设必要的“脚手架”，完成本环节也达成杜威五步法中的事实—意义的操作性。

（七）板书设计

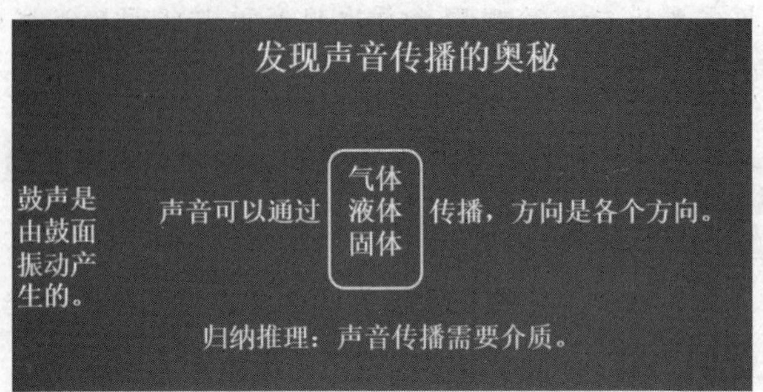

图 1－77　第二课时板书

（八）作业与拓展学习设计

布置课后实践类作业：

继续搜集能证明声音传播需要介质的证据。

设计意图：

上节课学生已经学习并对归纳推理思维方法有了一定程度的认识，本节课继续应用归纳推理思维方法学习知识内容，已经是对它的进一步巩固和加深认识，再通过本节课后作业的布置让学生更深刻感受到归纳推理这种思维方法的不确定性，在有限的课堂时间里不能收集到更多的实证，同时逐步渗透科学是一个反复论证、求得不断发展认识的过程，这也是核心素养中提到的对于学生理性思维的不断培养。

（九）特色学习资源分析、技术手段应用说明

1. 借助杜威五步法和归纳推理思维方法的渗透，培养学生理性思维

科学探究的主体是学生，借助杜威五步法教学，帮助学生从不确定的情境中确立可研究的问题，明确引导学生要提出自己的假设，形成自己的观点，让学生成为在课堂中为自己的观点而求证的人。这样就能突显学生的主体地位，同时为了证明自己的观点，学生开展了基于自己观点而发展

的实证性探究活动，通过对实证的归纳推理，得出实验的结论，从而完成了本课知识内容的学习活动。完整的教学过程中逻辑推导过程非常明晰，强化了探究过程的教学指导目标，让学生在今后遇到生活中的问题时，能够延续着课堂上的研究方法，尝试解决遇到的新的问题，理解科学是一个反复论证、求得不断发展认识的过程，从而培养学生的理性思维。

2. 借助实验记录单，体现学生思维发展

本课中声音借助空气来传播，是比较难看到的。教师通过打鼓情境，帮助学生一起进行猜想，一起针对猜想来设计验证实验，目的是想突破难点，同时为后面学生能自主地开展固体、液体传声的实验设计做好铺垫。在已经有过空气研究的基础上，借助实验记录单帮助学生梳理研究问题的思路，明确问题，形成假设，选定材料，设计方案，观察记录，得出结论，记录单的内容能够很好地体现学生在本节课中的思维过程。

（十）教学反思与改进

本单元教学活动已经进行了两节课，对于归纳推理的思维方法学生已经基本掌握，相信在下一节课的学习中能够自主进行分析总结，本课教学环节再次依据杜威五步法来设计，与前后课程形成呼应，学生在经历了教和扶两节课后相信已经能够有所感知，在后面的学习中能更多地加入自己的主动思考，在不确定的情境中确定研究的问题，主动提出自己的假设，并思考如何收集验证自己的假设的实验方法，主动观察实验关键现象，能够根据观察到的现象主动进行归纳推理，形成结论验证自己的假设。

反思本次授课过程，针对教学活动的设计还可以改进的地方是可以尝试加入更多对于介质的渗透，学生归纳总结的是声音是靠物体传播的，与真正的科学概念介质之间还有一些差距，可以适当渗透一些它们的联系，让学生更加明晰声音传播的科学概念，在下一次授课时进行调整尝试。

第三课时“探究声音变化的规律”教学设计

（一）教学内容分析

本课是“神奇的声音”单元最后一课内容，知识上，学生通过本节课的学习，经历杜威五步法探究可以知道声音的强弱与物体振动的幅度有关，声音的高低与物体振动的快慢有关；能力上，学生经历前面两节课的学习已经初步掌握了归纳推理的思维方法。本节课，学生将通过自主的归纳推理完成学习任务，在学习的过程中培养理性思维和科学推理能力。

（二）学习者分析

本课是“神奇的声音”单元最后一课内容，在前面两节课对于归纳推理思维方法的学习与应用后，学生已经初步掌握这种思维方法，能够自主完成求证、比较分析相同之处、推出共同特征、形成科学结论的过程，本节课抛出一个“声音强弱与什么因素有关系”的科学问题，通过分析学生完成情况，来评价学生对于本单元学习重点知识归纳推理思维方法掌握的情况。

其他学生情况在单元活动前已经进行了分析。

（三）学习目标确定

基于上述学生情况分析，制定本课教学目标。

科学观念目标：通过探究声音变化原因的实验活动，知道声音的强弱可以用音量来描述。物体振幅越大，声音越强，音量也越大；物体振幅越小，声音越弱，音量也越小。声音的高低不同是由物体振动快慢决定的。物体振动得越快，发出的声音就越高；物体振动得越慢，发出的声音就越低。能运用这些概念解释生活中关于声音变化的现象。

科学思维目标：能依据证据，运用比较、分析、推理等方法，归纳推理出声音强弱与物体振动幅度有关。

探究实践目标：在探究声音变化原因的实验活动中，通过使物体发出强弱不同的声音，观察物体振动幅度的不同，把物体的振动状态和发出的不同声音联系起来。

态度责任目标：在探究声音变化原因的实验活动中，形成善于观察、把事物的特点和性质相联系的能力。

（四）学习重点难点

重点：通过探究声音变化原因的实验活动，知道声音的强弱可以用音量来描述。物体振幅越大，声音越强，音量也越大；物体振幅越小，声音越弱，音量也越小。声音的高低不同是由物体振动快慢决定的。物体振动得越快，发出的声音就越高；物体振动得越慢，发出的声音就越低。能运用这些概念解释生活中关于声音变化的现象。

难点：能依据证据，运用比较、分析、推理等方法，归纳推理出声音强弱与物体振动幅度有关。

（五）学习评价设计

根据本课时中学生对于归纳推理过程的表现性评价，具体标准如表1－15：

表1－15　第三课时学生表现性评价具体标准

A	B	C	D
能够根据实验获得的多个证据准确地归纳推理出实验结论，验证自己的假设	能够在小组同学讨论中，根据实验获得的多个证据准确地归纳推理出实验结论，验证自己的假设	能够在教师引导下，根据实验获得的多个证据准确地归纳推理出实验结论，验证自己的假设	不能根据实验获得的多个证据准确地归纳推理出实验结论，验证自己的假设

（六）学习活动设计

环节一：提出需要解决的问题

课件播放一首乐曲。

提问：从这首乐曲中，你发现了声音有着怎样的变化？

讲解：科学上我们把声音的大和小，用强和弱来描述，所以乐曲中声音有强弱和高低的不同变化。

预设学生回答：这首乐曲中声音有大小和高低的不同变化。

活动意图说明：

通过简单的倾听乐曲的情境，提出需要解决的问题，聚焦本课话题。

环节二：初步感受声音的强弱，设立可探究的问题

提问：前面我们已经学习过了声音是由物体振动产生的，大家也已经了解到，声音并不是一成不变的，它有着强弱变化。那么随着声音强弱的变化，物体的振动情况又会是什么样呢？

分组活动任务：让你身边的一个物体发出一个强音和一个弱音，观察一下，你觉得声音的强弱与什么因素有关系？

提出活动要求：请你在尝试中，听，声音强弱有变化吗？看，当出现声音强弱变化时，有什么现象？思考，声音强弱变化与什么有关？

组织学生进行交流分享：你是怎么做的？发现了什么现象？你的观点是什么？

预设学生可能的回答：

预设1：我认为与振动时间有关，我拨动尺子，它振动的时间长，声音就强；振动的时间短，声音就弱。

预设2：我认为与振动的幅度有关，我敲击桌面，桌面上橡皮渣振动的幅度大，声音强；桌面上橡皮渣振动幅度小，声音弱。

策略1：追问：你看到了什么现象，判断物体振动的时长？

通过初步的感受设立可研究的问题，声音的强弱与物体振动幅度有什么关系？

活动意图说明：

通过观察自己制造的声音强弱的变化，学生感受到声音的强弱与物体振动幅度有关系，通过此次活动积累直接经验，形成可探究的问题即声音的强弱与物体振动幅度有什么关系？达成杜威五步法中第二步，问题的设立。

环节三：形成自己的假设，思考实验方法【教学难点】

提问：如果我们要用归纳推理的方法研究“声音的强弱与物体振动幅度有什么关系”这个科学问题，我们应该怎样做？

预设学生可能的回答：

预设1：我们可以通过不同的物体制造出强音和弱音，然后观察比较一下所有物体发出强音时振动的幅度是不是都很大，弱音时振动的幅度是不是都很小，通过观察比较振动幅度，找出规律，推出它们的共同特征，得出结论。

预设2：无法清楚说明方法或者方法有欠缺的地方。

策略2：引导学生回顾前面两节课学习中使用的方法。

课件出示思考问题：1. 对于“声音的强弱与物体振动幅度有什么关系”这个问题，你的观点是什么？2. 用什么物体做实验研究？3. 怎样做才能发现振动幅度与声音强弱的关系？

预设学生可能的回答：我认为物体振动幅度大，声音强；物体振动幅度小，声音弱。我想使用之前用过的尺子进行实验活动，首先把尺子固定住，先按压钢尺的幅度大一些，形成一个幅度大的振动，听听声音的强弱；再按压钢尺的幅度小一些，形成一个幅度小的振动，听听声音的强弱；最后如实记录实验现象。看看钢尺是不是振动幅度大的时候声音强，振动幅度小的时候声音弱。然后再试一试橡皮筋儿和鼓是不是有相同的实验现象，如果它们都有相同的现象，就能归纳推理出物体振动幅度大，声音强，物体振动幅度小，声音弱，证明我的假设。

教师小结：在今天的课堂中，我们就使用大家都用过的钢尺、橡皮筋儿和鼓来收集证据，验证你们的观点。

活动意图说明：

在前面两课学习并使用过归纳推理思维方法的基础上，提问学生：如

果我们要用归纳推理的方法研究“声音的强弱与物体振动幅度有什么关系”这个科学问题，我们应该怎样做？借助本课研究问题，让学生们先明晰要想使用归纳推理的方法，有着怎样的步骤性。既是对本课内容的思考，也是本单元教学的一个评价，看学生对于这种思维方法掌握的情况。通过前面对于自制声音强弱音的观察活动，对“声音的强弱与物体振动幅度有什么关系”的问题进行了假设，形成了属于自己的观点。同时，对于后面收集证据的实验也明确了观察的目标是什么，会出现怎样的现象，这都是解决的确立过程，也就是杜威五步法中的第三步。

环节四：推理，收集证据证明自己的假设【教学重点】

出示实验记录单（如图 1－78），进行分组实验活动。

声音强弱与振动物体的关系实验记录单

振动物体		振幅大小（文字或者画图）	声音强弱
钢尺	轻轻拨动		
	用力拨动		
橡皮筋儿	轻轻拨动		
	用力拨动		
鼓面	轻轻击鼓		
	用力击鼓		

图 1－78　学生记录单

组织学生进行汇报。

实验后进行汇报交流，汇报要求：说清两件事，一是你的观点，二是你获得的证据说明了什么。

预设学生可能的回答（如图 1－79、图 1－80）：我认为物体振动幅度大，声音强；物体振动幅度小，声音弱。

声音强弱与振动物体的关系实验记录单

振动物体		振幅大小（文字或者画图）	声音强弱
钢尺	轻轻拨动		弱
	用力拨动	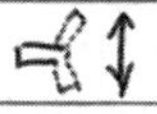	强
橡皮筋儿	轻轻拨动		弱
	用力拨动	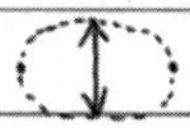	强
鼓面	轻轻击鼓		弱
	用力击鼓		强

图 1－79 学生记录单

声音强弱与振动物体的关系实验记录单

振动物体		振幅大小（文字或者画图）	声音强弱
钢尺	轻轻拨动	上下振幅小	弱
	用力拨动	上下振幅大	强
橡皮筋儿	轻轻拨动	左右振幅小	弱
	用力拨动	左右振幅大	强
鼓面	轻轻击鼓	豆子跳动低 振幅小	弱
	用力击鼓	豆子跳动高 振幅大	强

图 1－80 学生记录单

活动意图说明：

收集证据需要进行观察实验，每次观察前都将明确观察的目标是什么，会出现怎样的现象，也就是对“声音强弱与物体振动幅度有什么关系”的假设过程，然后再对事实进行观察，循环往复。思维就是这样在事实和推理之间来回运动，每次观察事实后会审视之前的猜想，循而往复直到可以把观察到的一个个零散的事实联系起来，形成观念，达成本课教学重点内容的学习。这就是杜威五步法中的推理环节，通过收集证据验证自

己的假设是否正确。

环节五：事实—意义的操作性，归纳推理出实验的结论

分析实验记录，归纳总结实验结论。

通过观察比较三个实验中同样声音强的振动现象，和同样声音弱的振动现象，能够找到它们的共同之处，就是物体振动幅度大，声音强，物体振动幅度小，声音弱。

总结：物体振幅大小与声音的强弱有关；振动幅度越大，声音越强，振动幅度越小，声音越弱。

活动意图说明：

这一环节帮助学生形成搜集证据的元认知，通过归纳推理的思维方法得出本课知识内容，即物体声音的强弱与振幅大小有关：振动幅度越大，声音越强，振动幅度越小，声音越弱。检测了学生对于归纳推理思维方法的学习情况，完成本环节也达成杜威五步法中的事实—意义的操作性。

环节六：感知揭秘声音高低的变化规律

过渡：声音的强弱是由振动幅度决定的。那么，声音的高低不同时，振动情况又是怎样的？声音的高低变化有什么规律呢？

学生开展分组实验活动：分组提供不同的小乐器（如图1-81），引导学生进行体验活动，使用小乐器演奏高低不同的声音，观察小乐器振动情况。

组织学生进行汇报：汇报要求，说清两件事，一是你的观点，二是你获得的证据说明了什么。

预设学生可能的回答：

预设1：我认为声音的高低与小乐器发声部位的长短有关系，因为我观察铝片琴的声音高低变化规律是：铝片越短，声音越高，铝片越长，声音越低。

预设2：我认为声音的高低与小乐器的大小有关系。因为我敲击不同大小的塑料盒底，声音也有高低不同的变化。

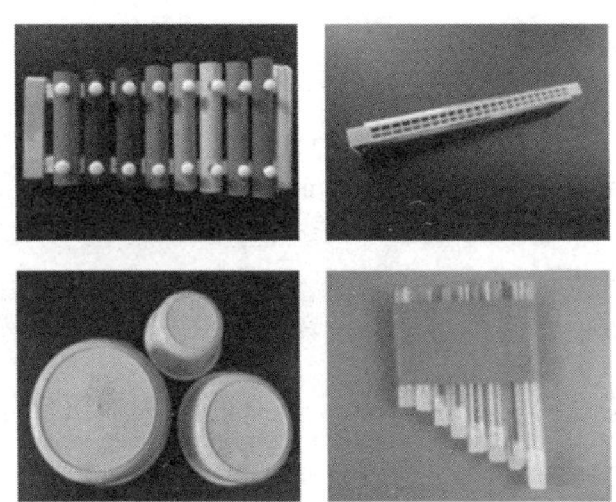

图 1－81 实验材料图片

教师揭秘：物体声音高低的变化规律不仅和物体长短有关，大小不同也会影响声音高低。最后，我们来揭秘一下高低不同的声音是怎么产生的。究其原因，声音的高低不同是由物体振动快慢决定的，物体振动得越快，发出的声音就越高；物体振动得越慢，发出的声音就越低。

活动意图说明：

声音的高低变化与物体振动快慢有关系，但是学生很难观察到振动的快慢，也就是频率的问题，因此设计此环节，充分丰富学生的生活认知，最后由教师揭秘，达成本知识内容的学习。

（七）板书设计

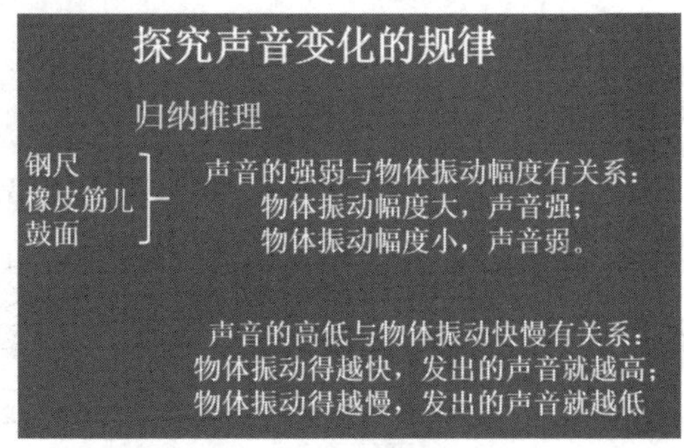

图 1－82 第三课时板书

（八）作业与拓展学习设计

布置课后实践类作业：

使用归纳推理的方法研究“鸟类的共同特征是什么”这个科学问题。

设计意图：

通过本单元的学习后，为了加深学生对于归纳推理思维方法的活学活用，将前测提出过的问题再次以课后作业的形式布置下去。目的有两个：其一是进一步巩固所学习的方法的应用，其二是对学生单元学习活动的一个后测，通过对作业完成情况的评价，能够掌握学生对于本单元学习的情况。

（九）特色学习资源分析、技术手段应用说明

教师成为学生探究、求证的支撑。在本单元的教学过程中，经常能看到设置的关键问题：对于这个问题你们怎么看？你的观点是什么？你希望观察到什么现象，就能证明你的观点？在接下来的实验中，你们认为哪个现象最值得关注？实验时间就要到了，最后两分钟把你的实验记录整理一下，看看你关注的现象是否发生。实验汇报时要说清两件事：一是你的观点；二是你获得的证据。这样的话语反复出现在了教学的活动中，正是通过这样的引导语言，让学生成为科学探究的主体，让他们慢慢发展成为一个看待问题时能有自己的观点，并且能够为了自己的观点而求证的人。

（十）教学反思与改进

本课是单元的最后一课，通过本课中学生研究声音的强弱与物体振动幅度的关系这一问题，能看出学生对于归纳推理这个思维方法已经比较熟练地掌握了，能在观察实验现象，分析记录单时有意识地比较观察相同，推出共同，从而总结出科学概念，很好地达成了单元的教学目标。

不足之处在于课时有限，还有一些前测中学生感兴趣的声音话题没有涉及，可以在今后的实践中把学生感兴趣的问题进行分类，有些建议课外阅读，有些建议进行课下的探究活动，有些建议进行动手制作模型，通过有效建议，让学生课后能收获更精彩的科学知识，在生活中逐步培养理性思维能力。

中　篇

作业篇

本篇内容解读：本篇主要阐述了科学课程标准核心素养如何在单元作业中得以落实，通过常年对于单元作业的钻研，提出一个基本的单元作业设计范式供一线教师使用，教师可以参照范式进行单元作业设计活动，提高教师备课效率，增强学生核心素养的落实情况，本篇最后列举出了学生不同方面作业成果的案例供一线教师参考使用，分别指向单元教学设计中的作业、课后自然科学实践作业、课后社会科学实践作业和课后设计与制作类实践作业。

一、什么是单元作业

对于单元作业的认识，有很多不同的学者从不同角度进行过定义。比如方臻和夏雪梅老师[①]在书中提出，单元作业并非一种既定的作业形态，而是相对于传统的单课作业（也称为课时作业）而提出的一种作业概念。单元作业是以提高学生的学习兴趣和素养为目的，通过打破学科内容章节之间的界限，通常以教学单元为单位，结合教材单元编写的特点，基于对某一知识、能力学习应完成的基础训练与后续发展要求的分析，从课前、课堂、课后三类作业的职能出发综合设计的一类作业。教师设计单元作业，是期待在巩固学生已有知识、技能的基础上，引导学生构建完整的知识结构，让学生在掌握知识迁移的方法中，提高问题解决的能力。再如王月芬[②]老师站位于课程视域下对于单元作业进行了深入的介绍，认为单元作业与课堂教学活动紧密相连，教学各个环节中都融入着作业在其中。

本书中的单元作业主要是根据完成作业的时间分为两个方面：其一是课程视域下融入单元教学过程中的单元作业；其二是学生在单元学习后的实践作业。主要分为：自然科学探究实践类单元作业、社会调查实践类单元作业和设计与发明类单元作业。

二、为什么要进行单元作业设计

作业是学习巩固的重要环节，也是社会关注的教育热点。在“双减”背景下，以减负提质为目的地科学设计作业、有效讲评作业，才能提高课堂教学水平、提升学科教学质量，从而落实学生的核心素养。

---

① 方臻，夏雪梅．作业设计：基于学生心理机制的学习反馈［M］．北京：教育科学出版社，2014：142.

② 王月芬．重构作业——课程视域下的单元作业［M］．北京：教育科学出版社，2021：108.

通过前期调查文献资料和访问等形式了解到，平时大多数教师还都习惯以课时为单位设计和布置作业。这种做法的最大弊端是缺乏针对学生全面发展的系统思考，作业碎片化现象严重，即作业内容割裂，思维含量低，学生被动陷入“题海”，作业负担重，疲于应付，消减了学生主动学习的热情。而解决上述问题的最好抓手就是设计及应用以单元为核心的作业。

单元作业是以单元为基本单位进行整体规划、设计、实施和评价的课时作业的集合。单元作业有别于课时作业，有其自身的价值和意义。

1. 课程视域下融入单元教学过程中的单元作业的价值和意义

其一，有助于增强单元不同课时作业之间的结构性和递进性。通过单元不同课时作业内容、要求的统筹思考，可以加强不同课时作业内容与要求之间的关联，还可以减少一些仅仅针对低水平目标、反复操练性质的作业在不同课时的简单机械性重复，减轻学生不必要的作业负担。单元作业的整体思考，还可以增强不同课时作业内容之间的衔接性和递进性。

其二，在一个单元下对各个课时的作业目标、作业内容、作业类型、作业时间、作业难度等可以进行整体设计与统筹分配，更好地实现课时作业之间的统整性、关联性与递进性。一个单元内随着课时的不断推进，不同课时作业的难度比例也应该有一定的改变，一般而言，一个单元最后一课时的作业应该具有一定的综合应用性、统整性，难度也应该相对较高。

其三，有助于从单元整体的视角，将单元整体目标、教学、评价、任务、情景、作业、资源等进行系统思考。从单元角度设计作业，势必要思考作业和教学、评价等的相互关系，共同发挥作业与教学、评价等的协同作用，而不是将作业孤立地进行设计。

其四，以单元为基本单位设计作业，在提升作业设计整体质量的同时，更加培养了教师对学科课程的整体把握和系统设计能力，从而更好地发挥作业对学生的发展作用。

2. 学生在单元学习后的实践作业的价值和意义

其一，聚焦核心素养，设计单元后实践作业。引导学生在生活中运用单元所学内容解决可以达成的生活问题，在此过程中进一步巩固单元所学习的知识与技能，进而让核心素养在单元教学中得以落实。

其二，面向全体学生，因材施教，单元教学后布置分层实践作业。课程方案基本原则中提到，为每一位适龄儿童、少年提供适合的学习机会。把握学生身心发展的阶段特征，注重幼儿园、小学、初中、高中各学段之间的衔接，体现不同学段目标要求的层次性。打好共同基础，关注地区、学校和学生的差异，适当增加课程选择性，提高课程适宜性，促进教育公平。

其三，加强作业的综合性，引入其他学科，设计跨学科实践作业。借助单元后实践作业，加强课程内容与学生经验、社会生活的联系，引入其他学科的技能与要求，强化学科内知识整合，统筹设计跨学科作业任务。注重培养学生在真实情境中综合运用知识解决问题的能力。

其四，突出实践作业的育人价值。设计单元实践作业与劳动、社会实践的结合，充分发挥实践的独特育人功能。突出科学学科思想方法和探究方式的学习，加强知行合一、学思结合，倡导“做中学”“用中学”“创中学”。优化实践作业活动实施方式与路径，推进工程与技术实践。

总而言之，基于单元的作业不是传统单纯的知识技能训练，而是更加关注学生知识建构的整体性、素养培养的全面性和自我养成的过程性，更加重视发挥作业“减负提质”“减负增效”的价值和推动学生主动学习和深度学习。

三、怎样进行单元作业设计

1. 单元作业设计的基本原则

（1）科学性与针对性原则

一要指向学科本质的理解及在具体情境中的应用，二要体现课标中提出的核心素养，三要设计了解学生学习过程中的作业。注重作业设计的针对性和有效性，充分考虑作业内容与课程内容的一致性。

（2）目标与作业一致性原则

作业设计要与学习目标匹配，把“评价”嵌入作业布置之中，充分发挥评价激励学生学习和改进教师教学的功能。

（3）层次性与趣味性相结合原则

作业的内容适合各个层次学生需求。每个层次学生都有适合自己的作业，避免“吃不饱”和“吃不了”的情况。注重趣味性、层次性，作业形式要灵活多样，学生愿做、乐做作业。

（4）书面作业与实践作业相结合原则

严格控制书面作业的量，要符合各年级书面作业的时间要求，适当布置实践类作业，加强实践能力和创新意识的培育。

（5）适度性与多样性原则

提前了解学情，设计作业的量要适当、难度要适中，不同学生要分层分类设计。作业形式多样，体现拓展性、开放性、实践性。

2. 建构单元作业的一般流程、设计模板及解读

很多专家和学者对于作业的研究是非常深入的，这里我不再一一赘述和分析。本书中所提到的作业的类型主要根据学生完成单元作业的时间进行分类，分为两大类：一类是课程视域下融入单元教学过程中的作业；另一类是单元学习后的实践作业。下文的一般流程、设计模板和对应的解读

都是从这两方面来分别进行的，当一线教师进行单元作业设计时，可以根据自身的情况，选择更为适合的设计流程与设计模板。

（1）建构课程视域下融入单元教学过程中的作业

在设计单元作业时，需要综合思考各个相关要素，包括思考作业功能与类型分析、作业目标设计、作业整体框架内容、作业实施与评价反馈、数据统计与分析、作业分享与交流、作业难度、作业差异性、作业优化与形成、作业时间等。只有教师在设计作业时像学科课程专家一样系统地思考作业的各个相关要素，作业才会发挥应有的价值，作业质量才会不断地提高。

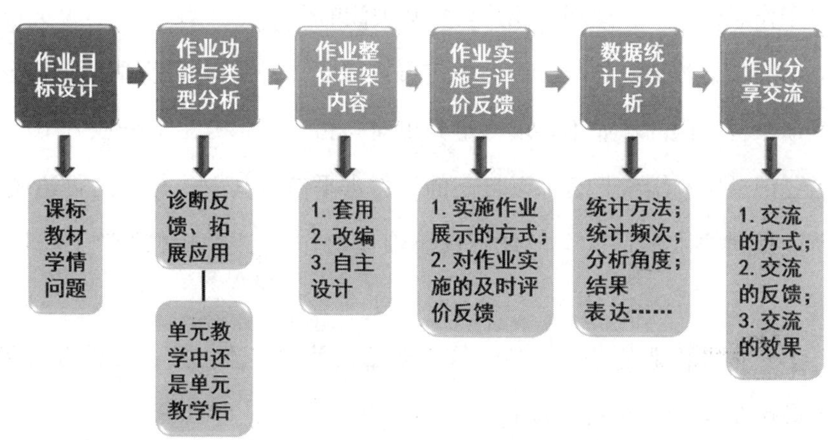

图 2－1　建构课程视域下融入单元教学过程中作业的一般流程图

流程图解读：

图 2－1 的流程图主要分为六个步骤，提示教师们在构思一个融入单元教学过程中的作业设计时，要分别进行。

第一步，要考虑作业目标设计，根据单元教学的课程标准要求、教材具体内容要求、学生实际情况，还有教学中生成的问题来进行全面的设计。

第二步，确定此次作业的功能与类型分别是什么，这里要注意，作业的功能有很多，比如诊断性作业、形成性作业、巩固性作业，类型确定时融入单元教学的作业，才可以更好地使用这套流程。

第三步，作业整体框架内容的设计，这里需要说明的是，后面会为教师们提供单元作业设计的模板，因此这里需要考虑的是使用已经设计好的模板就可以，还是需要对模板进行改进调整或完全自主再设计。

第四步，作业实施与评价反馈，关于评价的详细内容在本书下篇评价篇中还会有更为细致的讲解，这里简单地介绍一下，预先设计好学生完成作业后的评价反馈，可以有效地促进学生对于作业实施的效率以及改进教师对于作业的设计，此环节还是要特殊关注的。

第五步，数据统计与分析，既然布置作业，就要对所有学生的作业进行反馈，科学课的作业不要求一定判出对与错，一定分出 1 分或者 10 分，但需要记录所有学生是否都以自己的能力水平参与其中，并且是否达成自己所能做到的水平，这个记录不仅反馈本次作业，更能体现学生成长的过程。

第六步，作业的分享交流，这里要重点关注交流方式、反馈和效果。为了鼓励学生能够积极主动地完成单元作业活动，可以设计一些带有激励性的方式，比如优秀的单元作业可以通过校园广播、学校展览区等方式进行表扬与展示，或者优秀作业通过照片或者视频方式在年级中传阅展示。这些交流方式的设计都有利于促进学生完成作业的积极性。

这里还需要说明的有两点：一是实际的作业设计并不一定需要经历完整的过程，如作业目标、数据统计等；二是作业设计过程并不是一个单向线性的过程，各个过程之间会相互影响。

为了方便一线教师快速完成此类单元作业设计，我按照一般流程设计了单元作业的设计模板（如表 2－1），可以将一般流程中的各部分思考的内容分别填入相应的位置，就形成了一个较为完整的单元作业设计，当然这个模板对应到自己的单元作业设计时，可能还会有需要微调的地方，仅供大家参考使用。

表 2－1　课程视域下融入单元教学过程中作业的设计模板

<table>
<tr><td>教材名称</td><td colspan="2"></td><td>单元内容</td><td></td></tr>
<tr><td colspan="5">一、单元教学内容与要求</td></tr>
<tr><td>本单元的课标要求</td><td colspan="4"></td></tr>
<tr><td>本单元的教材要求</td><td colspan="4"></td></tr>
<tr><td>学生情况分析</td><td colspan="4"></td></tr>
<tr><td>作业产生的背景</td><td colspan="4"></td></tr>
<tr><td colspan="5">二、单元作业目标</td></tr>
<tr><td>科学观念</td><td colspan="4"></td></tr>
<tr><td>科学思维</td><td colspan="4"></td></tr>
<tr><td>探究实践</td><td colspan="4"></td></tr>
<tr><td>态度责任</td><td colspan="4"></td></tr>
<tr><td colspan="5">三、单元作业内容</td></tr>
<tr><td>布置作业的时间</td><td>作业内容</td><td>作业实施与评价反馈</td><td>数据统计</td><td>交流展示</td></tr>
<tr><td></td><td></td><td></td><td></td><td></td></tr>
<tr><td></td><td></td><td></td><td></td><td></td></tr>
<tr><td></td><td></td><td></td><td></td><td></td></tr>
</table>

对模板的解读：

结合一个具体的实例，大家会更加清晰这个流程及设计模板是如何应用的。以教科版科学教材三年级下册“动物的一生”单元为例，设计了这样的单元作业（如表 2－2）。

表2-2　教科版科学教材三年级下册“动物的一生”单元作业设计

教材名称	教科版科学教材	单元内容	动物的一生
一、单元教学内容与要求			
本单元的课标要求	解读：此部分要注意结合《新课标》找全找准，才能明确定位作业要达成的目标。 本单元在课标中的要求涉及： 核心概念5 生命系统的构成层次，学习内容5.1 生物具有区别于非生物的特征，说出生物与非生物的不同特点，具体要求是描述生物的特征。学习内容5.2 地球上存在动物、植物、微生物等不同类型的生物，具体要求是根据某些特征，对动物进行分类。识别常见的动物类别，描述某一类动物（如昆虫、鱼类、鸟类、哺乳类）的共同特征；列举几种我国的珍稀动物。 核心概念6 生物体的稳态与调节，学习内容6.2 人和动物通过获取其他生物的养分来维持生存，具体要求是举例说出动物通过皮肤、四肢、翼、鳍、鳃等接触和感知环境。描述动物维持生命需要空气、水、食物和适宜的温度。 核心概念7 生物与环境的相互关系，学习内容7.1 生物能适应其生存环境，具体要求是举例说出动物适应季节变化的方式，说出这些变化对维持动物生存的作用。 核心概念8 生命的延续与进化，学习内容8.2 不同种类动物具有不同的生殖方式和发育过程，具体要求是举例说出动物从生到死的生命过程。描述和比较胎生与卵生动物的繁殖方式			
本单元的教材要求	解读：此部分可以结合教师用书中的一些背景介绍，来充分了解教材设计本单元的整体意图。 本单元在教材中共8课，包括两条线索：第1、3、4、5、6课以蚕为主要研究对象，呈现了蚕的生命周期现象；第2、7、8课是对蚕卵、蚕的繁殖、蚕的一生认识的延伸。在本单元的学习中，以蚕的一生研究为载体，由蚕的一生延伸到昆虫的一生，再到更多动物的一生。由个别到一般、由个性到共性，构建动物生命周期的模型，通过不同阶段蚕的形态结构及生命活动现象的观察，帮助学生理解结构与功能的联系。整个单元，饲养、观察、记录、交流、展示等活动贯穿始终，有效地培养了学生的观察能力、记录能力、整理资料、提取有效信息形成结论等能力，有利于引导学生用结构与功能、局部与整体、多样性与共同性相统一的观点认识世界			
学生情况分析	解读：此部分是作业设计的基础，可以通过单元前的调查问卷或访谈等多种形式，进行真实的学生情况分析。 学生在一二年级的时候已经对蜗牛、金鱼等动物有了初步的观察和了解，平时也在饲养各种各样的小动物，他们对动物的饲养和观察兴趣是非常浓厚的，但这种饲养和观察是无目的性、无计划性的。部分学生对蚕也有一定的了解，但是蚕的一生具体是如何变化的，如何饲养蚕，他们也是不清楚的。同时，三年级的学生还不具备独立制订观察计划的能力，尤其欠缺制订类似“蚕的一生”的长期观察计划能力。所以，让学生长期进行观察记录有一定的难度，需要教师做好对学生的指导工作			
作业产生的背景	解读：此部分是用来阐述作业是由什么原因或者目的而产生的，可以依据以往教学遇到的问题，可以依据学生的提问，也可以依据生活中的实际问题等。 根据以往教学中出现的各种问题进行分析，会发现让学生坚持观察记录和成功将蚕宝宝养大是非常艰难的大工程，由此产生了以有思考的作业设计为抓手推进学生科学态度的逐步落实			

续表

二、单元作业目标

解读：单元作业目标一定是依据对于单元的整体分析来设定的，一定是紧紧围绕着单元的教学目标和重点难点来进行有针对性的设计，必须与课程目标保有一致性，因此也是从科学学科核心素养的四方面来进行确定和撰写的

科学观念	通过养蚕和观察蚕的探究实践活动，能够知道蚕的一生是如何生长变化的，从而初步达成对动物生命周期的认识
科学思维	运用分析、综合、比较、分类、归纳和演绎等思维方法，能够由个别到一般、由个性到共性，构建动物生命周期的模型，能根据观察所获得的信息，对蚕的生长发育的趋势进行预测推理
探究实践	通过养蚕和观察蚕的探究实践活动，能够制订研究蚕生长变化的观察计划，能根据观察计划进行长期观察，研究蚕的一生，能运用摄像、拍照、画图、写观察日记、使用观察记录表等方式记录蚕的生长变化，能基于证据描述蚕一生的生长发育过程，能对自己饲养和观察蚕的过程、方法进行反思和评价
态度责任	通过养蚕和观察蚕的探究实践活动，对饲养蚕以及观察蚕的生长变化表现出浓厚兴趣，能客观记录蚕生长过程中出现的各种现象，能坚持不懈对蚕的一生进行长期观察，能在养蚕的过程中感受生命的可爱和可贵，愿意与人分享养蚕经验和自己的观察记录结果

三、单元作业内容

解读：课程视域下的单元作业既有课堂上作为教学环节中出现的，也有课后学生要在家中完成的，这都是单元作业组成的一部分，所以布置作业的时间是很关键的一个内容。作业的内容主要是书写学生要进行的活动，作业实施与评价反馈可以从实例中看出是进行了分层设计的，对于不同水平的学生我们的要求要有所区别，并进行分别的统计，在实施过程中就有了评价的要素点。数据统计是为了更好地了解所教学生的实际进度，便于对他们在本单元的学习活动中进行评价，也可以与相似单元进行横向比较。交流展示部分可以看到形式要多样，方法要趣味，效果要能够激励更多的学生积极参与到观察记录中来

布置作业的时间	作业内容	作业实施与评价反馈	数据统计	交流展示
第一课时后	修改完善课上设计的蚕卵观察记录表	基础要求：笔记本中完成蚕卵观察记录表的修改。 提高要求：记录表具有个人特色	全班：　人 完成：　人 未完成：　人 基础：　人 提高：　人	第二课时中择机展示优秀蚕卵观察记录表
第二课时后	开始进行蚕卵的观察记录	基础要求：在笔记本中及时完成观察记录。 提高要求：有特色地进行记录	全班：　人 完成：　人 未完成：　人 基础：　人 提高：　人	班级中设立我的蚕宝宝进度表，每个人及时与大家分享养蚕的进度

续表

布置作业的时间	作业内容	作业实施与评价反馈	数据统计	交流展示
第三课时中	整理分析观察记录	基础要求：能描述蚕的变化。 提高要求：具有特色的展示出蚕的变化，并对后续生长情况进行推测	全班：　人 完成：　人 未完成：　人 基础：　人 提高：　人	课上进行个人汇报交流
第三课时中	设计迎接蚕宝宝观察记录表	基础要求：笔记本中完成迎接蚕宝宝观察记录表。 解读：比如对蚕卵、卵孵化后、卵孵化出的小蚕进行形状、颜色、大小的对比 提高要求：记录表具有个人特色	全班：　人 完成：　人 未完成：　人 基础：　人 提高：　人	课上进行小组汇报交流
第三课时后	设计幼虫期观察记录表并进行观察记录	基础要求：在笔记本中完成幼虫期观察记录表的设计并进行观察记录。 解读：记录表中至少包含日期、外形、体长、体宽、颜色、行为活动、食物、排泄物等细则。 提高要求：在笔记本中完成幼虫期观察记录表的设计，并进行有特色的观察记录	全班：　人 完成：　人 未完成：　人 基础：　人 提高：　人	班级中设立我的蚕宝宝进度表，每个人及时与大家分享养蚕的进度
第四课时中	观察记录蚕茧中的蚕蛹	基础要求：认真进行观察记录。 提高要求：能够有自己特色地进行观察结果的记录	全班：　人 完成：　人 未完成：　人 基础：　人 提高：　人	课上分小组进行展示交流
第四课时后	继续进行蚕的观察记录	基础要求：在笔记本中及时完成观察记录。 提高要求：具有特色地进行记录	全班：　人 完成：　人 未完成：　人 基础：　人 提高：　人	班级中设立我的蚕宝宝进度表，每个人及时与大家分享养蚕的进度
第五课时中	观察记录蚕蛾	基础要求：认真进行观察记录。 提高要求：能够有自己特色地进行观察结果的记录	全班：　人 完成：　人 未完成：　人 基础：　人 提高：　人	课上分小组进行展示交流

续表

布置作业的时间	作业内容	作业实施与评价反馈	数据统计	交流展示
第五课时后	继续进行蚕的观察记录	基础要求：在笔记本中及时完成观察记录。 提高要求：有特色地进行记录	全班：　人 完成：　人 未完成：　人 基础：　人 提高：　人	班级中设立我的蚕宝宝进度表，每个人及时与大家分享养蚕的进度
第六课时中	基于自己的观察记录梳理蚕的一生	基础要求：在笔记本中完成蚕的一生梳理。 提高要求：有特色地整理蚕的一生	全班：　人 完成：　人 未完成：　人 基础：　人 提高：　人	课上进行初步展示交流
第六课时后	准备蚕的一生成果发布会	基础要求：完成蚕的一生变化的流程图。 提高要求：有特色地整理蚕的一生，形成自己的特色成果进行展示。 解读：这里特色成果包括绘本、照片集、观察日记、故事会、演讲等多种形式	全班：　人 完成：　人 未完成：　人 基础：　人 提高：　人	设计班级展示角，将优秀文本作品进行展示交流；故事、演讲等语音形式可以借助校园广播进行投稿发布

（2）建构学生在单元学习后的实践作业

除了围绕单元教学活动开展的作业，还有一类作业是单元教学活动后布置给学生自主开展的实践类作业，这里主要是指向课标核心素养探究实践中自主学习能力的培养，通过提供给学生一个学习任务单，鼓励学生能够自己寻找特定的选题，完成自己的探究实践作业。这类作业在建构时，教师们可以参考图 2－2 的一般流程来进行。

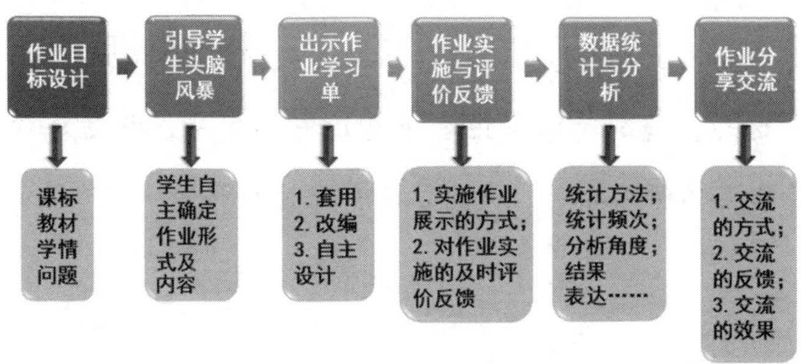

图 2－2　建构学生在单元学习后实践作业的一般流程图

流程图解读：

这个流程图主要分为6个步骤，提示教师们在构思一个学生在单元学习后的实践作业设计时，要分别进行。

第一步，要考虑作业目标设计，根据单元教学的课程标准要求、教材具体内容要求、学生实际情况还有教学中生成的问题来进行全面的设计，确定一个单元实践作业的主题。

第二步，要引导学生进行头脑风暴，结合确定的主题内容开展分层作业，这里的分层是由学生自主选择，而非教师分配的。

第三步，根据学生所选择的不同作业提供作业学习单，像比较简单的实践作业，如搜集整理资料、绘制手抄报、绘制思维导图、制作动植物的标本和动手进行小实验等，可以用文字说明的方式进行引导；像比较复杂的实践作业，如自然科学类单元实践作业、社会科学类单元实践作业和设计与发明类单元实践作业等，可以提供给学生一些基本流程和方法的指导。下文是我为学生设计的这三类实践作业的学习单，作为样例供大家参考使用。第四、五、六步与前面作业的流程相同，这里就不再重复赘述了。

样例1：自然科学实践活动学习单

首先要为你选择开展这类实践活动而鼓掌，恭喜你走出了自主学习的第一步。

本学习单是为了帮助你更好地开展自然科学实践活动而设计的，请你结合自己的选题，分别对以下内容进行逐一的思考，并结合学习单的提示，设计出自己的研究计划，欢迎你在课余时间找老师交流你的想法！加油孩子！

表 2－3 自然科学实践活动学习单

<table>
<tr><th>研究框架</th><th colspan="2">具体内容解读</th></tr>
<tr><td>研究题目</td><td colspan="2">可以清晰点题，如关于……的研究。
也可以趣味命题，如研究洗手的清洁问题可以写成“一个关于洗手的秘密”</td></tr>
<tr><td>一、研究背景</td><td colspan="2">你为什么要进行这项研究活动，起源于什么，写清楚即可，最后一句话点明你要研究的关键问题</td></tr>
<tr><td>二、研究目的</td><td colspan="2">通过你的研究，你想要达成一个怎样的目的，是知道了什么，还是你亲自解决了什么</td></tr>
<tr><td rowspan="2">三、研究计划</td><td>1. 时间计划</td><td>写出具体几月到几月 你要做什么</td></tr>
<tr><td>2. 研究方法</td><td>调查法、对比实验法等</td></tr>
<tr><td rowspan="5">四、研究过程与结果</td><td>1. 准备材料</td><td>写清你需要的所有材料</td></tr>
<tr><td>2. 进行前期调查和数据分析</td><td>通过调查问卷，了解你研究问题的受众群体对你研究的问题有怎样的想法以及期待，通过对调查数据的整理，得出目前受众群体的看法，确定你后续的实验材料以及研究的方向是否需要调整</td></tr>
<tr><td>3. 研究过程</td><td>具体进行你的实验活动，有方法、带数据的记录表、相应活动的照片等过程性资料</td></tr>
<tr><td>4. 实验结果与分析</td><td>对你自己的实验数据进行分析</td></tr>
<tr><td>5. 研究结论</td><td>在实验结果的基础上归纳概括出实验结论</td></tr>
<tr><td>五、后期宣传</td><td colspan="2">可以将你的研究成果分享给研究问题的受众群体，提升你研究问题的实际价值</td></tr>
<tr><td>六、收获和体会</td><td colspan="2">简单想一想完成这样一项实践活动，你有哪些收获，可能是知识上的，可能是能力上的，可能是方法上的</td></tr>
<tr><td>七、实验展望</td><td colspan="2">你所进行的实验活动还可以有什么样的改进或是深入研究的方向</td></tr>
<tr><td>八、鸣谢</td><td colspan="2">回顾研究的整个过程，向所有提供给你帮助的人表示感谢</td></tr>
</table>

样例 2：社会科学实践活动学习单

首先要为你选择开展这类实践活动而鼓掌，恭喜你走出了自主学习的第一步。

本学习单是为了帮助你更好地开展社会科学实践活动而设计的，请你结合自己的选题，分别对以下内容进行逐一的思考，并结合学习单的提示，设计出自己的研究计划，欢迎你在课余时间找老师交流你的想法！加油孩子！

表 2－4　社会科学实践活动学习单

研究框架	具体内容解读	
研究题目	可以清晰点题，如关于……的调查。 也可以趣味命题，如调查温榆河水污染问题可以写成“我与温榆河的故事”	
一、研究背景	你为什么要进行这项研究活动，起源于什么，写清楚即可	
二、发现问题	在你所设想的背景中，你发现了什么值得调查研究的问题，明确提出这个问题	
三、查找资料	确定你调查研究的问题有没有人进行过，或者进行过哪些相似的调查研究	
四、研究计划	1. 时间计划	写出具体几月到几月 你要做什么
	2. 研究方法	调查法
五、研究过程与结果	1. 设计调查问卷	想清楚你要调查的问题，都需要哪些数据支持，设计相应的问题
	2. 进行调查和数据分析	通过调查问卷，了解你研究问题的受众群体对待你研究的问题有怎样的想法以及期待，通过对调查数据的整理，得出目前受众群体的看法
	3. 调查结论	在调查结果的基础上归纳概括出调查的结论
六、后期宣传	可以将你的研究成果分享给研究问题的受众群体，提升你研究问题的实际价值	
七、收获和体会	简单想一想完成这样一项实践活动，你有哪些收获，可能是知识上的，可能是能力上的，可能是方法上的	
八、实验展望	你所进行的调查活动还可以有什么样的改进或是深入调查的方向	
九、鸣谢	回顾研究的整个过程，向所有提供给你帮助的人表示感谢	

样例 3：设计与发明类实践活动学习单

首先要为你选择开展这类实践活动而鼓掌，恭喜你走出了自主学习的第一步。

本学习单是为了帮助你更好地开展设计与发明类实践活动而设计的，请你结合自己的选题，分别对以下内容进行逐一的思考，并结合学习单的提示，设计出自己的研究计划，欢迎你在课余时间找老师交流你的想法！加油孩子！

表 2－5 设计与发明类实践活动学习单

研究框架	具体内容解读	
研究题目	可以清晰点题，如基于什么技术手段达成解决什么问题的技术物。也可以趣味命题，给你自己的发明起个有趣的名字。	
一、研究背景	你为什么要进行这项发明活动，起源于什么，写清楚即可	
二、研究意义	你设计的技术物在实际生活中有什么作用，能解决什么问题	
三、研究计划	1. 时间计划	写出具体几月到几月 你要做什么
	2. 研究方法	设计完技术物后还有检测等活动，所以研究方法一般包含实验法、调查法等，根据你的选题进行方法的确定
四、研究过程	1. 调查资料	了解你发明的技术物是否已经有人做过研究，以及你在发明技术物的过程中需要的资料支撑
	2. 开展发明的过程	最好能有几次迭代的变化，第一代：什么样、功能如何、存在问题、可改进方向；第二代……以此类推，直至最终成果。体现过程性、照片记录
五、成品效果测试及结果分析	可以将你的研究成果分享给研究问题的受众群体，既可以提升你研究问题的实际价值，又可以对你最终成品的技术物进行使用测试，最好以数据的方式，能够支撑说明你的发明物可以解决前期你提出的问题	
六、研究心得	简单想一想完成这样一项实践活动，你有哪些收获，可能是知识上的，可能是能力上的，可能是方法上的	
七、实验展望	你所进行的调查活动还可以有什么样的改进或是深入调查的方向	
八、鸣谢	回顾研究的整个过程，向所有提供给你帮助的人表示感谢	

为了方便一线教师快速完成此类单元作业设计，我按照一般流程设计了单元作业的设计模板（如表 2－6），可以将一般流程中的各部分思考的内容分别填入相应的位置，就形成了一个较为完整的单元作业设计，当然这个模板对应到自己的单元作业设计时，可能还会有需要微调的地方，仅供大家参考使用。

表 2-6　学生在单元学习后的实践作业设计模板

教材名称		单元内容	
一、单元教学内容与要求			
本单元的课标要求			
本单元的教材要求			
学生情况分析			
作业产生的背景			
二、单元作业目标			
科学观念			
科学思维			
探究实践			
态度责任			
三、单元作业主题			
作业形式	作业实施与评价反馈	数据统计	交流展示

对模板的解读：

结合一个具体的实例，大家会更加清晰这个流程及模板是如何应用的。以教科版科学教材五年级下册“环境与我们”单元为例，设计了这样的单元作业。

表 2-7　学生在单元学习后的实践作业设计模板

教材名称	教科版教材	单元内容	环境与我们
一、单元教学内容与要求			
本单元课标要求	解读：此部分要注意结合《新课标》找全找准，才能明确定位好作业要达成的目标。 本单元在课标中的要求涉及： 核心概念 1 物质的结构与性质，学习内容 1.2 空气与水是重要的物质，具体要求是知道空气是一种混合物，含有氮气、氧气、二氧化碳等气体，空气中的氧气和二氧化碳对生命活动具有重要意义		

续表

	核心概念5 生命系统的构成层次，学习内容5.6 生态系统由生物与非生物环境共同组成，具体要求是举例说出常见的栖息地为生物提供光、空气、水、适宜的温度和食物等基本条件，说出常见动物和植物之间吃与被吃的链状关系。 核心概念6 生物体的稳态与调节，学习内容6.1 植物能制造和获取养分来维持自身的生存，具体要求是知道植物可以利用阳光、空气和水分在绿色叶片中制造其生存所需的养分。学习内容6.2 人和动物通过获取其他生物的养分来维持生存，具体要求是知道动物以其他生物为食，动物维持生命需要消耗这些食物而获得能量。 核心概念7 生物与环境的相互关系，学习内容7.1 生物能适应其生存环境，具体要求是举例说出动物在气候、食物、空气和水源等环境变化时的行为
本单元教材要求	解读：此部分可以结合教师用书中的一些相关介绍来充分了解教材设计本单元的整体意图，这里重点是陈述学生经过单元的学习后知道了哪些相关的内容，因为此模板是为单元结束后的实践活动作业进行设计使用的。 通过本单元的学习，学生认识到地球是我们唯一的家园，为我们的生存提供了珍贵的环境条件，意识到人类是自然的一部分，既依赖于环境，又影响环境。学生还认识到地球上的各种资源是宝贵的，能源是有限的，人类的日常生活消耗着大量资源并产生大量污水和垃圾，污水和垃圾危害环境，人类活动对环境的破坏达到了严重的程度
学生情况分析	解读：此部分是作业设计的基础，可以通过单元后的调查问卷或访谈等多种形式，进行真实的学生情况分析。 学生经过单元学习后已经初步养成垃圾分类、节约资源的习惯，形成节约用水的意识，增强环保意识和责任感，能积极参与环境保护活动
作业产生的背景	解读：因为单元后的实践作业，所以这个作业的来源可以是单元授课过程中学生生成的问题，也可以是结合单元内容设计的一个提升学生综合素质的能力点。 校园内几个水池中的水都有污染问题，或是垃圾或是绿植漂浮，这个污染是谁引起的，怎样更好地防止，生活中我们身边又有哪些水污染问题，我们应当如何杜绝与防止呢？
二、单元作业目标 解读：单元作业的目标一定是依据上文对于单元的整体分析来设定的，一定是紧紧围绕着单元的教学目标和重难点来进行有针对性的深入落实，必须与课程目标保有一致性，因此也是从科学学科核心素养的四方面来进行确定和撰写的	
科学观念	通过对于水污染主题探究实践活动的开展，进一步加深“对于淡水资源很紧缺，人们在生产生活中要用掉大量的淡水，而新技术能帮助我们节约用水，以及我们面临复杂而严重的环境问题，这些环境问题主要是人类造成”的认识，加强对于生物与环境的相互关系的理解
科学思维	在开展水污染主题探究实践活动的过程中，运用比较、分类、分析、综合等思维方法，归纳概括出水资源的珍贵性

续表

探究实践	通过对于水污染主题探究实践活动的开展，进行调查、统计，并利用图表进行比较分析，达成实践活动目标
态度责任	通过对于水污染主题探究实践活动的开展，关注水资源紧缺、水污染等环境问题，意识到人类活动对环境破坏的严重程度

三、单元作业主题：水污染主题实践活动

解读：学生在单元学习后的实践作业设计主要是为了培养学生自主学习能力而进行的，因此学生可以结合自己的特长或是喜好来自主决定以哪种形式完成主题实践作业，这样做既可以达成面向全体学生布置任务，又可以达成因材施教的目的。作业实施与评价反馈可以从实例中看出是进行了分层设计的，对于不同水平的学生我们的要求要有所区别，这样在实施过程中就有了评价的要素点。数据统计是为了更好地了解所教学生的实际进度，便于对他们在本单元的学习活动中进行评价，也可以与相似单元进行横向比较。交流展示部分可以看到形式要多样，方法要趣味，效果要能够激励更多的学生积极参与观察记录中来

作业形式	作业实施与评价反馈	数据统计 全班共35人	交流展示
手抄报	基础要求：手抄报中能够体现水污染主题内容。 提高要求：手抄报具有很强的个人特色和宣传价值	16人选择都已完成，特色作品6幅	优秀作品粘贴在班级宣传栏展示2周
拓展小讲座	基础要求：能够找到与主题紧密相关的资料。 提高要求：能够将资料按照一定的方式进行分类整理	9人选择都已完成	以PPT形式班级汇报
情景剧表演	基础要求：表演中能够体现水污染主题内容。 提高要求：具有宣传展示价值	5人选择已完成	以视频形式年级展示
校园水污染调查研究	基础要求：有实地的走访记录，并对记录进行分析。 提高要求：形成自己的调查研究论文	2人选择已完成	以PPT形式班级汇报
温榆河调查研究	基础要求：有实地的走访记录，并对记录进行分析。 提高要求：形成自己的调查研究论文	1人选择正在进行，暑期后提交	以论文形式分享交流并提交参赛
通惠河调查研究	基础要求：有实地的走访记录，并对记录进行分析。 提高要求：形成自己的调查研究论文	2人选择正在进行，暑期后提交	以论文形式分享交流并提交参赛

四、单元作业优秀成果展示

上文介绍了很多我自己关于单元作业的一些设计与想法，还有部分实践的案例，下面将平时我教学中一些优秀的作业成果作为完整的案例展现给大家，希望可以抛砖引玉，引起大家的一些思考。

案例一：课程视域下融入单元教学过程中作业设计——“自制桌面吸尘器”

1. 案例的背景介绍

此项作业是围绕在六年级上册“能量”单元内展开的一个技术与工程类实践作业，巧妙地与教材能量单元的第3—6课内容相结合，以这四课所学知识为背景，通过增加课时的方式融于单元教学中，以自制桌面吸尘器实践作业为主线，展开课上与课下相互交错、但思维流畅的技术与工程实践活动，加深对于能量转换的生活应用，提升学生创新思维能力。

2. 作业的设计方案

表2-8　课程视域下融入单元教学过程中作业设计

教材名称	教科版科学教材	单元内容	能量
一、单元教学内容与要求			
本单元课标要求	本单元在课标中的要求涉及： 核心概念4能的转化与能量守恒，学习内容4.1能的形式、转移与转化，具体要求是知道动能、声能、光能、热能、电能、磁能等都是能的形式，了解这些能的相互转化现象。学习内容4.2能源与可持续发展，具体要求是了解太阳能、水能、风能、地热能、化石能等能源		
本单元教材要求	“能量”的概念是抽象的，我们能观察到的只是具体能量所产生的某种效应。教材的能量单元不是从抽象的定义出发来演绎各种能量形式及其相互转换，而是引导学生从回顾身边的能量表现形式入手，选择了学生最熟悉的电和磁为切入口，展开对能量的认识和探讨。能量守恒和转换定律渗透在每一课的学习中，即自然界中一切物质都具有能量，能量有各种不同的表现形式，并能从一种形式转化为另一种形式，从一个物体传递给另一个物体		

续表

<table>
<tr><td>学生情况分析</td><td colspan="4">六年级学生已经接触过“能量”这个词，并对能量有了一定的感性认识，知道任何物体工作都需要能量，如果没有能量，自然界就不会有运动和变化，也不会有生命。但是，学生的头脑里还没有形成关于能量守恒和转换的相关科学概念</td></tr>
<tr><td>作业产生的背景</td><td colspan="4">“哎呀！又有一堆橡皮屑，太讨厌了。”“我的地上也有好多橡皮屑，又要扫地了。”“这些橡皮屑太讨厌了，要是有个吸尘器就好了！”美术课后的休息时间，教室里出现了此起彼伏的抱怨声，发出声音的同学们一边抱怨，一边去卫生角拿扫把扫地。我悄悄一打听，原来啊，美术课上画画时，因为要改来改去，所以同学们桌子上都出现了不少橡皮屑，但是因为橡皮屑很轻小，还容易被静电吸引，所以不容易处理，看起来又脏脏的，导致同学们产生各种不满的情绪。为了解决同学们的实际需求，我在“神奇的小电动机”一课后，增加了一个实践拓展活动，请同学们自己设计并制作一个桌面吸尘器，力求在设计和改进的过程中培养学生的创新思维</td></tr>
<tr><td colspan="5">二、单元作业目标</td></tr>
<tr><td>科学观念</td><td colspan="4">通过设计制作桌面吸尘器的探究实践活动，学生知道了生产生活中的能量形式多种多样，能量之间可以相互转换，并储存在一些物质中，从而达成了对于能的相互转化现象的深入认识</td></tr>
<tr><td>科学思维</td><td colspan="4">运用分析、综合、比较、分类等思维方法，设计并制作出桌面吸尘器</td></tr>
<tr><td>探究实践</td><td colspan="4">通过设计制作桌面吸尘器的探究实践活动，经历明确问题、设计方案、实施计划、检验作品、改进完善、发布成果等技术与工程实践活动</td></tr>
<tr><td>态度责任</td><td colspan="4">通过设计制作桌面吸尘器的探究实践活动，具有基于证据和推理发表个人见解的意识，愿意与他人合作，善于倾听他人的意见，体会到合作的必要性和重要性</td></tr>
<tr><td colspan="5">三、单元作业内容</td></tr>
<tr><td>布置作业的时间</td><td>作业内容</td><td>作业实施与评价反馈</td><td>数据统计</td><td>交流展示</td></tr>
<tr><td>第一课时“认识吸尘器”课上、课下</td><td>利用设计测试单，完成桌面吸尘器初次设计活动</td><td>基础要求：设计出符合基本结构的吸尘器设计图。
提高要求：能够在基础结构上增加自己的特色设计</td><td>全班：　人
完成：　人
未完成：　人
基础：　人
提高：　人</td><td>第二课时进行交流展示</td></tr>
<tr><td>第二课时“制作吸尘器”课上</td><td>改进桌面吸尘器的设计</td><td>基础要求：设计出符合基本结构的吸尘器设计图。
提高要求：能够在基础结构上增加自己的特色设计</td><td>全班：　人
完成：　人
未完成：　人
基础：　人
提高：　人</td><td>课上交流改进初稿，展示分享改进稿</td></tr>
</table>

续表

第二课时“制作吸尘器”课后	根据设计图，完成桌面吸尘器的制作活动	基础要求：按照自己的设计图制作出成品。 提高要求：能够在制作中改进自己的设计图并再制作	全班： 人 完成： 人 未完成： 人 基础： 人 提高： 人	第三课时展示交流
第三课时“展示吸尘器”课上	桌面吸尘器测试活动	基础要求：桌面吸尘器能达成任务要求。 提高要求：桌面吸尘器能高效达成任务要求	全班： 人 完成： 人 未完成： 人 基础： 人 提高： 人	课上进行测试展示活动
第三课时“展示吸尘器”课后	思考改进自己吸尘器的方案	基础要求：能提出自己的改进方向。 提高要求：能提出自己的改进方向，并对改进结果进行预设与分析	全班： 人 完成： 人 未完成： 人 基础： 人 提高： 人	第四课时展示交流
第四课时“改进吸尘器”课上	选择相应材料改进自己的吸尘器	基础要求：能在更换材料中制作最优吸尘器。 提高要求：能快速高效地在更换材料中制作最优吸尘器	全班： 人 完成： 人 未完成： 人 基础： 人 提高： 人	第五课时展示
第四课时“改进吸尘器”课后	课下继续选择相应材料，改进自己的吸尘器	基础要求：能在更换材料中制作最优吸尘器。 提高要求：能快速高效地在更换材料中制作最优吸尘器	全班： 人 完成： 人 未完成： 人 基础： 人 提高： 人	第五课时展示
第五课时“成品发布会”课上	展示吸尘器的工作情况并进行原因的归纳总结	基础要求：能总结出影响吸尘器功效的原因。 提高要求：能总结出影响吸尘器功效的原因，并对未研究的因素提出自己的假设，制订相应计划	全班： 人 完成： 人 未完成： 人 基础： 人 提高： 人	第五课时展示
第五课时“成品发布会”课后	进一步完善改进自己的桌面吸尘器	基础要求：能在更换材料中制作最优吸尘器。 提高要求：能快速高效地在更换材料中制作最优吸尘器	全班： 人 完成： 人 未完成： 人 基础： 人 提高： 人	班级展示角进行分享交流

3. 教学中使用的记录单（作业单）设计的思考

本次主题活动内容包含5课时，设计的两个记录单也是作业单，分别在不同课时使用（具体主题活动结构见图2－3）。

第一课时“认识吸尘器”，主要是通过对生活中常见吸尘器结构的认识，明晰在进行桌面吸尘器设计时，应该包含哪些主要结构，利用设计测试单在课上和课下共同完成初次设计活动。

第二课时“制作吸尘器”，课上展示交流学生设计的初稿，并在设计测试单上对初稿进行改进完善，学生充分利用课上、课下的时间，将桌面吸尘器的初代成品制作出来。

第三课时“展示吸尘器”，课上展示初代成品，并利用设计测试单进行成品测试，发现还可以从材料的替换角度进行改进，由此引出第二张记录单。

第四课时“改进吸尘器”，课上学生在材料市场选择相应的材料后，可以借助改进测试单，运用共变法的思维方法，对新改进的吸尘器性能进行记录和分析，在此过程中寻找最优配置。

第五课时“成品发布会”，课上学生展示桌面吸尘器成品，同时，通过对改进测试单的归纳总结，找到能够增强吸尘器性能的共性规律。

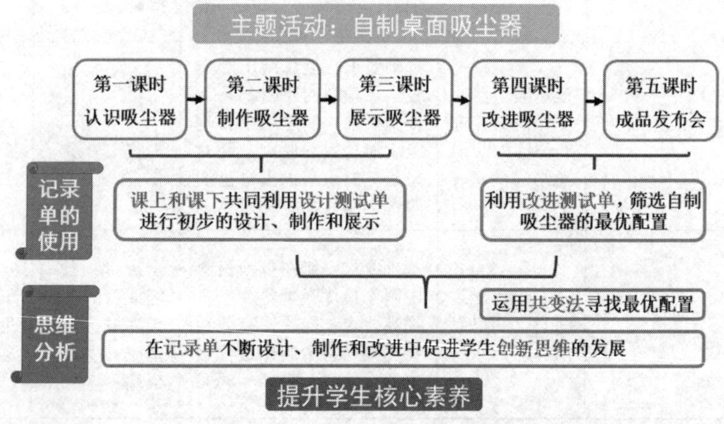

图2－3　主题活动结构图

主题活动中的记录单既用于课上进行记录使用，也用于课下进行实践作业使用。

（1）整体记录单（作业单）套系的思维分析

本次设计的创新发明组合式记录单（如图2－4），其初衷是为了培养学生的创新思维，在这组记录单中存在着思维发展的递进关系，以及着重对“教—学—评”一致性的设计，通过课上教师的引导、学生学习过程的记录和及时的分享交流评价活动，不断帮助学生进行创新、改进、完善、汇报评价、再改进的过程，助力学生更好地理解技术与工程涉及的六要素，即明确问题、设计方案、实施计划、检验作品、改进完善、发布成果，从而培养学生的创新思维。

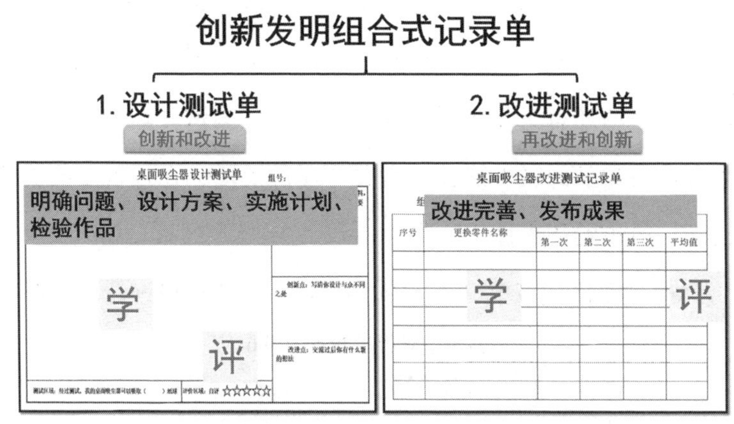

图2－4 整体记录单（作业单）套系的思维分析图

（2）对设计测试单（作业单）的思维活动的解读

技术的核心是发明，而发明源于学生们基于经验的奇思妙想，学生在发明设计过程中必然要综合思考材料、成本、意图、创新点、改进以及测试和自我评价等相关因素，所以设计测试单（作业单）（如图2－5）包含这样的几个区域，首先是第一部分最大的设计区域，在这里学生可以充分发挥自己的想象，结合需求的材料，设计自己的吸尘器，右侧有2、3、4

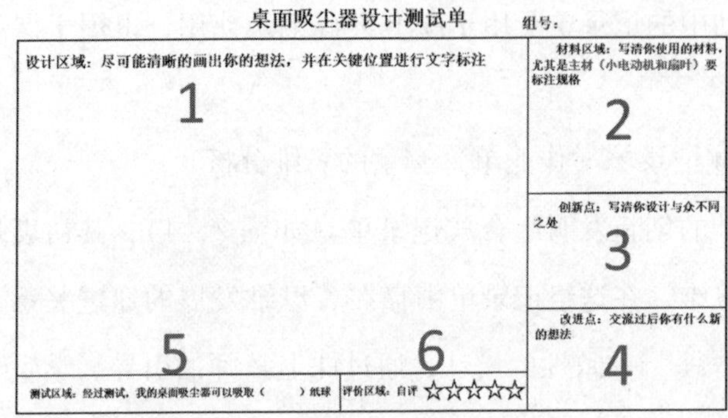
桌面吸尘器设计测试单　　组号：

设计区域：尽可能清晰的画出你的想法，并在关键位置进行文字标注　1

材料区域：写清你使用的材料，尤其是主材（小电动机和扇叶）要标注规格　2

创新点：写清你设计与众不同之处　3

改进点：交流过后你有什么新的想法　4

5　测试区域：经过测试，我的桌面吸尘器可以吸取（　　）纸球

6　评价区域：自评 ☆☆☆☆☆

图 2－5　设计测试单（作业单）

三个区域，分别是材料区域、创新点和改进点区域，在这些区域同学们可以分别思考自己的选材、与别人不同的创新在哪里和与别人交流后的改进方向是什么，并进行记录，这部分区域内的记录是很重要的，它们能帮助学生更好地对自己的思维活动进行梳理，在不足中不断改进就是创新萌芽迸发之地。最下面还有 5 和 6 两个区域，分别是测试区域和自评区域，帮助学生更好地对自己的吸尘器进行测试与评价活动，在评价中提升学生想要继续创新、改进的积极性。

（3）对改进测试记录单（作业单）（如图 2－6）思维活动的解读

桌面吸尘器改进测试记录单

组号：　1　测试效果：目前成品可以吸取（　　）个纸球

序号	更换零件名称（2）	可以吸起的纸球数量（个）（3）			
		第一次	第二次	第三次	平均值

图 2－6　改进测试记录单（作业单）

在完成初代设计与制作活动后，学生们还可以利用组合记录单中第二个改进测试记录单进行改进测试活动。此记录单如图 2 －6 包含主要的三部分内容，第一部分是学生制作完成的初代吸尘器能够吸取的纸球数量，用来和后续测试活动中的数据进行比较、分析，然后做出判断：这种新的改进是向有利的方向改进了，还是向不利的方向进行了？记录单中蕴藏着学生的思维活动过程有比较、分析和综合。记录单的第二部分是更换零件区域，即学生制作完初代的吸尘器后，可以通过材料市场更换各种制作材料，再结合第三部分测试区域测试的结果，来找到自己吸尘器的最优配置，而在寻找最优配置的过程中，其实运用了思维方法中的共变法，共变法可以通过考察某些现象同时存在、同时变化的状况，检验并确立诸现象之间的因果联系，以期最终发现影响事物发生、发展的内在规则。所以本次测试中，当学生在更换吸尘器某一个材料时，即改变其中一个条件时，测试结果随之发生改变，这种改变只可能源于改变吸尘器材料，由此逐一找到自己设计的最优配置，而记录单就很好地承载了此项思维活动。

4. 重点教学片段展示及评析

片段一：改进设计并展示交流环节

作业单设计及应用目标：

通过对设计测试单（作业单）的交流展示，学生能够完善自己的创新设计。

应用过程说明：

在学生进行过初次设计后，教师组织学生们开展了分享交流活动，根据设计前制定的评价标准，以学生的设计测试单为依据，对每个小组的设计进行了自评、互评和教师评价等活动，每个小组清晰地知道了自己设计中的问题所在，并向其他小组学习了适合自己方案改进的优点。

各小组初次设计测试单展示：

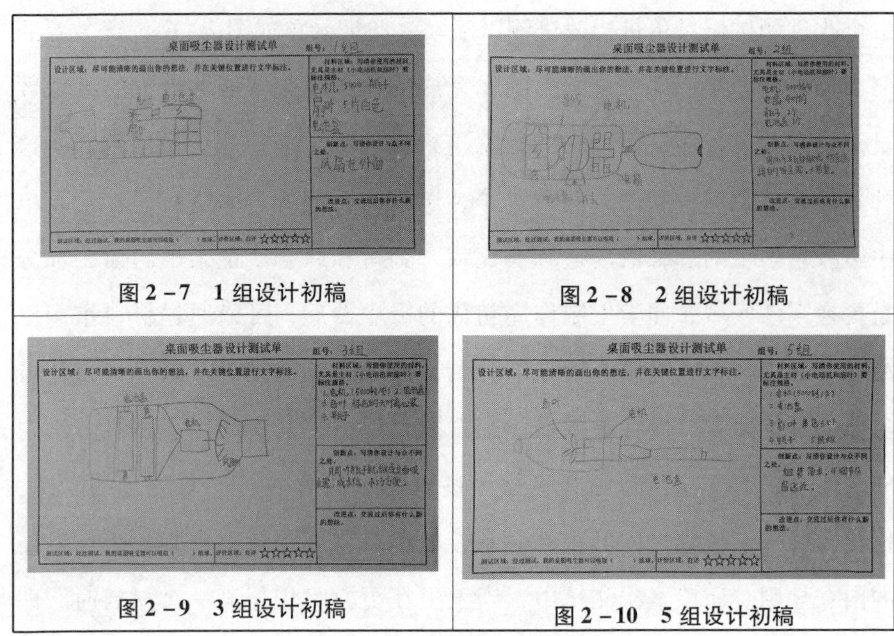

图 2 –7　1 组设计初稿

图 2 –8　2 组设计初稿

图 2 –9　3 组设计初稿

图 2 –10　5 组设计初稿

活动评析：

通过各小组修改后的设计测试单（作业单），能看出他们通过本次活动的收获，各小组都在原有创新设计的基础上，对自己的初稿设计进行了认真的修改完善，不难看出正是这种借助设计测试单展示交流的活动，让学生们之间进行了思维的碰撞，由此敲开了他们头脑中创新思维的大门。

1 组改进后的设计测试单

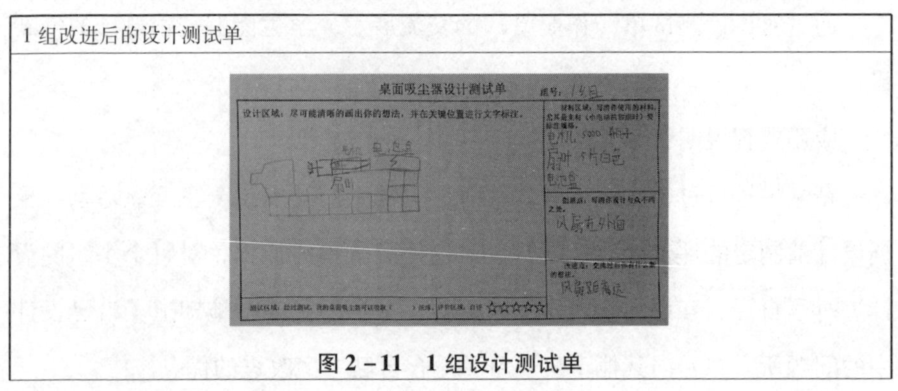

图 2 –11　1 组设计测试单

续表

创新点：设计吸尘器风扇是外置的。 改进点：主要针对同学们提出的风扇太远问题进行修改

3 组改进后的设计测试单
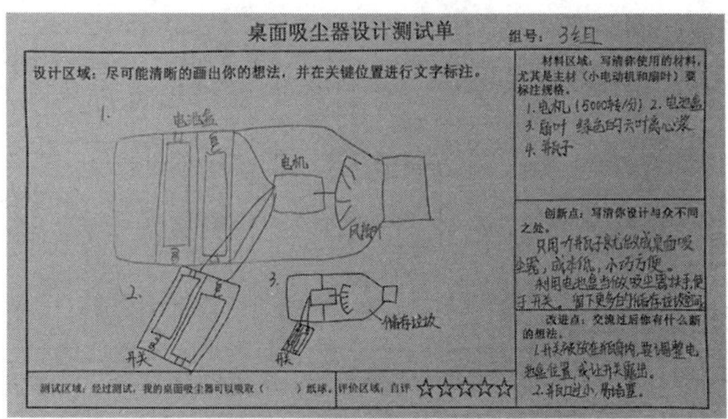
图 2－12　3 组设计测试单
创新点：只用一个瓶子就做成桌面吸尘器，成本低，小巧方便。改进后的创新点是利用电池盒当作吸尘器扶手，便于开关，留下更多储存垃圾的空间。 改进点：3 组经历了两次修改，第一次改进了开关无法控制的问题，第二次改进了储存垃圾空间问题

Form shown in image 1:

桌面吸尘器设计测试单　组号：3组

设计区域：尽可能清晰的画出你的想法，并在关键位置进行文字标注。

材料区域：写清你使用的材料，尤其是主材（小电动机和扇叶）要标注规格。
1.电机（5000转/分） 2.电池盒 3.扇叶 4.瓶子

创新点：写清你设计与众不同之处。
只用一个瓶子就做成桌面吸尘器，成本低，小巧方便。

改进点：交流过后你有什么新的想法。

测试区域：经过测试，我的桌面吸尘器可以吸取（　　）纸球。

评价区域：自评 ☆☆☆☆☆

5 组改进后的设计测试单
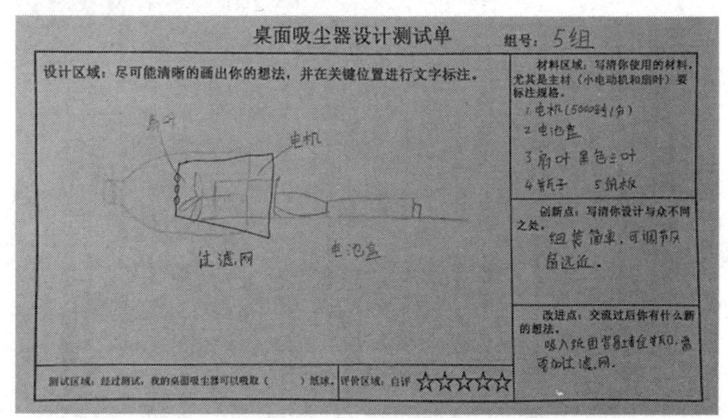
图 2－13　5 组设计测试单
创新点：组装简单，可调节风扇远近。 改进点：吸入纸团容易堵住瓶口，增加了过滤网设计

Form shown in image 2:

桌面吸尘器设计测试单　组号：5组

设计区域：尽可能清晰的画出你的想法，并在关键位置进行文字标注。

扇叶
电机
过滤网
电池盒

材料区域：写清你使用的材料，尤其是主材（小电动机和扇叶）要标注规格。
1 电机（5000转/分）
2 电池盒
3 扇叶 黑色三叶
4 瓶子　5 钢板

创新点：写清你设计与众不同之处。
组装简单，可调节风扇远近。

改进点：交流过后你有什么新的想法。
吸入纸团容易堵住瓶口，需增加过滤网。

测试区域：经过测试，我的桌面吸尘器可以吸取（　　）纸球。

评价区域：自评 ☆☆☆☆☆

指向科学学科核心素养的小学科学单元设计实践

片段二：制作初代成品，进行测试

作业单设计及应用目标：

学生依据自己的设计测试单（作业单）制作初代吸尘器成品，并进行测试活动，记录初代成品测试数据。

应用过程说明：

在学生改进设计交流分享后，就是根据记录单进行实际制作环节了，这里要让学生严格按照设计图进行制作，如果发现问题，先修改设计图，再按照修改后的设计图进行制作，培养了学生严谨的工程思维和实事求是的科学态度。

1 组记录过测试数据的设计测试单及初代吸尘器成品

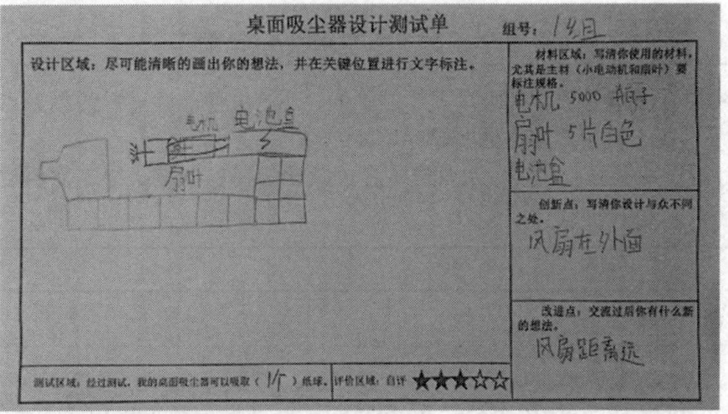

桌面吸尘器设计测试单　　组号：1组

设计区域：尽可能清晰的画出你的想法，并在关键位置进行文字标注。

电机　电池盒　扇叶

材料区域：写清你使用的材料，尤其是主材（小电动机和扇叶）要标注规格。

电机 5000 瓶子

扇叶 5片白色

电池盒

创新点：写清你设计与众不同之处。

风扇在外面

改进点：交流过后你有什么新的想法。

风扇距离远

测试区域：经过测试，我的桌面吸尘器可以吸取（1个）纸球。

评价区域：自评 ★★★☆☆

图 2 – 14　1 组设计测试单

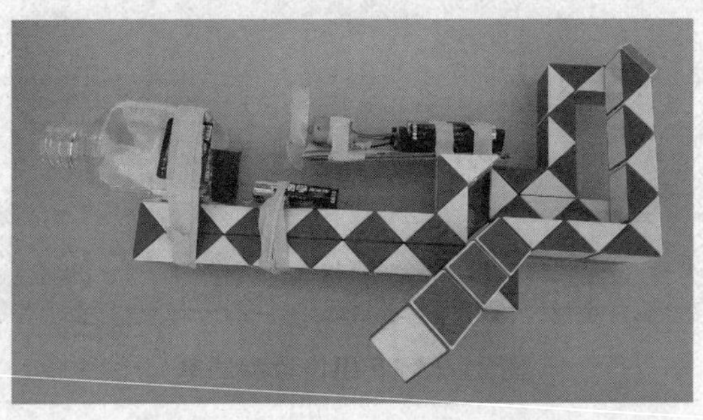

图 2 – 15　1 组初代吸尘器成品

测试结果：吸取 1 个纸团

3 组记录过测试数据的设计测试单及初代吸尘器成品

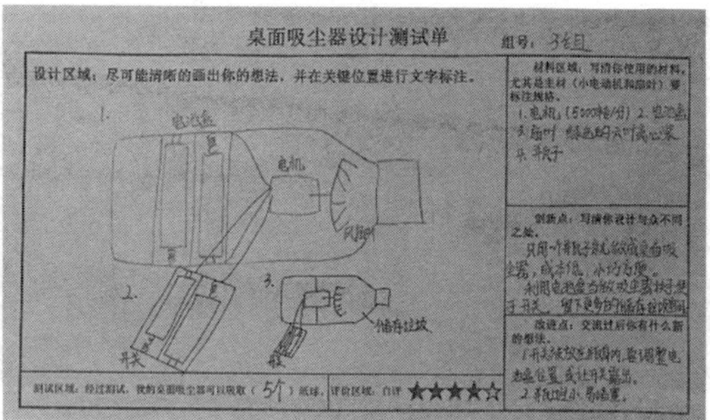

桌面吸尘器设计测试单 组号：3组

设计区域：尽可能清晰的画出你的想法，并在关键位置进行文字标注。

材料区域：写清你使用的材料，尤其是主材（小电动机和扇叶）要标注规格。

1.电机（5000转/分）

创新点：写清你设计与众不同之处。

改进点：交流过后你有什么新的想法。

测试区域：经过测试，我的桌面吸尘器可以吸取（5个）纸球。

评价区域：自评 ★★★★☆

图 2－16　3 组设计测试单

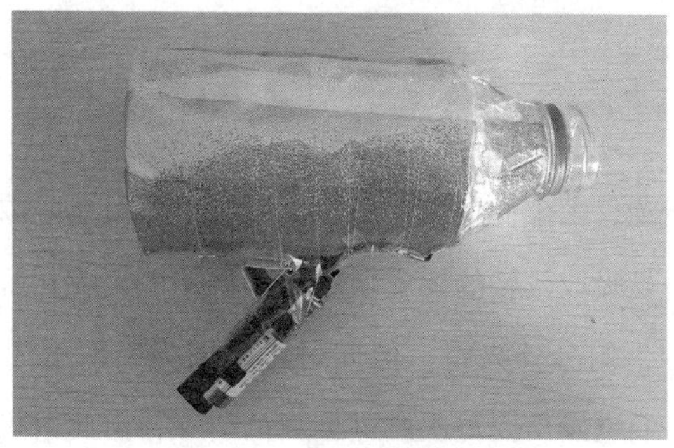

图 2－17　3 组初代吸尘器成品

测试结果：吸取 5 个纸团

5 组记录过测试数据的设计测试单及初代吸尘器成品

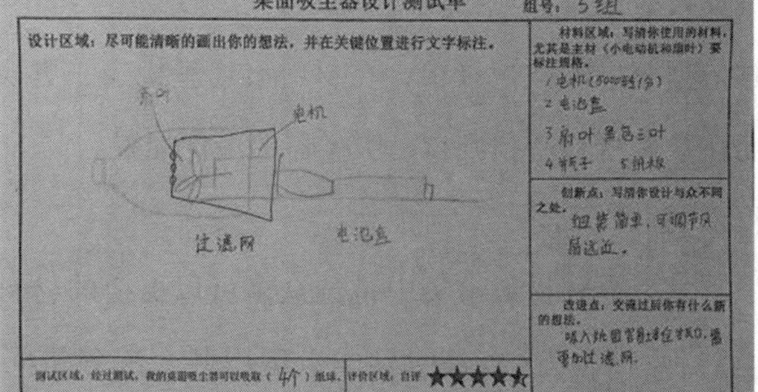

桌面吸尘器设计测试单 组号：5组

设计区域：尽可能清晰的画出你的想法，并在关键位置进行文字标注。

材料区域：写清你使用的材料，尤其是主材（小电动机和扇叶）要标注规格。

1 电机（5000转/分）
2 电池盒
3 扇叶 黑色三叶
4 瓶子

创新点：写清你设计与众不同之处。

改进点：交流过后你有什么新的想法。

测试区域：经过测试，我的桌面吸尘器可以吸取（4个）纸球。

评价区域：自评 ★★★★★

图 2－18　5 组设计测试单

续表

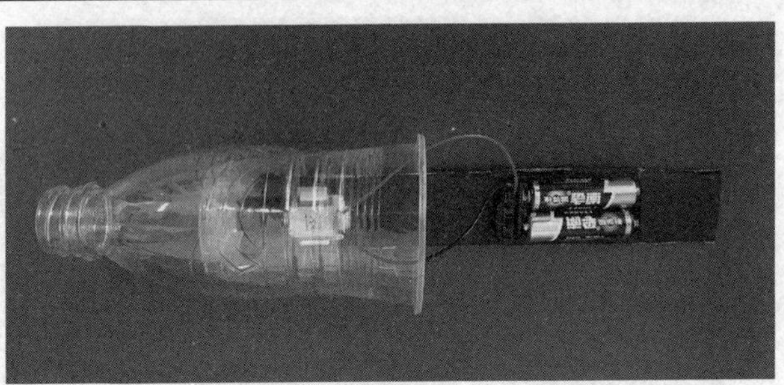 图 2－19　5 组初代吸尘器成品
测试结果：吸取 4 个纸团

活动评析：

通过测试活动，学生们发现自制的桌面吸尘器虽然吸取较重的纸团数量有多有少，但是吸取较轻的橡皮屑还是很好用的，成功解决了他们遇到的难题，这让学生们分外兴奋。但同时正是因为吸取纸团数量的多少差异，刺激了学生们迸发出要再次改进创新的萌芽，由此聚焦到了制作吸尘器的材料是否可以替换，能不能组合出更优的配置，让自己的吸尘器发挥出更大的功效。这就是后面一个改进测试记录单出现的源头。

片段三：更换制作材料 共变法寻找最优配置

作业单设计及应用目标：

学生能够依据改进测试记录单，在材料市场里挑选、更换、测试不同的材料，从而在众多材料中找到自己吸尘器的最优配置。

应用过程说明：

本环节中，学生会到材料市场中挑选众多可以更换的材料，但是要求每次只能更换一种材料，这也是引导学生运用共变法分析问题的关键所在。课上的具体规则和材料如图 2－20、图 2－21：

材料市场

使用规则：

1. 以下材料每次只能拿走一种，除第一次以外，再进入材料市场时要放回一样材料才能再拿走另一样材料。

2. 使用新材料制作测试吸尘器后，你可以选择保留新材料或者放弃新材料。如果选择保留新材料要把原有的吸尘器材料放回材料市场，如果选择放弃新材料，请把新材料放回到材料市场，这样其他小组还可以进行自己的选择。

3. 在规定的时间内更换的次数不做限制。

图 2－20　材料市场使用规则

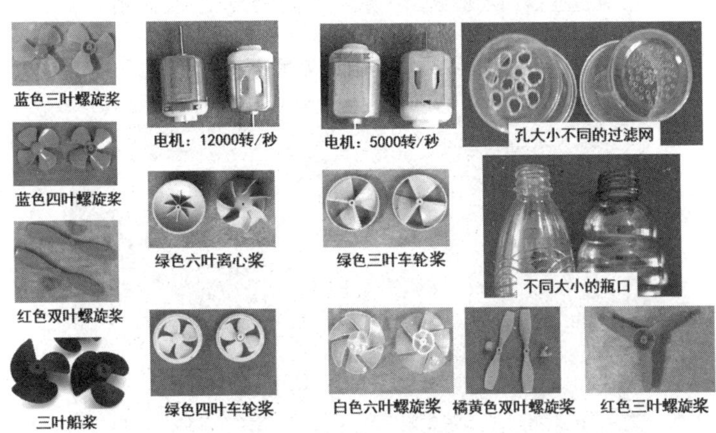

图 2－21　材料市场中的各项材料

桌面吸尘器改进测试记录单

组号：1组　测试效果：目前成品可以吸取（ 1 ）个纸球

序号	更换零件名称	可以吸起的纸球数量（个）			
		第一次	第二次	第三次	平均值
1	电机（12000）	3	3	3	3
2	三叶螺旋桨	2	1	2	1.7
3	六叶离心桨	1	3	3	2.3
4	四叶车轮桨	1	1	2	1.3

图 2－22　1 组改进测试记录单

"桌面吸尘器"改进测试记录单

组号：3组　测试效果：目前成品可以吸取（5）个纸球

序号	更换零件名称	可以吸起的纸球数量（个）			
		第一次	第二次	第三次	平均值
1	更换电机(12000转/分)	8	7	8	7.6
2	更换三叶螺旋桨	1	2	1	1.3
3	更换六叶螺旋桨	2	1	1	1.3
4	更换四叶车轮桨	2	2	1	1.6

图 2－23　3 组改进测试记录单

"桌面吸尘器"改进测试记录单

组号：5组　测试效果：目前成品可以吸取（4）个纸球

序号	更换零件名称	可以吸起的纸球数量（个）			
		第一次	第二次	第三次	平均值
1	电机(12000)	6	5	6	5.7
2	六叶离心桨	3	2	3	2.7
3	四叶车轮桨	1	2	2	1.6
4	小孔滤网	3	2	3	2.7
5	扇叶距离更近	5	4	5	4.7

图 2－24　5 组改进测试记录单

活动评析：

通过学生的记录单不难发现，此环节中的改进测试单（如图 2－22、图 2－23、图 2－24）很好地承载了学生运用共变法进行思维的全过程，学生在一次次的尝试中，找到了自己桌面吸尘器的最优配置，经过本次修改完善后，在成品发布会中，还会有反思总结的环节设计，学生们还能够依据本节课记录单上的内容，进行对整体活动的反思总结。

5. 反思

通过本次主题作业活动的设计与实施，不难发现其实学生具有很多的奇思妙想，如果是他们感兴趣的事情，他们非常愿意打开自己头脑中通往创新思维的大门，所以此次活动通过创新发明组合式记录单（作业单）的应用，很好地挖掘了学生头脑中的创新想法，通过记录单引领学生不断深入地创新设计具有更优性能的吸尘器，在这个过程中以记录单（作业单）为“脚手架”，促进了学生创新思维的迸发。同时，本次主题活动中所设计的创新发明组合式记录单，是几乎所有技术与工程领域设计类课程可以通用的观察记录单，只需要对内容稍作修改就可以很好地使用，具有一定的普适性和推广价值。

但在这个过程中也发现了一些问题，当给予学生过多的选择空间时，他们往往在选择中就会浪费很多时间，材料市场的出现是源于学生的实际需求，但是里面材料的数量和类型还有可以筛选的空间，是否把材料的选择也融入设计单中，是之后可以思考的一个方向。

案例二：学生课余自主开展自然科学类单元实践作业——“呼吸与消化”

1. 案例的背景介绍

此项作业是在四年级上册“呼吸与消化”单元后展开的实践作业设计，以呼吸和消化有关的内容为主题，引导学生开展了头脑风暴，学生以小组为单位，在头脑风暴中形成了不同方向的单元实践作业。比如调查家长吸烟情况、调查生活中无烟区内吸烟情况、生活中剩菜对人体健康的影响、菜市场蔬菜与超市蔬菜新鲜度对比、蔬菜的储藏方法等，并都对不同形式的成果进行了展示交流，其中有两个小组非常优秀地完成了此次单元作业，并根据作业主题形成了自己的研究论文。

2. 优秀作业展示

[学生作业成果论文 1]

关于剩菜中亚硝酸盐含量的研究

作　　者：王宏羽

辅导教师：王小宁

一、研究背景

2014 年 7 月学校组织了关于节约粮食的实践体验活动，对同学们家庭用餐的剩菜剩饭情况做了一次调查，分别针对主食、蔬菜类及肉类的餐后剩余量进行了统计。从这次活动中我了解到，原来很多同学家里难免在餐后留下些剩余饭菜，而这些剩菜、剩饭大家会怎么处理呢？如果都留到下一顿吃，会不会对身体不好呢？回到学校我又将我的问题请教了王老师，她鼓励我可以就这个社会普遍问题开展调查研究。我决定采用科学检验法，就“食用剩菜、剩饭是否会对健康产生危害”这个课题做一次新的研究。

二、研究目的

1. 以家庭较常食用的晚餐为研究对象，通过对各类晚餐在冷藏及常温环境下，放置不同时间后所产生的亚硝酸盐含量进行检测，以确认是否会对健康产生影响。

2. 通过本实验的成果，建议人们适量准备日常饮食，在健康时间范围内食用剩余饭菜，保证身体健康。

三、研究的计划

1. 时间计划：10—12 月

2. 研究方法

(1) 仪器的选择

选定研究亚硝酸盐变量课题后，关键的就是如何测定亚硝酸盐含量的变化。前期查阅和搜集一些测定方法，在定性试剂的选择上，我选了三种普遍采用的简易实验试剂，广州绿洲亚硝酸盐检测管、智云达亚硝酸盐速测试纸和 QUANTOFIX 亚硝酸盐测试条。

三种试剂均可快速检测出食品中的亚硝酸盐含量，我先用三种试剂分别对同一种晚餐（炒熟的大白菜）进行检测，经测试，三种试剂的检测结果一致，由此说明三种试剂检测均准确有效。我从三种检测试剂中选取了操作更为方便的“广州绿洲公司”的亚硝酸盐检测管作为后续实验的定性实验试剂。但由于快速检测盒的测值范围相对比较大，通过实验后能得到大体的趋势，但是更准确的数值无法确定，尤其是在超标与没超标的分界线上，无法准确确定，为此我找到了“北京赛必达公司”的多功能食品安全快速检测仪（如图 2－25），可以准确测得亚硝酸盐的数值变化，更为科学直观地验证我的实验结论。

（2）实验方法

根据对比实验法和文献法，我进行了下面的实验设计：

根据调查问卷的分析结果，选取了家庭最常食用的三种蔬菜及肉类作为实验对象。为了更加准确地检测出剩菜中的亚硝酸盐含量变化，从 7 月 15 日开始，我将三种蔬菜及肉类分别放置于冷藏（4 摄氏度）及常温（25 摄氏度）条件下，并于放置 6 小时、12 小时、18 小时、24 小时后，分别用快速检测盒对样本进行检测。观察并记录几种晚餐亚硝酸盐的变化量，以我的结论为基础，对我身边的朋友们提出一些健康食用晚餐的建议。

四、研究过程与结果

1. 准备材料：为了对比实验控制变量，保证所有选取做熟的待测材料为相同质量（100g），同一个超市购买材料，而且都是在购买当天做实验测试。

第一次定性检测对象/第二次精密仪器验证对象：大白菜、芹菜、豆角、大白菜＋肉、芹菜＋肉、豆角＋肉、猪肉、牛肉、鸡肉。

检测定性试剂：SF－400 电子秤、烧杯、亚硝酸盐检测管、蒸馏水。

图 2－25　精密检测仪器：SAFEDA 多功能食品安全快速检测仪、电热恒温培养箱

2. 前期调查

图 2－26　在班里发调查问卷，并和同学们说明填写问卷的方式

图 2－27　公司职员调查和整理表格

在研究前先制作了 60 份调查问卷，对同学、家长及家长的公司同事进行了细致的调查，并有效地回收全部问卷。

针对问卷 3 题的数据做了初步整理与分析，发现人们日常用餐选择最多的三种蔬菜是：大白菜、豆角、芹菜，最多的三种肉类是：猪肉、牛肉、鸡肉。根据数据分析发现：大部分家庭认识到剩菜对身体有危害，但还是有一些家庭对此认识不是很够，大多数家庭用餐中基本上是每天都会有剩菜的，剩菜的种类以根茎类蔬菜、根茎类蔬菜炒肉和肉类为主。这些剩菜大家能做到 24 小时内再次食用或者处理掉。

而在实验前，我们也对人们关于剩菜剩饭对身体有哪些危害认识进行了调查，调查题目：您了解剩菜剩饭对身体有哪些危害吗？对调查结果进行整理统计，根据数据显示，有 37% 的人了解剩菜对人身体有危害，有 63% 的人对剩菜对人身体有危害存在误解或者根本就不了解。

3. 研究过程

第一次实验中，要对比蔬菜类、蔬菜炒肉及肉类在相同储藏环境下放置不同时间后所产生的亚硝酸盐含量变化。姥爷将大白菜、芹菜、豆角、猪肉、牛肉及鸡肉还有大白菜、芹菜、豆角与猪肉一起炒熟，分别分了相同量的两份，一份放进冰箱储藏室，一份放在了客厅里，我记录了冷藏室和室内的温度值。之后分别在 6 小时、12 小时、18 小时、24 小时，采用

亚硝酸盐检测管对两种储藏条件下的这9种食物进行亚硝酸盐含量检测。

为保证测试结果更加准确，需要特别说明的是，由于实验周期较长，最开始的试剂测量室温基本上在25摄氏度左右，但后期精密仪器测量时，时间接近9月，温度较低，因此为了保障25摄氏度的温度条件一致，我采用了恒温培养箱（如图2－25）控制食物的温度。同时在实验过程中，每一次都确保储藏食物所使用器具的洁净，以避免实验对象受到其他因素影响。

为了更进一步验证实验结果，我又采用精密实验仪器对之前的9种食物进行了一次检测。在每次检测中得到了亚硝酸盐含量的精确数值，更加准确地进行了记录对比。

4. 记录数据、分析与结论

将两次实验结果及数据进行了整理，汇总成下面的表格：

表2－9　第一次快速检测盒检测结果（对比颜色得出近似数据）

亚硝酸盐含量 / 晚餐	常温环境（恒温25摄氏度）下产生亚硝酸盐含量三次实验的平均值（mg/kg）				冷藏环境（4摄氏度）下产生亚硝酸盐含量三次实验的平均值（mg/kg）			
	6小时	12小时	18小时	24小时	6小时	12小时	18小时	24小时
白菜	0	0	2.5	5	0	0	0	5
芹菜	0	0	2.5	5	0	0	0	2.5
豆角	0	0	0	5	0	0	0	2.5
白菜炒肉	0	0	5	10	0	0	5	2.5
芹菜炒肉	0	2.5	5	5	0	0	0	2.5
豆角炒肉	0	2.5	2.5	10	0	0	2.5	5
猪肉	0	0	0	2.5	0	0	2.5	5
牛肉	0	0	0	2.5	0	0	2.5	5
鸡肉	0	0	0	2.5	0	0	0	5

表 2-10 第二次精密仪器检测结果

亚硝酸盐含量 / 晚餐	常温环境（恒温 25 摄氏度）下产生亚硝酸盐含量三次实验的平均值（mg/kg）				冷藏环境（4 摄氏度）下产生亚硝酸盐含量三次实验的平均值（mg/kg）			
	6 小时	12 小时	18 小时	24 小时	6 小时	12 小时	18 小时	24 小时
白菜	0.02	1.75	1.92	4.41	0.01	0.48	1.01	3.97
芹菜	0.01	0.71	3.10	3.9	0.01	0.64	0.74	3.86
豆角	0.01	1.16	2.01	6.45	0.01	0.8	1.92	4.35
白菜炒肉	0.01	1.22	2.87	4.25	0.02	0.80	1.48	3.28
芹菜炒肉	0.02	1.2	1.56	4.1	0.02	0.64	1.19	1.24
豆角炒肉	0.04	2.06	2.93	4.32	0.01	0.88	1.64	2.17
猪肉	0.85	1.94	8.59	11.5	0.01	1.96	2.87	4.62
牛肉	0.08	1.52	6.12	9.89	0.01	1.39	1.98	3.94
鸡肉	0.04	0.78	2.83	7.09	0.01	0.96	1.54	3.71

注：三次实验的日期和具体数据见原始记录。

5. 实验结果与分析

根据国家卫生标准，食品中亚硝酸盐有限量标准。《中华人民共和国国家标准食品中亚硝酸盐限量卫生标准》（GB15198-94）中规定：蔬菜等制品中亚硝酸盐限量为≤4mg/kg，肉制品中亚硝酸盐限量为≤30mg/kg。

通过对家里剩菜再次食用的时间间隔的调查，了解到大家一般的存储时间为 24 小时内，所以本次实验蔬菜和肉类的测试时间为 24 小时内。

我把定性近似数值与精确数值进行了对比，发现 0—24 小时内的亚硝酸盐的变化趋势是大体吻合的，所以对 24 小时内纯蔬菜、蔬菜炒肉以及纯肉类的亚硝酸盐含量，采用精确数值的平均值进行对比。

根据分析可以看出，豆角在常温下 18—24 小时的亚硝酸盐含量变化非常大；常温下豆角炒肉在 6—24 小时内亚硝酸盐含量变化最大，其次是常温放置的白菜炒肉；猪肉在常温下 12—24 小时亚硝酸盐含量变化最大，其次是常温下放置的牛肉。

从上述数据可以得出：在常温保存做熟的蔬菜更适合细菌的生长，又有助于亚硝酸盐的增多。但冷藏（4 摄氏度）条件下 24 小时内，亚硝酸盐含量还是低于国家标准允许的含量的。

6. 研究结论

（1）纯蔬菜、蔬菜炒肉的亚硝酸盐含量在 24 小时内随时间的增加而增加，18 小时内亚硝酸盐含量升高不明显，18 小时以后会显著增加。纯肉类在 24 小时内亚硝酸盐含量也是逐渐增加的，但仍能符合国家肉类食品的卫生标准。

（2）储存温度影响纯蔬菜、蔬菜炒肉及纯肉类的食品中亚硝酸盐含量的增长速度，常温 25 摄氏度存放的大于 4 摄氏度冷藏的。

（3）同等条件下亚硝酸盐的含量变化，纯蔬菜：豆角 > 白菜 > 芹菜，蔬菜炒肉：豆角炒肉 > 白菜炒肉 > 芹菜炒肉，纯肉类的亚硝酸盐在 24 小时内变化不是很大。

五、后期宣传

前期调查中，我发现大多数人并没有正确了解食用剩菜有可能对健康产生的危害，由于这方面知识的欠缺，很多家庭会继续食用超过安全储存时间的剩余饭菜。我制作了宣传展板，在学校广播中与同学进行分享，也通过校园网站对全校师生和家长进行了宣传。还在金碧公司进行了宣传，叔叔阿姨们认真地听了我的介绍，他们知道了以后中午带饭应该采用效果更好的冷藏储存，并在安全储存时间内食用。我很高兴我的实验为大家的日常生活提供了有价值的建议。

六、收获和体会

食品健康问题正越来越多地受到人们的关注，在这次的研究中，我比较了蔬菜类、蔬菜混合肉类以及纯肉类三种菜品的安全储存时间，结合调查的结论，向同学们和金碧公司的叔叔阿姨们进行了宣传，不仅为大家的日常生活提供了有价值的建议，也引发了大家对饮食健康新一轮的关注和讨论。从提出想法、查询相关资料确定课题、制订研究计划，到实施研究过程、获取结果，再到最后分析研究成果并提炼收获体会。在历时近三个月的过程中，老师和妈妈都给了我许多帮助和建议。

七、 实验展望

上交论文的同时，我已经对食用的茎叶类、根茎类蔬菜以及果菜类蔬菜的亚硝酸含量进行了下一次的观察研究。

八、 鸣谢

感谢王老师对我的悉心指导！感谢同学们及叔叔阿姨们的热情配合和支持，我要特别感谢我的家人，感谢他们在研究实验中的辛苦付出。

［学生作业成果论文 2］

冬季家庭蔬菜保存与保鲜方法的探究

作　　者：黄一山

辅导教师：王小宁

一、 研究背景

自 2020 年春节起，一场突出其来的新型冠状病毒席卷全国，它传播的严重程度更是超出了我们的想象，大家每天都密切关注着疫情的发展速度。临近冬季，最近疫情又起了反复，国家防控号召大家尽量减少外出，家人去超市采买也相应减少，这样每次购买的蔬菜都需要存放较多天。我观察看到家中老人将购买的蔬菜用塑料袋包裹后放在厨房里，常常发现还没来得及吃就已经出现黄叶，甚至腐烂的情况，只好扔掉了，十分可惜和浪费。

在普通家庭环境中，有什么好的保存方法可以让蔬菜更长时间地保持新鲜、可食用呢，从而既让老人、居家的同学们减少外出购买的次数又能每餐都吃上新鲜的蔬菜？我将这个问题请教了王老师，她鼓励我可以通过对比观察实验的方式开展一次探寻研究。我决定尝试在冬季家庭环境下对不同蔬菜的保存方法进行一次观察探研。

二、研究目的

1. 以社区居民常购蔬菜（通过问卷调查得知）为观察对象，针对不同环境（室内有暖气、室内无暖气、冰箱和室外有覆盖）、不同包装方式的蔬菜，在放置一段时间后的新鲜程度进行观察记录，以确认是否可以继续食用，是否对健康产生影响。

2. 通过多组实验成果的对比，建议社区居民和居家的同学们采用合理的包装方式，放置在适合的环境下，适量准备日常蔬菜，在健康时间范围内食用，保证身体健康。

三、研究计划

1. 时间计划：2020 年 11 月—2021 年 2 月

2. 研究方法

（1）实验对象、实验环境和实验条件的选择

确认研究冬季蔬菜在不同环境、不同包装下的存储保鲜课题后，“选择何种蔬菜、在哪些环境下实验、采用何种包装”成为第一个要解决的问题，这些实验变量的确定在我和指导老师王老师讨论后决定：先在我家附近的社区进行一次居民问卷调查，再根据调查结果来进行选择，这样将来实验的结果对我们社区居民的指导才更具有针对性。

（2）实验方法

采用控制变量对比实验和文献法进行了下面的实验设计：

实验期：5 天（居民调查结果显示，64% 的居民 3—5 天购买一次蔬菜）

工作内容：将超市统一购买的实验对象分别包装后放置于室内有暖气、室内无暖气、室外有覆盖、冰箱，每天早上 9 : 30 对其进行观测、拍照、对比及打分记录。以实验的结论为基础，对社区居民及身边的同学、朋友们提出一些科学的冬季蔬菜存储建议。

四、 研究过程

1. 实验前准备阶段

(1) 社区居民冬季家庭蔬菜保存方法调查

针对附近三个社区的居民进行入户、街头访问，共回收有效样本 50 份，通过数据录入、统计分析，得出以下结果：

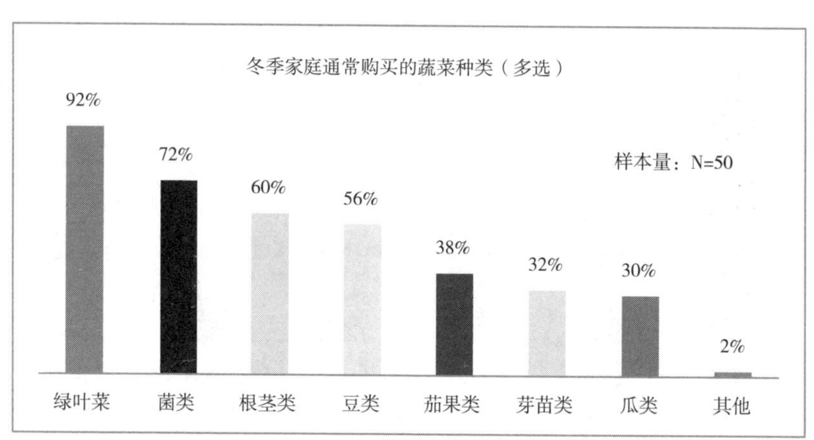

图 2-28 冬季家庭通常购买的蔬菜种类统计图

统计结果是：居民购买最多的是绿叶菜，其次是菌类和根茎类。因此我的第一阶段实验选取了绿叶菜中的小油菜作为实验对象，第二阶段为蘑菇。

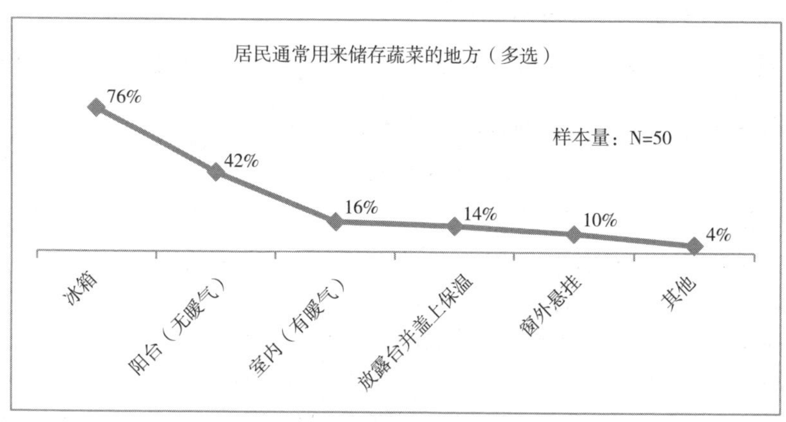

图 2-29 居民通常用来储存蔬菜的地方统计图

统计结果是：居民通常将蔬菜存放在冰箱、阳台、室内、露台等环境下。因此实验中选取冰箱、室内无暖气、室内有暖气、室外有覆盖4种环境条件。

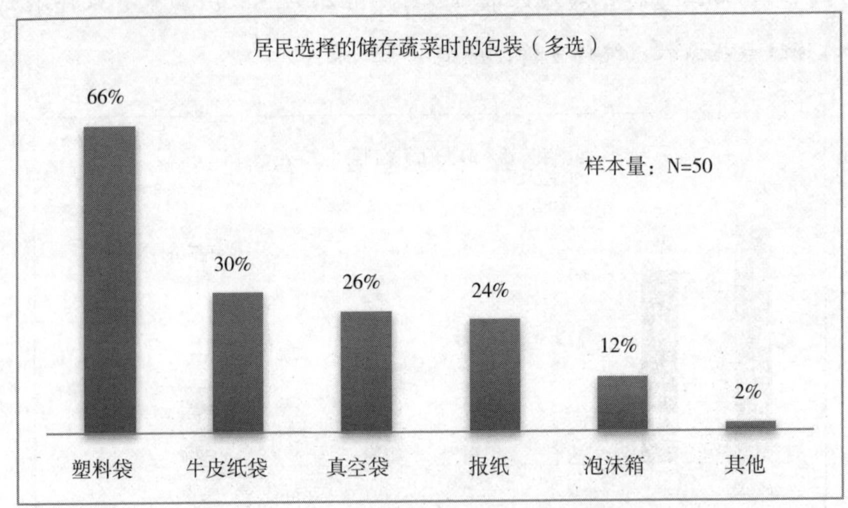

图2－30　居民选择的储存蔬菜时的包装统计图

统计结果是：居民使用最多的包装是塑料袋、牛皮纸袋和真空袋。因此实验中我选取塑料袋、牛皮纸袋和真空袋作为包装条件。

（2）制定蔬菜新鲜度打分标准

在和家长、老师讨论后，决定采用居民可以较好理解的肉眼观察现象作为打分依据，设置5分制标准，具体如表2－11：

表2－11　蔬菜新鲜度打分标准

分值	小油菜	蘑菇
5分★★★★★	与购买时新鲜程度无差别	与购买时新鲜程度无差别
4分★★★★	轻度脱水、发蔫，可食用	轻度缩水、发蔫，可食用
3分★★★	冰冻、边缘变黄，不建议食用	干枯、冰冻，不建议食用
2分★★	轻度腐败（长斑、发霉），不可食用	轻度腐败（发霉、变黑），不可食用
1分★	重度腐烂（溢水、发臭、变色），不可食用	

2. 实验过程

根据居民调查问卷结果和寒假的时长，我将实验活动分为两个阶段，第一阶段是绿叶菜以小油菜为例，进行不同包装、不同环境的具体实验研究。第二阶段以菌类的蘑菇为代表进行研究。针对居民购买比例排名第三的根茎类蔬菜的实验也计划在开学后继续开展。详细实验过程如下。

第一阶段：

确定研究对象后，我在网上购买了同一规格的包装纸袋和密封机，并于 1 月 17 日和家人一起去超市购买了同一批次的小油菜，作为第一阶段研究的绿叶蔬菜代表。

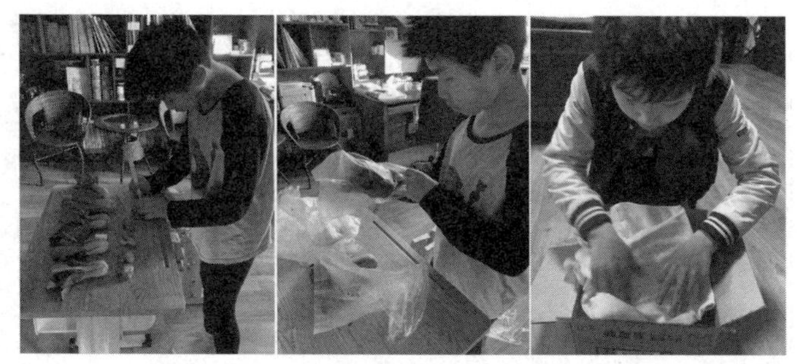

图 2－31　制作标签—分类包装—添加覆盖

实验 1：4 种不同的环境下纸袋保存的小油菜 5 天

表 2－12　4 种不同环境下纸袋保存小油菜 5 天的记录

第 1 天（1 月 18 日）室外温度 2 摄氏度				
实验环境	室内有暖气 25 摄氏度	室内无暖气 8 摄氏度	冰箱 5 摄氏度	室外有覆盖 2 摄氏度
照片日志	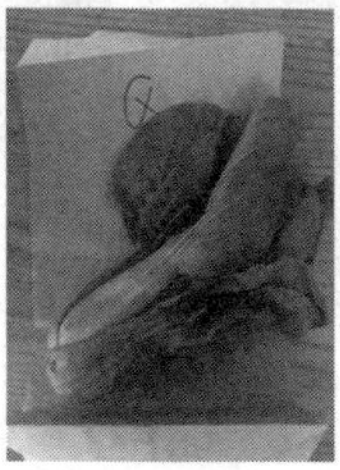		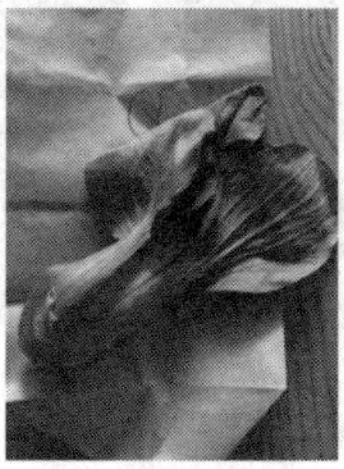	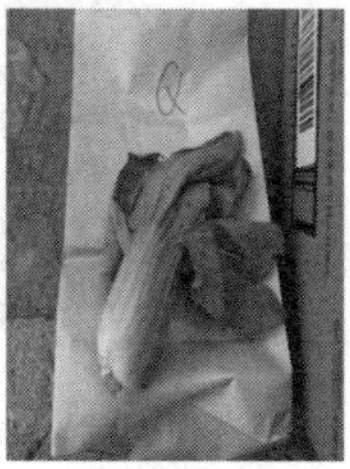
新鲜度	★★★★★	★★★★★	★★★★★	★★★★★

续表

第 2 天（1 月 19 日）室外温度零下 2 摄氏度				
实验环境	室内有暖气 25 摄氏度	室内无暖气 6 摄氏度	冰箱 5 摄氏度	室外有覆盖 0 摄氏度
照片日志				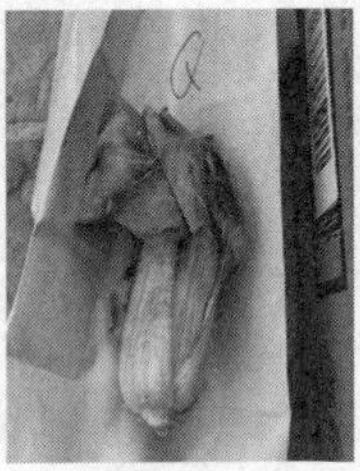
新鲜度	★★★★发蔫	★★★★★	★★★★	★★★★
第 3 天（1 月 20 日）室外温度 0 摄氏度				
实验环境	室内有暖气 25 摄氏度	室内无暖气 7 摄氏度	冰箱 5 摄氏度	室外有覆盖 1 摄氏度
照片日志		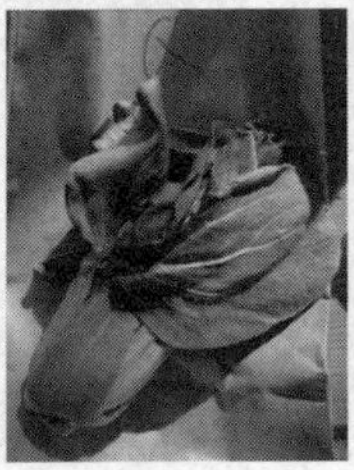		
新鲜度	★★★边缘变黄	★★★★发蔫	★★★★发蔫	★★★★发蔫
第 4 天（1 月 21 日）室外温度 3 摄氏度				
实验环境	室内有暖气 25 摄氏度	室内无暖气 7 摄氏度	冰箱 5 摄氏度	室外有覆盖 5 摄氏度
照片日志		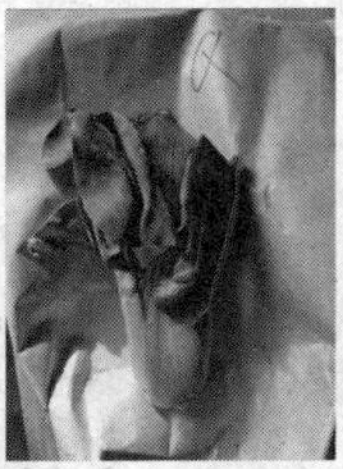	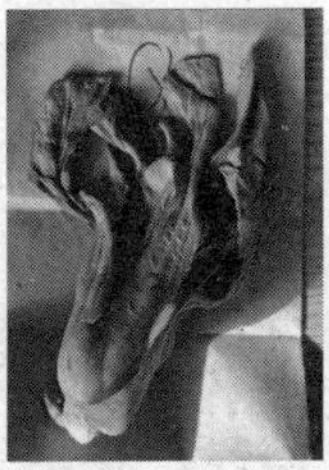	
新鲜度	★★★	★★★★	★★★★	★★★脱水

续表

第 5 天（1 月 22 日）室外温度 1 摄氏度				
实验环境	室内有暖气 25 摄氏度	室内无暖气 8 摄氏度	冰箱 5 摄氏度	室外有覆盖 3 摄氏度
照片日志				
新鲜度	★★	★★★边缘出现黄斑	★★★★	★★★

实验 2：4 种不同的环境下塑料袋保存的小油菜 5 天

表 2-13　4 种不同环境下塑料袋保存小油菜 5 天的记录

第 1 天（1 月 18 日）室外温度 2 摄氏度				
实验环境	室内有暖气 25 摄氏度	室内无暖气 8 摄氏度	冰箱 5 摄氏度	室外有覆盖 2 摄氏度
照片日志				
新鲜度	★★★★★	★★★★★	★★★★★	★★★★★
第 2 天（1 月 19 日）室外温度零下 2 摄氏度				
实验环境	室内有暖气 25 摄氏度	室内无暖气 6 摄氏度	冰箱 5 摄氏度	室外有覆盖 0 摄氏度
照片日志				
新鲜度	★★★★有水溢出	★★★★★	★★★★★	★★★冰冻覆霜

续表

第 3 天（1 月 20 日）室外温度 0 摄氏度				
实验环境	室内有暖气 25 摄氏度	室内无暖气 7 摄氏度	冰箱 5 摄氏度	室外有覆盖 1 摄氏度
照片日志				
新鲜度	★★★边缘变黄	★★★★★	★★★★★	★★★冰冻覆霜
第 4 天（1 月 21 日）室外温度 3 摄氏度				
实验环境	室内有暖气 25 摄氏度	室内无暖气 7 摄氏度	冰箱 5 摄氏度	室外有覆盖 5 摄氏度
照片日志				
新鲜度	★★整片茎叶变黄	★★★★★	★★★★★	★★★
第 5 天（1 月 22 日）室外温度 1 摄氏度				
实验环境	室内有暖气 25 摄氏度	室内无暖气 8 摄氏度	冰箱 5 摄氏度	室外有覆盖 3 摄氏度
照片日志				
新鲜度	★★	★★★★★	★★★★	★★★

实验3：4 种不同的环境下真空袋保存的小油菜 5 天

表 2－14 4 种不同环境下真空袋保存的小油菜 5 天的记录

第 1 天（1 月 18 日）室外温度 2 摄氏度				
实验环境	室内有暖气 25 摄氏度	室内无暖气 8 摄氏度	冰箱 5 摄氏度	室外有覆盖 2 摄氏度
照片日志	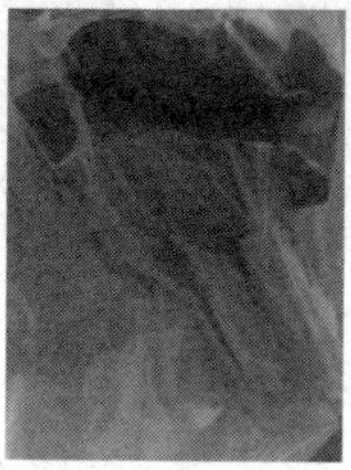	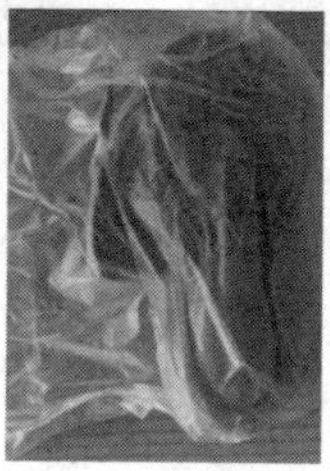	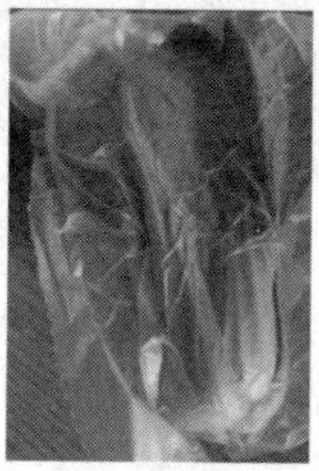	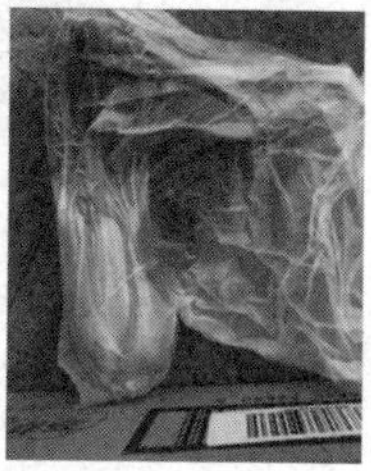
新鲜度	★★★★★	★★★★★	★★★★★	★★★★★
第 2 天（1 月 19 日）室外温度零下 2 摄氏度				
实验环境	室内有暖气 25 摄氏度	室内无暖气 6 摄氏度	冰箱 5 摄氏度	室外有覆盖 0 摄氏度
照片日志		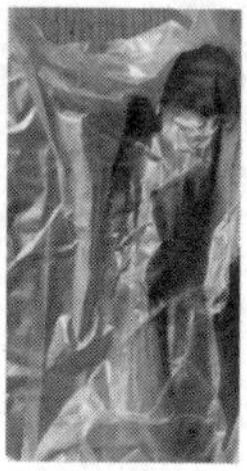		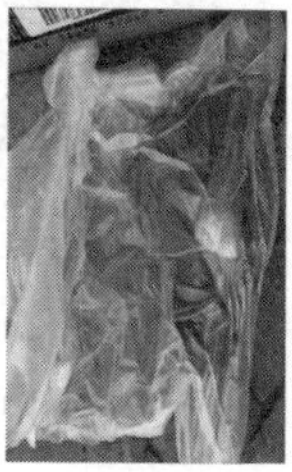
新鲜度	★★★★有水珠溢出	★★★★★	★★★★★	★★★★★
第 3 天（1 月 20 日）室外温度 0 摄氏度				
实验环境	室内有暖气 25 摄氏度	室内无暖气 7 摄氏度	冰箱 5 摄氏度	室外有覆盖 1 摄氏度
照片日志	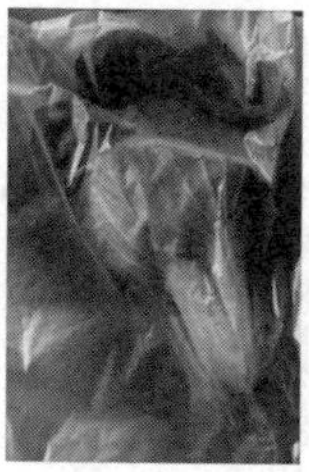	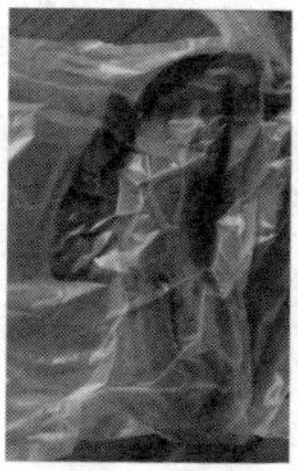	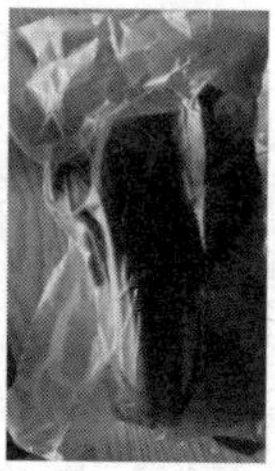	
新鲜度	★★★★水珠较多	★★★★★	★★★★★	★★★★绿叶尖有冰霜

续表

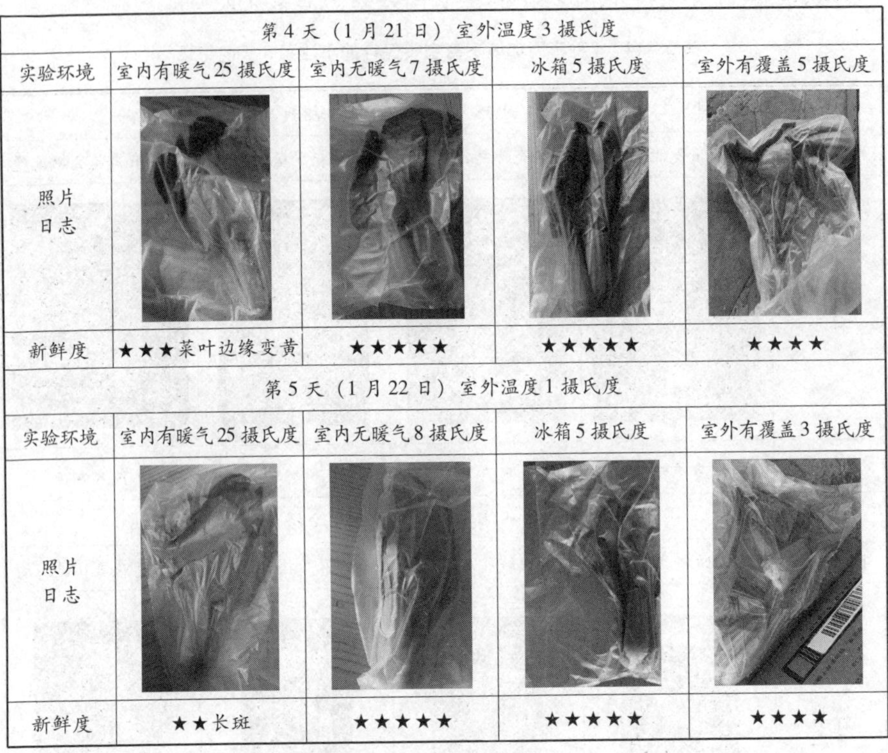

第4天（1月21日）室外温度3摄氏度				
实验环境	室内有暖气25摄氏度	室内无暖气7摄氏度	冰箱5摄氏度	室外有覆盖5摄氏度
照片日志				
新鲜度	★★★菜叶边缘变黄	★★★★★	★★★★★	★★★★
第5天（1月22日）室外温度1摄氏度				
实验环境	室内有暖气25摄氏度	室内无暖气8摄氏度	冰箱5摄氏度	室外有覆盖3摄氏度
照片日志				
新鲜度	★★长斑	★★★★★	★★★★★	★★★★

通过第一阶段熟悉了观察研究的方法和做出了相应调整后，于2月1日至5日对居民调查中排名第二位的菌类代表蘑菇进行第二阶段观察实验。

第二阶段：实验4：4种不同的环境下纸袋保存的蘑菇5天

表2-15　4种不同环境下纸袋保存蘑菇5天的记录

第1天（2月1日）室外温度零下2摄氏度				
实验环境	室内有暖气25摄氏度	室内无暖气6摄氏度	冰箱5摄氏度	室外有覆盖1摄氏度
照片日志	M	M	M	M
新鲜度	★★★★	★★★★★	★★★★★	★★★★★

续表

第 2 天（2 月 2 日）室外温度 4 摄氏度				
实验环境	室内有暖气 25 摄氏度	室内无暖气 8 摄氏度	冰箱 5 摄氏度	室外有覆盖 5 摄氏度
照片日志	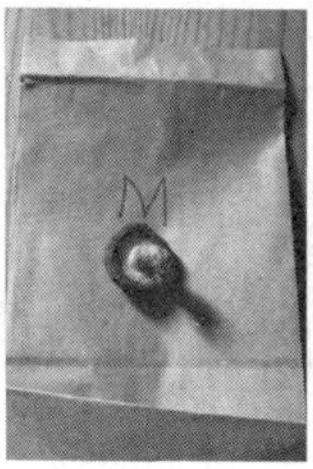	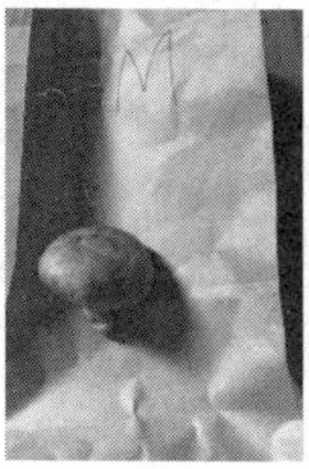	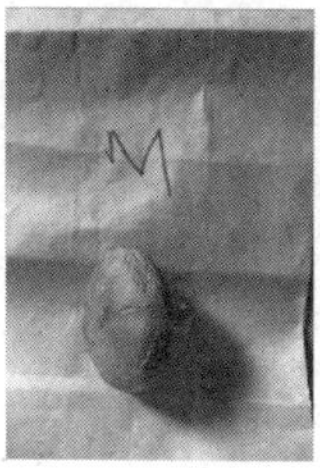	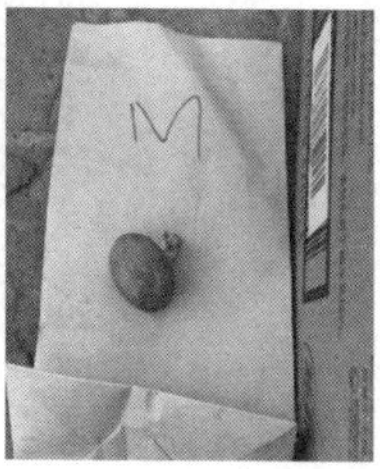
新鲜度	★★★干枯	★★★★★	★★★★轻度缩水	★★★★轻度缩水
第 3 天（2 月 3 日）室外温度 7 摄氏度				
实验环境	室内有暖气 25 摄氏度	室内无暖气 8 摄氏度	冰箱 5 摄氏度	室外有覆盖 9 摄氏度
照片日志	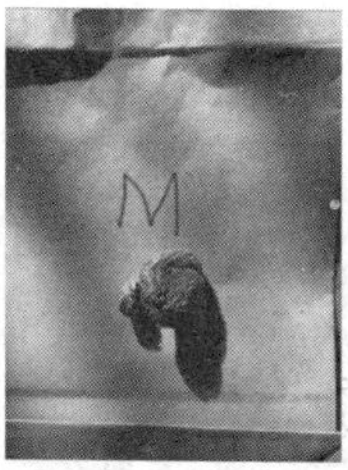	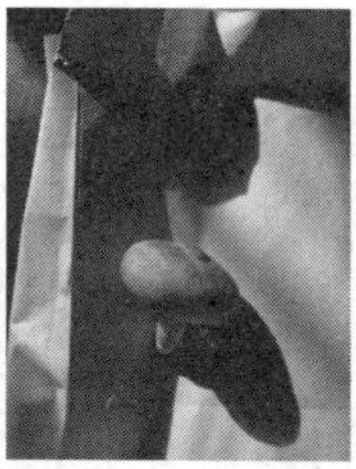	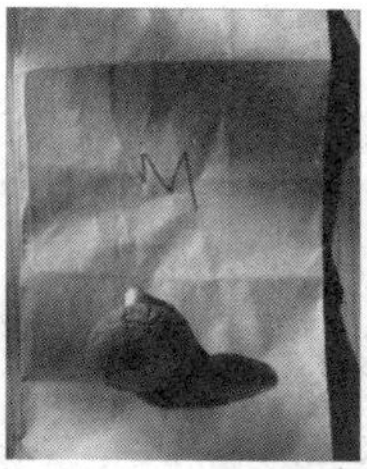	
新鲜度	★★★	★★★★★	★★★★	★★★★
第 4 天（2 月 4 日）室外温度 7 摄氏度				
实验环境	室内有暖气 25 摄氏度	室内无暖气 8 摄氏度	冰箱 5 摄氏度	室外有覆盖 9 摄氏度
照片日志		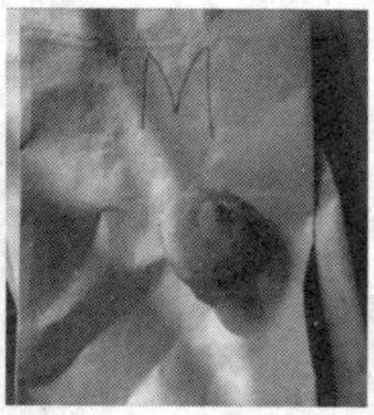	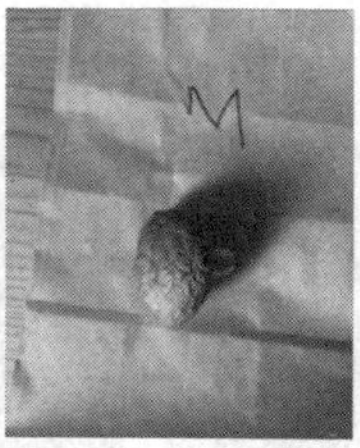	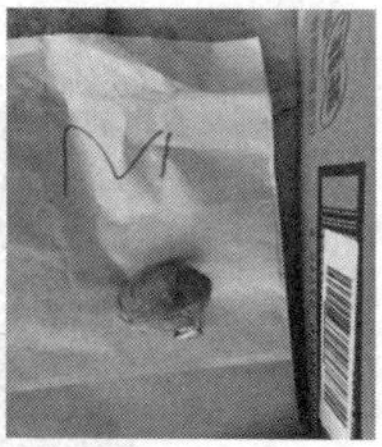
新鲜度	★★★	★★★★★	★★★干枯	★★★干枯

续表

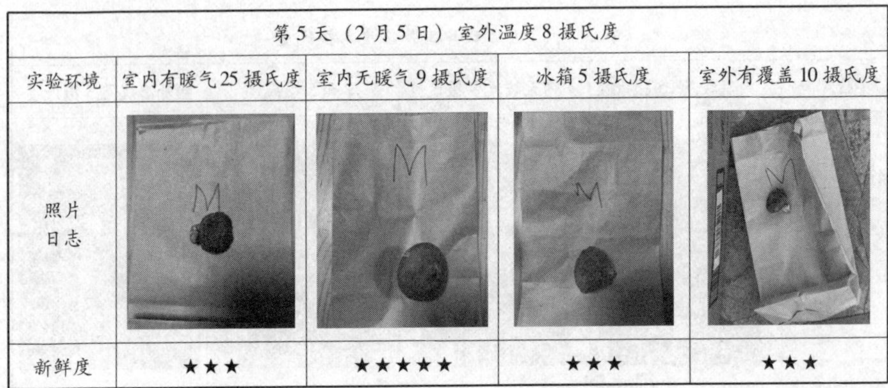

第5天（2月5日）室外温度8摄氏度				
实验环境	室内有暖气25摄氏度	室内无暖气9摄氏度	冰箱5摄氏度	室外有覆盖10摄氏度
照片日志				
新鲜度	★★★	★★★★★	★★★	★★★

实验5：4种不同的环境下塑料袋保存的蘑菇5天

表2－16　4种不同环境下塑料袋保存蘑菇5天的记录

第1天（2月1日）室外温度零下2摄氏度				
实验环境	室内有暖气25摄氏度	室内无暖气6摄氏度	冰箱5摄氏度	室外有覆盖1摄氏度
照片日志				
新鲜度	★★★★★	★★★★★	★★★★★	★★★★★
第2天（2月2日）室外温度4摄氏度				
实验环境	室内有暖气25摄氏度	室内无暖气8摄氏度	冰箱5摄氏度	室外有覆盖5摄氏度
照片日志				
新鲜度	★★★★★	★★★★★	★★★★★	★★★★★

续表

第 3 天（2 月 3 日）室外温度 7 摄氏度				
实验环境	室内有暖气 25 摄氏度	室内无暖气 8 摄氏度	冰箱 5 摄氏度	室外有覆盖 9 摄氏度
照片日志		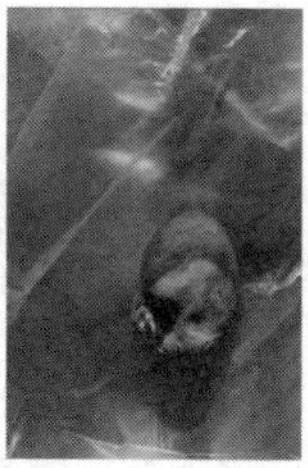		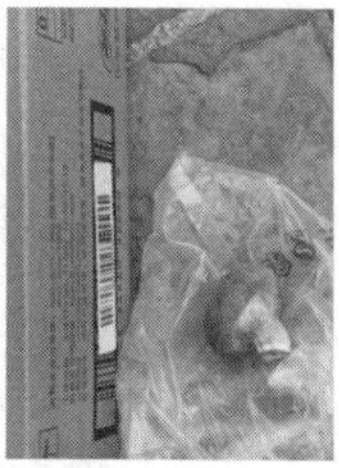
新鲜度	★★★★有水珠溢出	★★★★★	★★★★	★★★★★
第 4 天（2 月 4 日）室外温度 7 摄氏度				
实验环境	室内有暖气 25 摄氏度	室内无暖气 8 摄氏度	冰箱 5 摄氏度	室外有覆盖 9 摄氏度
照片日志	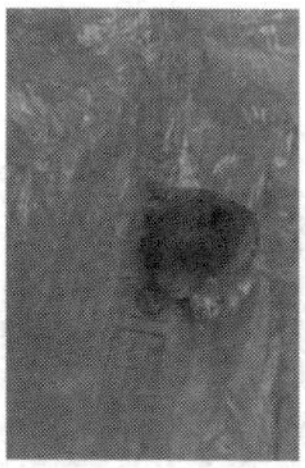	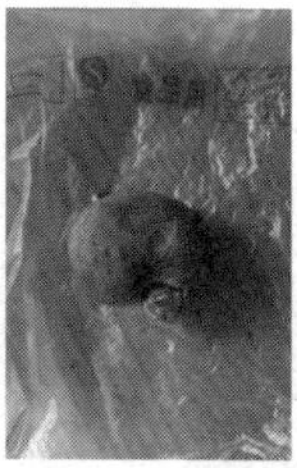	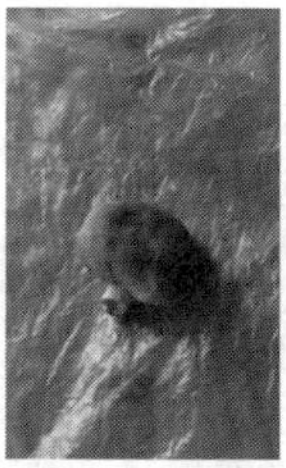	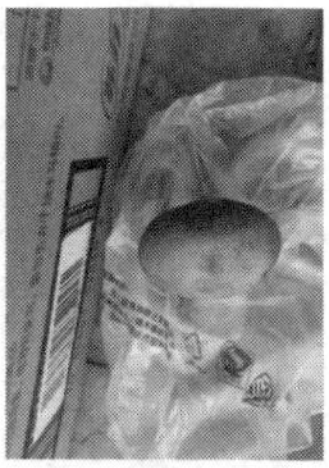
新鲜度	★★★★	★★★根部长白毛	★★★★	★★★★★
第 5 天（2 月 5 日）室外温度 8 摄氏度				
实验环境	室内有暖气 25 摄氏度	室内无暖气 9 摄氏度	冰箱 5 摄氏度	室外有覆盖 10 摄氏度
照片日志	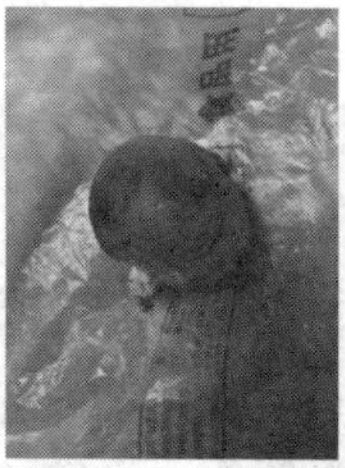			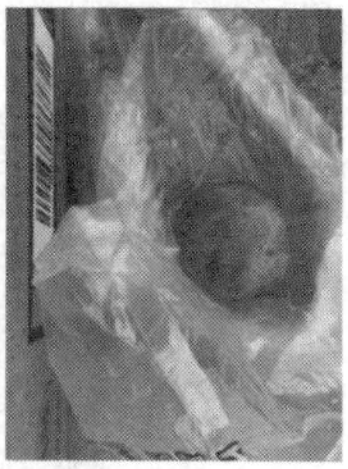
新鲜度	★★根部长白毛	★★★	★★★★	★★★★★

实验6：4种不同的环境下真空袋保存的蘑菇5天

表2－17　4种不同环境下真空袋保存蘑菇5天的记录

第1天（2月1日）室外温度零下2摄氏度				
实验环境	室内有暖气25摄氏度	室内无暖气6摄氏度	冰箱5摄氏度	室外有覆盖1摄氏度
照片日志				
新鲜度	★★★★有水珠溢出	★★★★★	★★★★★	★★★★★
第2天（2月2日）室外温度4摄氏度				
实验环境	室内有暖气25摄氏度	室内无暖气8摄氏度	冰箱5摄氏度	室外有覆盖5摄氏度
照片日志				
新鲜度	★★★★	★★★★★	★★★★★	★★★★★
第3天（2月3日）室外温度7摄氏度				
实验环境	室内有暖气25摄氏度	室内无暖气8摄氏度	冰箱5摄氏度	室外有覆盖9摄氏度
照片日志				
新鲜度	★★★★	★★★★★	★★★★★	★★★★★

续表

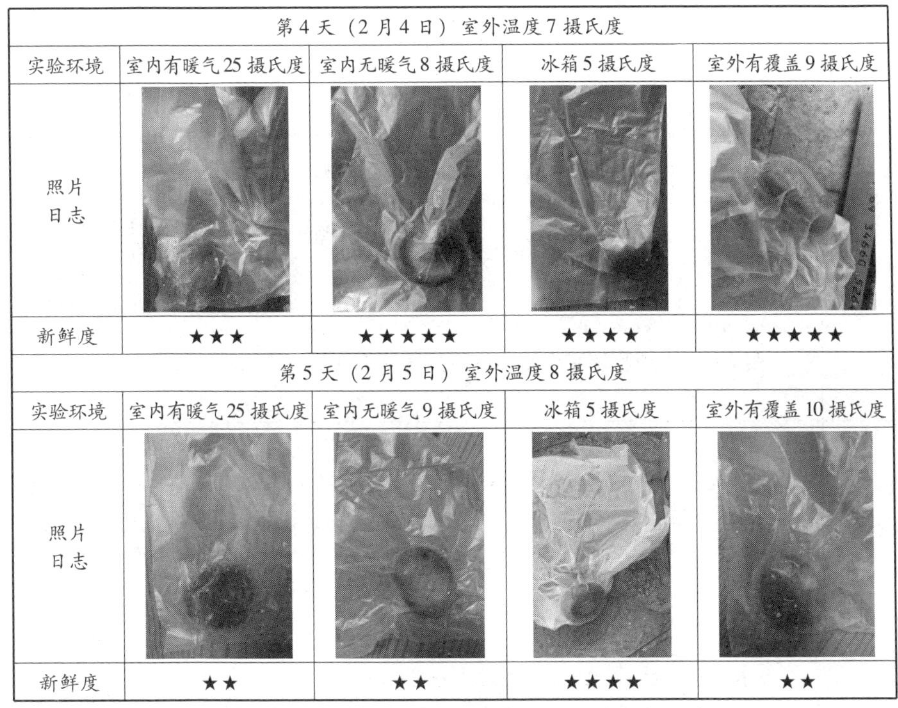

第4天（2月4日）室外温度7摄氏度				
实验环境	室内有暖气25摄氏度	室内无暖气8摄氏度	冰箱5摄氏度	室外有覆盖9摄氏度
照片日志				
新鲜度	★★★	★★★★★	★★★★	★★★★★
第5天（2月5日）室外温度8摄氏度				
实验环境	室内有暖气25摄氏度	室内无暖气9摄氏度	冰箱5摄氏度	室外有覆盖10摄氏度
照片日志				
新鲜度	★★	★★	★★★★	★★

3. 实验结果与分析

第一阶段实验观察结果整理统计如表2－18：

表2－18　第一阶段实验观察结果统计表

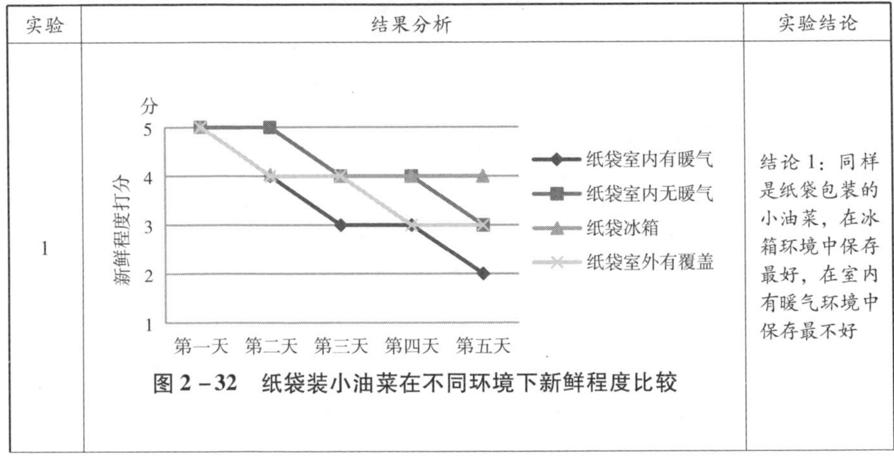

实验	结果分析	实验结论
1	**图2－32　纸袋装小油菜在不同环境下新鲜程度比较**	结论1：同样是纸袋包装的小油菜，在冰箱环境中保存最好，在室内有暖气环境中保存最不好

续表

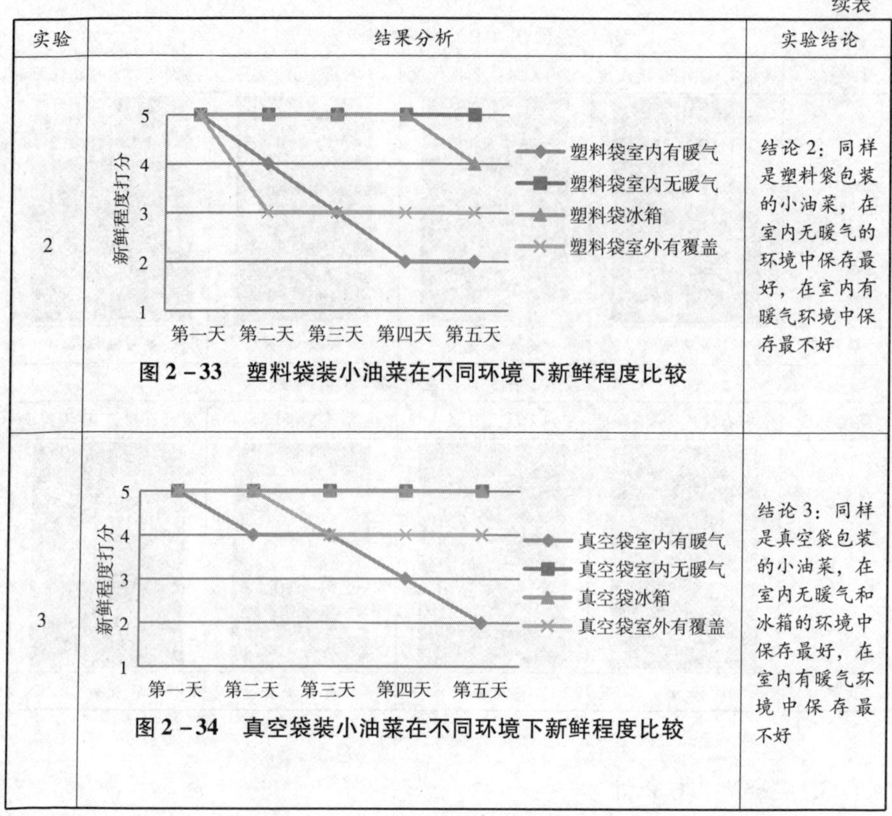

实验	结果分析	实验结论
2	新鲜程度打分 5 4 3 2 1；第一天 第二天 第三天 第四天 第五天；塑料袋室内有暖气 塑料袋室内无暖气 塑料袋冰箱 塑料袋室外有覆盖 **图 2－33　塑料袋装小油菜在不同环境下新鲜程度比较**	结论 2：同样是塑料袋包装的小油菜，在室内无暖气的环境中保存最好，在室内有暖气环境中保存最不好
3	新鲜程度打分 5 4 3 2 1；第一天 第二天 第三天 第四天 第五天；真空袋室内有暖气 真空袋室内无暖气 真空袋冰箱 真空袋室外有覆盖 **图 2－34　真空袋装小油菜在不同环境下新鲜程度比较**	结论 3：同样是真空袋包装的小油菜，在室内无暖气和冰箱的环境中保存最好，在室内有暖气环境中保存最不好

第二阶段实验观察结果整理统计如表 2－19：

表 2－19　第二阶段实验观察结果统计表

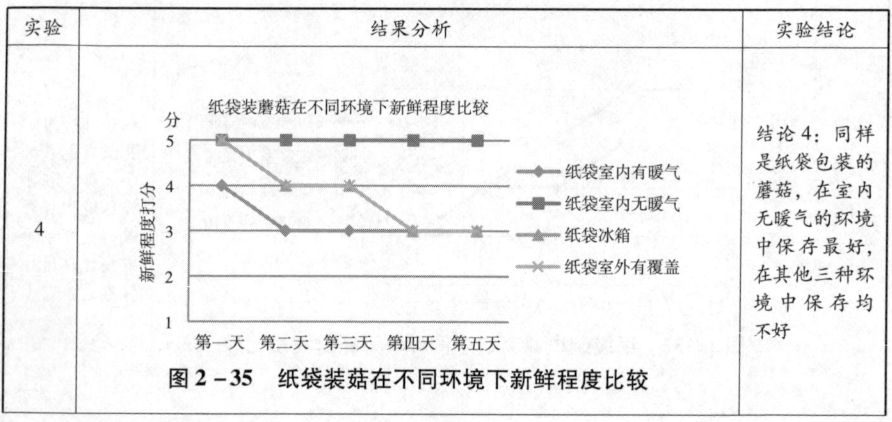

实验	结果分析	实验结论
4	纸袋装蘑菇在不同环境下新鲜程度比较；分；新鲜程度打分 5 4 3 2 1；第一天 第二天 第三天 第四天 第五天；纸袋室内有暖气 纸袋室内无暖气 纸袋冰箱 纸袋室外有覆盖 **图 2－35　纸袋装菇在不同环境下新鲜程度比较**	结论 4：同样是纸袋包装的蘑菇，在室内无暖气的环境中保存最好，在其他三种环境中保存均不好

续表

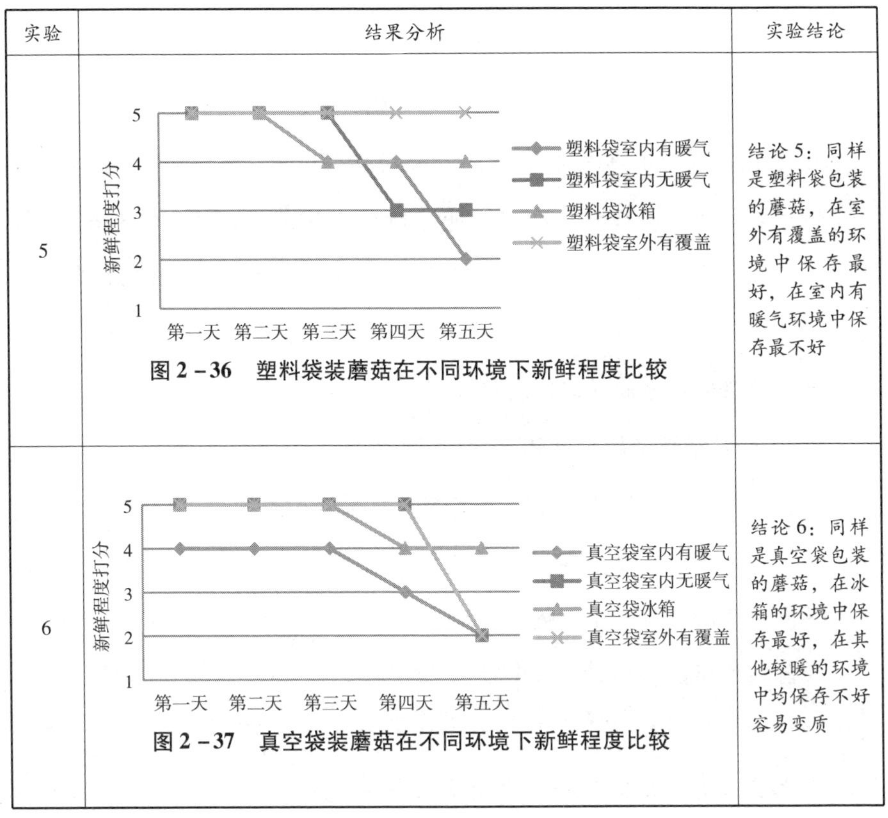

实验	结果分析	实验结论
5	**图2－36　塑料袋装蘑菇在不同环境下新鲜程度比较**	结论5：同样是塑料袋包装的蘑菇，在室外有覆盖的环境中保存最好，在室内有暖气环境中保存最不好
6	**图2－37　真空袋装蘑菇在不同环境下新鲜程度比较**	结论6：同样是真空袋包装的蘑菇，在冰箱的环境中保存最好，在其他较暖的环境中均保存不好容易变质

五、 研究结果的应用与建议

通过梳理两个阶段的研究结论，我们可以为社区居民提出以下一些冬季储存蔬菜的建议：

1. 绿叶菜应尽量选择真空袋保存（如家中没有真空袋，可以使用食品级塑料袋代替），把它们存放于冰箱中，或室内无暖气的环境下（如放置在阳台），可有效保持蔬菜的新鲜程度，从而保障食用健康，减少因变质造成不必要的食物浪费。

2. 居民调查中许多老年人喜欢使用纸袋保存蔬菜，通过实验我们得知，由于纸袋的封密性差，绿叶菜容易流失水分或被细菌传染，通常在第

3 天就已变质不可食用，若长时间保存不建议使用纸袋。

3. 蘑菇等菌类蔬菜最好用食品级塑料袋装好，放置在室外并设置相应的覆盖物（如高东社区居民家的露台），这样可长达 5 天的高品质保存。

4. 居民调查中有年轻人表示，为长时间保存蔬菜特意购买了真空装置，通过我们的实验得知，真空也并非对所有蔬菜都适用，特别是菌类，由于其本身含水量较高或同时可能携带着容易变质的细菌，前几日表面上看不出变质的迹象，但在第 5 日会出现直接腐败的情况。真空袋也需要相对恒温的低温环境才能更好地展现作用。

六、 研究结果的后期宣传

实验完成后，我将结果与王小宁老师以及给予我大力支持的高东社区副主任于大妈进行了分享和交流，她们都对我的研究给予了赞扬和鼓励，对我得出的结论表示认可。整个实验设计和过程都很科学和具有针对性。

在前期调研的时候，我发现大多数社区居民都没能正确了解冬季蔬菜保存的方法，很多家庭购买了大量的蔬菜又因不能正确保存而变质扔掉，产生了浪费，甚至有居民食用变质蔬菜生病的情况。我制作了宣传手册 ，在学校与同学进行分享，也通过社区宣传栏对社区居民进行了宣传，我还回访了前期参与调研的爷爷奶奶、叔叔阿姨，他们认真地听取了我的介绍，知道了以后为绿叶菜和菌类选择更好的储存环境和包装方式，并在高保鲜时间内食用。我很高兴我的实验为大家的日常生活提供了有价值的建议。

七、 研究感悟

这是我第一次独立完成一项科学研究活动，我非常感兴趣，也非常兴奋。从提出想法、查询相关资料确定课题、制订研究计划，到实施研究过程、获取结果，再到最后分析研究成果并提炼收获体会，在整个过程中王老师和父母都给予了我很多好的建议和帮助，我也受到了启发。

通过这次研究实验，我深深地体会到：

1. 科学家们几十年如一日默默地坚守，成功的背后是付出的努力与汗水。

2. 实验的目的是为了解决生活问题，那么实验的条件、样本应来源于生活本身。

3. 实验对细节的要求十分高，甄选样本、做标记都是一个实验成功的基石。

4. 在实践中学习：开始我做了工作日志，每日拍照及记录，但看着不是很直观，所以请教了妈妈，她教我用电脑 Excel 表格及折线图的制作方法，特别直观、简洁。

八、后续研究展望

目前我已完成两阶段的实验研究，虽然得出了一些有用的结论，但我也发现了一些问题，比如：

1. 食材选择方面应更广泛一些，继续研究居民购买较多的根茎类的蔬菜（如土豆、洋葱），豆类蔬菜（如豇豆、四季豆），茄果类蔬菜（如番茄、茄子、四季豆）等。

2. 现在的实验是冬季的，只能提供给大家相关冬季储存方面的信息，下一步我也准备做春秋和夏季的研究，然后将结果与冬季储存方法放到一起，做一个综合的分析，为大家提供一年四季储存蔬菜的最佳方法。

九、鸣谢

感谢高碑店东社区、陶家湾社区、古街社区三个社区居民们热情配合我的调查，也要感谢我的家人们，他们在这次实验中给予了我全方位的支持与鼓励。同时，非常感谢我的指导老师王小宁老师，她严谨细致、不厌其烦地指导我做实验，她循循善诱的教导和不拘一格的思路给予了我很大的启迪，今后我会继续努力探索科学的奥妙。

案例三：学生课余自主开展社会科学类单元实践作业——“环境与我们”

1. 案例的背景介绍

此项作业是围绕在五年级下册“环境与我们”单元后展开的实践作业设计，在本单元学习后，学生基本掌握了几种常用的调查方法，因此设计了以调查类实践活动为主题、引导学生开展头脑风暴、学生以小组为单位在头脑风暴中形成了不同方向的单元实践作业。比如调查生活中人们喜爱的电视节目、调查同学们上学乘坐交通工具情况、调查同学们完成作业时长情况、调查同学们喜爱的博物馆类型、调查小区中的垃圾分类问题等，并都以不同形式的成果进行了展示交流，其中有两个小组非常优秀地完成了此次单元作业，并根据作业主题形成了自己的研究论文。

2. 优秀作业展示

［学生作业成果论文 1］

关于小学生参观博物馆情况调查

作　　者：马睿皓

辅导教师：王小宁

一、研究背景

博物馆是国家、民族、地区、城市保存历史记忆、进行文明传承的重要载体。国家大力提倡学生走进博物馆，通过博物馆的文化展示去更好地了解祖国的历史和辉煌的成绩。帮助学生建立一种主动探求知识，渴望寻求历史文化的精神。同时，考古发掘陈列的文物，能唤起学生发自内心对人类文明和民族的自豪感。我是个小博物馆迷，从 7 岁开始走访过很多博物馆，并且留下了近五万字的博物馆日记，在参观博物馆的过程中我学习到了许多知识。

二、 发现问题

在我参观博物馆的过程中，发现许多同龄的同学们对有些博物馆的内容非常感兴趣，但是对有些内容草草一看，还有一些内容根本不愿意靠近，为了了解与我同龄的学生对于博物馆学习的参与情况，他们到底对哪种博物馆展示方式更加喜爱、愿意主动深入其中学习知识，我开展了本次调查活动，结合我自己2019年内走访的11个博物馆情况和对参观博物馆的同龄人进行的问卷调查、分析结果，希望对博物馆提出一些改进的建议，今后博物馆可以针对我们的需求进行改进，让更多同学愿意主动走入博物馆进行学习。

三、 查找资料

1. 理论支撑——中国知网文献查询

［论文题目］《浅谈我国地市级博物馆开展中小学生研学教育活动的优势与不足——以天水市博物馆为例》[①]

［作者］许凤

［来源］《文物鉴定与鉴赏》

［单位］天水市博物馆

［摘要］地市级博物馆是中小学开展研学教育的重要场所，以国家一级博物馆——天水市博物馆为例，每年有近10万名中小学生通过研学旅行和研学活动进校园等途径与博物馆“零距离”接触，在博物馆里学习历史文化、科普知识、文物保护常识，博物馆已经成为中小学拓展中华传统文化类课程建设的第二课堂。然而在研学团队扎堆参观的游学高峰期，研教人手短缺、体验类参与项目不够丰富、食宿行硬件保障不足等问题就成了市级博物馆研教事业发展的制约因素。文章以天水市博物馆研教事业发展为例，对博物馆研教基地建设、人员培养、资源整合、项目开发等方面做

① 许凤．浅谈我国地市级博物馆开展中小学生研学教育活动的优势与不足——以天水市博物馆为例［J］．文物鉴定与鉴赏，2019（22）：2.

简要分析，探索地市级博物馆开展可持续研学教育的方式方法。

［对我的帮助］在进行研究前，我查找了一些论文资料，想了解一下是否别人曾做过类似的研究，我发现这篇文章针对天水市博物馆进行了充分的分析，尤其是对于博物馆内展品陈列方式的分析给了我一些调查研究的启示，我根据作者的研究进一步设计完善了我自己的研究计划，让我的研究能更有真实价值。

2. 制订参观计划的依据——图书资源

（1）图书资源1——《走进博物馆》①，这是一本全面、系统地反映北京地区博物馆文化的普及型出版物。它按照“社会历史类”“自然科学类”“文化艺术类”进行分类；里面涉及“总体概述”“展览导引”“馆藏珍品”“相关点评”内容。书里还提供了地址、电话、公交、自驾、开放时间、票价等温馨提示，相当于一个方位导向图，让出行变得更加方便和快捷。只要有时间，我就会从书的目录中查找出我要去的博物馆，通过里面的“总体概述”先大概了解一下博物馆的介绍、展出的重点珍品，再进行有针对性的参观和研究，最后爸爸会带着我根据上面的自驾车提示前往。

（2）图书资源2——《追寻》②，这是一本新出的北京市爱国主义教育基地导览手册，书中对全市16个区所有市级爱国主义教育基地的最新资料进行了梳理，更好地展示爱国主义教育基地的社会形象，发挥爱国主义教育基地的作用。书里还提供了开放时间、公交、地铁、电话、门票等温馨提示，除此之外还增加了网址和讲解两项内容，为参观者提供更全面的内容。

3. 制订参观计划的依据——网站资源

我在去往博物馆之前，会通过博物馆的官方网站以及官方的公众号，

---

① 北京市文物局、首都博物馆联盟，编．走进博物馆［M］．北京：北京出版社，2013.

② 北京市爱国主义教育基地领导小组，编．追寻：北京市爱国主义教育基地导览手册［M］．北京：北京出版社，2013.

寻找一些有价值的材料，提前做好准备，带着问题去参观。

四、研究方法

本次研究我使用的是调查法，通过我自己2019年内走访的11个博物馆情况和对参观博物馆的同龄人进行的问卷调查、分析结果，了解小学生对哪种博物馆展示方式更加喜爱，愿意主动深入其中学习知识。

五、研究过程与分析

（一）我的博物馆观察发现

表2－20 博物馆情况统计

时间	地点	我的发现
2019年1月28日	安徽名人博物馆	场馆里50位名人都采用蜡像制作，形象逼真，如见真人。其中有23位采用场景式布置，运用声、光、电、多媒体激光等高科技手段，展现名人的风采和主要事迹，让人看了有身临其境的感觉，对这些名人留下深刻的印象。另外的27位采用人物塑像来展示，每个展台有可以亲自操作的电子书，可自由查阅名人的相关资料，这种自由动手操作尤其给中小学生带来了很大的兴趣
2019年2月18日	秦始皇陵博物院	1. 可以进入大棚近距离观看，身临其境感受到现场俑坑里兵马俑带来的震撼。 2. 正在挖掘的四号兵马俑坑，随时挖随时开放，用玻璃罩子罩上，可以让观众亲眼目睹真实的场面。 3. 博物馆商店里可以买到介绍秦始皇兵马俑的详细资料，还能买到用坑里的泥土制作的缩小版兵马俑，让兵马俑走进千家万户
2019年2月21日	北京故宫	1. 主要通过陈列展览的形式，把故宫丰厚的藏品展示给参观者。 2. 这里不仅能看各种精美的文物藏品，还能近距离欣赏到中国传统建筑结构的美。 3. 故宫博物院端门数字馆运用虚拟展览、数字化技术，把古建筑、文物藏品以数字形态呈现出来，增加了观众与藏品之间的互动。 4. 故宫里的讲解器可以自动感应，走到哪里就讲哪里。讲解器上有个小地图，它可以标示走过的位置
2019年5月3日	天津博物馆	对于一些重点的文物做了3D模型，通过电视呈现出来，用手拖动，可以清楚地看到文物的四周，特别有意思
2019年5月3日	国家海洋博物馆	1. 布展和科技相结合，鱼龙类展厅采取标本展示，体形巨大而完整。再加上科技背景，给人以身临其境的感觉，非常震撼。 2. 今日海洋展厅展出近5000件精美标本，里面有长达9.4米的鲸鲨，利用三维的模式解剖了白鲸鲨的子宫，让参观者能清晰地看见里面的结构以及鲨鱼幼崽。 3. 展厅里布景美轮美奂，非常吸引人。 4. 每个展台还有可以亲自操作的电子书，可以自由查阅相关资料

续表

时间	地点	我的发现
2019 年 8 月 15 日	中国民航 博物馆	1. 展馆分为室内和室外，室内除了有展品还有各种飞机模型，展厅里陈列的飞机，参观者还可以进去参观。科普互动区设有空客 A320、西悦、梦幻三类飞行模拟器，可为参观者提供科普教育和体验。室外是各种大型的飞机。 2. 没有讲解员，也没有讲解器。 3. 经常会组织一些讲座，例如《空管知识讲堂》，还有模拟管制互动环节，很有意思。 4. 展馆里有很多宣传品，还可以在小商店买到喜欢的飞机模型，对于爱好飞机的小朋友将是一个不错的选择
2019 年 8 月 21 日	中国园林 博物馆	1. 是世界上唯一一座展示中国和世界园林的博物馆，对爱好中国园林艺术和中华传统文化的中小学生来说这里是一个不错的选择。 2. 这里通过开展冬夏令营、开辟青少年创意实验室和造园体验教育专区，向更多中小学生传递生态保护理念，加强传统文化修养，探索应用科学
2019 年 8 月 25 日	国家 博物馆	1. 展馆里会经常更换参展文物，总能让人眼前一亮。 2. 博物馆会经常组织一些活动，我在两年前就参加过一次“走进韩美林大师作品展”的活动，有老师教我们画小鸡，还在作品展区进行了寻找不同鸡图案的游戏，给我留下了很深的印象。 3. 气派宽敞的大厅，再多的参观者都不觉得拥挤。馆里有很多宣传手册可供参考
2019 年 8 月 29 日	清华艺术 博物馆	1. 讲解员全部是清华大学的学生志愿者，可选择中英文讲解。 2. 这里每次展览都有一个主题，还经常会举办特展。 3. 展馆里的灯光、投影仪的投射效果把实物与动态影像相结合，为观众们打造了真实的视觉效果，特别震撼。 4. 宣传手册很少
2019 年 9 月 15 日	国家动物 博物馆	1. 博物馆会经常组织一些活动，还可以住在里面体验和吊在天花板上的蓝鲸骨骼一起睡觉，我就曾体验过一晚博物馆奇妙夜。 2. 展厅参展动物标本 5000 多种，通过声、灯光、多媒体、生态环境重现和视频，把动物学知识有机地贯穿在整个展示过程中，吸引了很多中小学生来参观，有些学校也会组织学生来参观。 3. 开展系列专题讲座，指导以青少年为主的观众亲身参与、实际操作，提高自然保护意识。 4. 馆内设有 4D 动感电影院
2019 年 10 月 13 日	辽金城垣 博物馆	1. 金中都水关遗址展厅里有关于水关构建的 3D 投影短片的介绍，给参观者带来直观的参观体验。 2. 馆内发放实践手册，方便参观者领取

小结：这只是我发现的博物馆的一小部分，去过博物馆的同学们是否也和我一样喜欢这些布展方式？博物馆里面的什么展示方式更加吸引他们呢？为此，我展开了更深入的调查活动。

（二）对同龄人的调查研究与分析

我在老师与家长的帮助下，设计了关于小学生参观博物馆情况的调查问卷，在我参观博物馆的同时发放给博物馆参观的同龄人，并对这50份问卷进行了统计分析，结果如下：

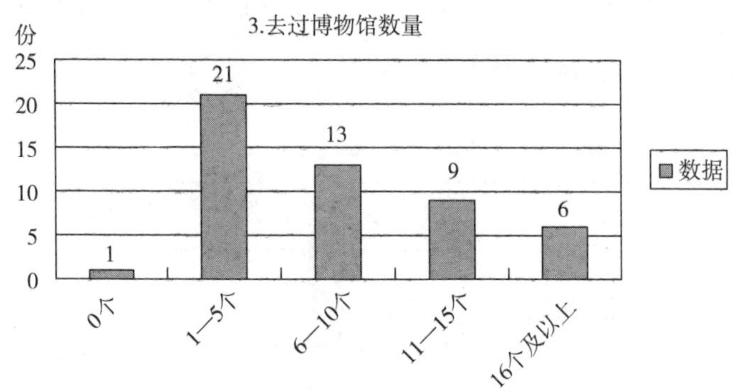

图 2-38　被调查者去过博物馆数量的统计图

从问卷第3题的数据中（如图2-38）发现，大多数同学对于参观博物馆兴趣不高，其实去过的1—5个博物馆里还有一部分是跟随学校社会实践去过的场馆。

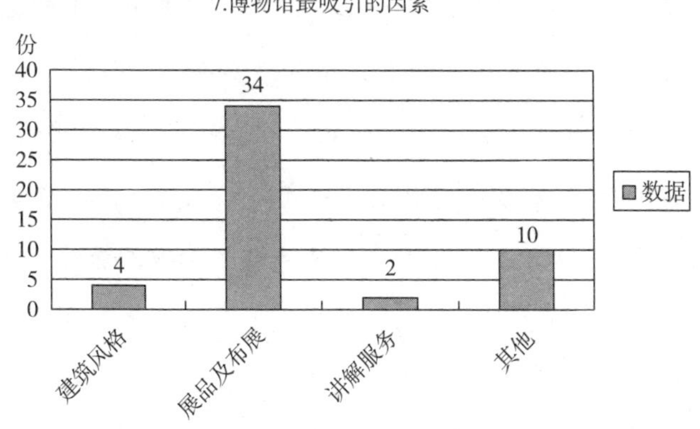

图 2-39　博物馆最吸引被调查者的因素统计图

从问卷第7题的数据中（如图2－39）可以看出，最吸引小学生参观博物馆的因素是里面的展品和布展。

结合问卷其他题目的数据进行综合分析：家长选择主动带孩子去博物馆的比例很高，可以看出家长们有意愿通过参观博物馆让孩子去了解中国的历史文化，丰富孩子的课外知识，并且通过填写与博物馆内容相匹配的实践学习手册，来更好地了解孩子的兴趣所在。

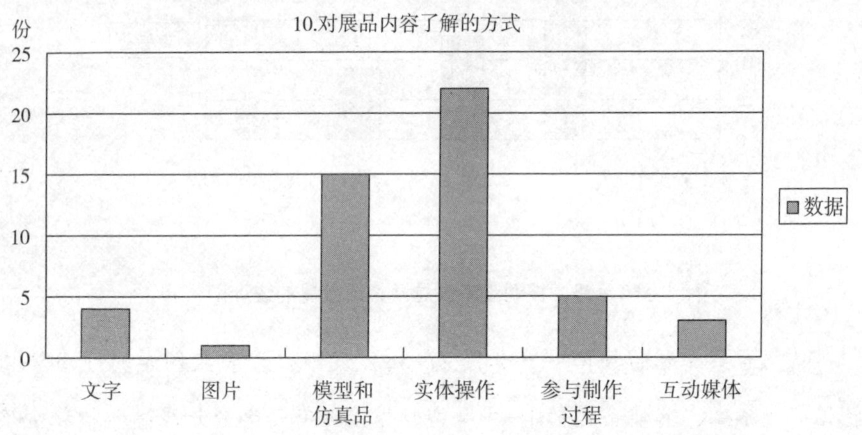

图2－40　被调查者对展品内容了解方式的统计图

从问卷第10题的数据中（如图2－40）可以看出，小学生选择展品布展的多，了解展品的方式倾向于模型和仿真品、实体操作以及参与制作过程。这个数据再次显示出9—10岁的孩子对参观博物馆的需求。

从问卷第11题的数据中（如图2－41）可以看出，选游戏体验、4D电影、文化节的比例很大，回到家中我又查找了心理学资料，从皮亚杰儿童认知发展阶段论中了解到，9—10岁正处于具体运算阶段，这个阶段只能利用具体的事物、物体或过程来进行思维或运算，不能利用语言、文字陈述的事物和过程为基础来运算。所以，要吸引这个年龄段的小学生需要更多的具体实物及可操作性的模型。

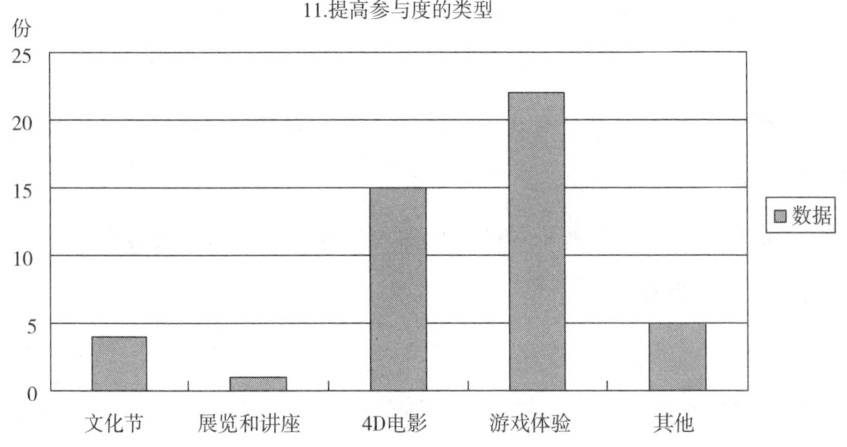

图 2－41　被调查者提高参与度的类型统计图

六、 研究结论

根据上面的调查问卷不难看出，有些因素会影响到小学生们走进博物馆学习的兴趣。

1. 如果能让参观者近距离观察展品，甚至可以触摸那些物件和标本并进行多感官交互体验的话，那会让他们更加难忘，从而喜欢上博物馆。

2. 如果博物馆内专门有展厅，可以邀请参观者进行有奖问答或者解释展品的背景故事，那这种学习方式的效率将会提高。

七、 我的建议

针对我的研究结论，为了让同学们能更加有热情地参与到博物馆的学习中，我想对博物馆提出五点改进的建议：

1. 希望更多的博物馆能为学生设计相关的实践学习手册，并设立奖励机制，例如，完成度达到多少时，能给予博物馆特色的卡片或者相关周边产品，边学边看，更有目的性，而且让学生收获更多。

2. 多设立一些交互体验区，让学生可以亲自动手感受到文物和标本带给他们的震撼。

3. 设有专门的互动展厅，利用多媒体展现文物背后的故事，并开展知识有奖问答。

4. 博物馆讲解器要进行改进，设计并运用童趣化的讲解词或者动画视频，让学生在博物馆中收获更多的知识。

5. 定期召集不同年龄阶段的博物馆志愿者，让大家参与其中。

八、研究展望

本次对于同学们关于参观博物馆情况的调查虽然结束了，但是我发现还有许多同学们不愿意走入博物馆是因为并没有发现其中的乐趣，我愿以我参观的 91 个博物馆的经历做基础，为同学们梳理各大博物馆的展馆内容，按照自然科学类、历史类、艺术类等类别，帮助同学们筛选甄别有价值的博物馆，推荐给他们，让他们愿意走入博物馆中去学习我国悠久的历史和中华优秀传统文化，去探索更多的自然科学的奥秘，去欣赏中外的文化艺术瑰宝，在博物馆的学习之旅中有更丰富的收获，而我也将继续我的博物馆之旅，向更多的博物馆走去。

九、研究心得体会

通过这次研究，我感到参观博物馆不仅能够增长知识，还对我们学习历史、了解祖国的过去以及对我们的未来都有很大的帮助。我不仅要继续我的博物馆之旅，还要把参观博物馆的这些内容和我的理想、目标结合起来。同时，我也要大力宣传和推广我所参观的这些博物馆的内容，让大家都知道，让大家都去参观，通过这些展览对我们的国家有更深刻的了解，特别是对未来的中国梦有美好的憧憬。

十、致谢

感谢在此次论文撰写过程中王老师对我的帮助，感谢家长对我的研究的帮助与支持，也感谢所有积极参与调查问卷填写的同学们！

［学生作业成果论文 2］

关于朝阳区学校附近社区落实垃圾分类政策的调查

作　　者：常婉如

辅导教师：王小宁

摘要：2017 年 3 月，国家发展改革委、住房城乡建设部发布《生活垃圾分类制度实施方案》，到 2020 年年底，要在包括北京在内的 46 个城市先行实施生活垃圾强制分类，生活垃圾回收利用率要求达到 35% 以上。

2011 年 11 月 18 日，北京市第十三届人大常委会通过《北京市生活垃圾管理条例》于 2012 年 3 月施行。2019 年 11 月 27 日，北京市第十五届人大常委会通过关于修改《北京市生活垃圾管理条例》的决定，修改后的《北京市生活垃圾管理条例》将于 2020 年 5 月 1 日起正式施行。新条例落地前，北京朝阳区学校附近社区垃圾分类落实情况如何呢？为此，暑假里我走访了已经实施垃圾分类的几个社区，进行了实地考察、对比分析，同时，为了能让新政策更好地落地实现，我也对社区居民进行了随机问卷调查，了解大家的需求，画出趣味易懂的宣传画。

关键字：垃圾分类　社会调查　智能垃圾分类　宣传画

一、 调查的背景

2000 年，在申办奥运会时，北京向奥组委承诺：2008 年前北京市垃圾分类收集率达到 50%，资源综合利用率达到 30%。奥运之后，北京继续推动垃圾分类。从 2010 年开始，先划出了 600 个试点小区，第二年增加了 1200 个，接下来又逐步增加，政策措施也进一步升级。2011 年 11 月 18 日，北京市第十三届人大常委会通过《北京市生活垃圾管理条例》[①] 于 2012 年 3 月施行。条例第三十一条规定：产生生活垃圾的单位和个人应当

① 2011 年 11 月 18 日：北京市第十三届人大常委会第 28 次会议通过《北京市生活垃圾管理条例》。

按照下列规定分类投放生活垃圾：（一）餐厨垃圾、厨余垃圾、可回收物、其他垃圾分别投入相应标识的收集容器；（二）废旧家具等体积较大的废弃物品，单独堆放在生活垃圾分类管理责任人指定的地点；（三）建筑垃圾按照生活垃圾分类管理责任人指定的时间、地点和要求单独堆放。条例第四十条规定：收集、运输生活垃圾的单位应当遵守按时、分类收集、运输不同种类的生活垃圾，将生活垃圾分类运输至集中收集设施或者符合规定的转运、处理设施，不得混装混运。

2017 年 3 月，国家发展改革委、住房城乡建设部发布《生活垃圾分类制度实施方案》①，到 2020 年年底，要在包括北京在内的 46 个城市先行实施生活垃圾强制分类，生活垃圾回收利用率要求达到 35% 以上。

2019 年 7 月 1 日起，《上海市生活垃圾管理条例》正式实施，上海开始普遍推行强制垃圾分类。46 个重点城市中的北京、上海、太原、长春、杭州、宁波、广州、宜春、银川 9 个城市已出台生活垃圾管理条例，明确将垃圾分类纳入法治框架，其中北京是首个立法城市。

2019 年 11 月 27 日，北京市第十五届人大常委会通过会关于修改《北京市生活垃圾管理条例》② 的决定。修改后的《北京市生活垃圾管理条例》将于 2020 年 5 月 1 日起正式施行。新修订的条例规定不仅对单位，也将对个人明确垃圾分类责任，明确了个人不按规定分类投放垃圾，最高可罚 200 元。

二、调查目的和意义

新条例落地前，北京朝阳区学校附近社区垃圾分类落实情况如何呢？结合之前制定的政策，我从以下几个方面进行了调查：

1. 社区垃圾分类收集容器完备情况；

① 国办发〔2017〕26 号：国家发改委、住建部《生活垃圾分类制度实施方案》。

② 2019 年 11 月 27 日：北京市第十五届人大常委会第 16 次会议关于修改《北京市生活垃圾管理条例》的决定。

2. 居民进行垃圾分类的投放情况；

3. 在社区垃圾清运工作中，废旧家具等体积较大的废弃物品、建筑垃圾按要求进行单独推放以及垃圾分类运装情况。

暑假里我走访了学校附近已经实施垃圾分类的几个社区，进行了实地考察，对比分析，同时为了能让新政策更好地落地实现，我也对社区居民进行了随机问卷调查，整理分析数据，了解大家的需求，画出趣味易懂的宣传画。

三、 调查过程

（一）初步调查已实施垃圾分类的社区效果

1. 对朝阳区罗马嘉园社区整体情况调查

表 2－21 朝阳区罗马嘉园社区整体情况调查记录表

日期/时间	2019 年 7 月 12 日 17：00—18：00
【调查发现】 1. 罗马嘉园社区垃圾分类基础设备比较好，每幢居民楼前都有干净且标志明显的分类投放垃圾箱，但存在缺少可回收和有害垃圾的分类投放箱。 2. 观察居民基本能按照分类要求进行分别投放，但也有人将垃圾直接丢在桶外，分类是否准确无人监督。 3. 社区垃圾集中清运中心对于厨余垃圾没有单独存放管理。大件旧家具、床垫随意堆放。社区中建筑垃圾投放处没有设置明显标志，且占用了行人道路	

2. 对朝阳区远洋天地社区整体情况调查

表 2－22 朝阳区远洋天地社区整体情况调查记录表

日期/时间	2019 年 7 月 23 日 9：00—10：00
【调查发现】 1. 远洋天地社区内配备了先进的智能垃圾分类设备——“大智盒子”。我实地进行了一次投放：按照机器旁操作流程的提示，先用微信扫描二维码关注公众号，再用手机号绑定 APP 生成自己的账户，然后在屏幕上选择要投放的类别是纸张、金属还是瓶子塑料，页面提示选择更为细致分类物品名称，这时投放口自动打开即可投放，系统自动称重计算我的本次投放获得 39 个积分，用 39 个积分在“大智盒子”另一侧轻松兑换完成了一块香皂。 在“大智盒子”后方设立了厨余垃圾分类投放处，按照机器屏幕提示完成投放后，系统自动称重并给出本次投放获得的积分。我又随机走到社区几幢居民楼前，看到每幢楼前都有整洁且有明显标志和说明的分类投放垃圾箱。 2. 居民基本都能进行垃圾分类投放。遇有不清楚如何使用智能投放设备的居民，社区安排有专人进行讲解和协助。 3. 建筑垃圾单独设立了标志明显的投放区。社区垃圾清运中心整洁有序。 其他：社区在附近写字楼内开展了趣味游戏垃圾分类投放宣传活动	

3. 对朝阳区白领家园社区整体情况调查

表 2-23 朝阳区白领家园社区整体情况调查记录表

日期/时间	2019 年 7 月 23 日 12:00—13:00
【调查发现】 1. 朝阳区白领家园社区每栋居民楼前都有干净整洁的垃圾分类投放箱，社区内配置了先进的智能分类设备。在垃圾分类投放“积分模式”的基础上，他们还引入了将垃圾现场“变废为宝”利器——堆肥箱。在堆肥箱前，一位热心的阿姨向我介绍道：居民只需将有机垃圾倒入堆肥箱，同时加入垃圾量三分之一的垫料，将垃圾与垫料充分搅拌、静置 6—8 周发酵完全后就可获得活性肥料。肥料可以做小区绿化用肥，也可免费提供给居民用作花肥，实现了垃圾就地变废为宝。 2. 社区居民分类投放意愿较高。我也看到了小区内有多处垃圾分类的宣传墙和展板，其中“垃圾分类新时尚”展示了这个小区通过入户宣传、指导分类、儿童分类体验等活动提高垃圾分类认知度。 3. 建筑垃圾投放处标志明显。社区垃圾清运中心内干净、整洁	

（二）再次有针对性地深入调查社区的具体情况

1. 在朝阳区罗马嘉园社区发放调查问卷，了解对于垃圾分类的认知和问题

表 2-24 朝阳区罗马嘉园社区一次情况调查记录表

日期/时间	2019 年 7 月 24 日 12:00—13:30
【调查发现】 结合三次实地调查发现的问题，我设计制作了一份调查问卷，带着问卷随机对罗马嘉园社区内 20 户居民进行了问卷调查。 整理问卷中的主要问题，统计结果如下： 对于了解垃圾分类信息的途径，调查发现在电视报刊以及公交地铁进行垃圾分类宣传更有效； 对于日常生活中如何处理垃圾问题，调查结果显示有五分之二的人不分类，有五分之三的人分类后再投放，不分类比例较高； 对于分类扔垃圾的主要原因，调查结果显示有环保意识、知道如何分类、知道分类回收的好处是人们进行分类扔垃圾的主要原因（有人多选，真实反映居民真实的需求）； 对于大家喜欢的鼓励投放激励措施，调查结果显示在开展较为有效的积分兑换的基础上，适当增加人脸识别、校园活动和社区团体评比活动，这些方式大家比较认可	

2. 雅成里社区垃圾投放、保洁情况

表 2-25 雅成里社区垃圾投放、保洁情况调查记录表

日期/时间	2019 年 8 月 10 日 8:00—8:30
【调查发现】 1. 雅成里社区每幢楼前都有垃圾分类投放箱。垃圾桶外面比较脏，有的已经无法分辨投放哪种垃圾，垃圾桶盖有的已经破损，夏季散发着阵阵难闻的气味。 2. 社区中有垃圾直接被丢在桶外的现象。纸张、易拉罐这类可回收垃圾和废电池、废日光灯管和其他垃圾混放在一起。还有捡垃圾的老人时不时翻垃圾桶，把本来已经投放到垃圾桶里的垃圾随意丢弃在路边。 3. 社区内有建筑垃圾堆放处，但没有明显的标志。社区集中清运工作人员在清运时混乱装车，导致垃圾分类前功尽弃	

3. 朝阳区远洋天地社区、白领家园社区智能垃圾回收机运营状况调查

表 2－26　朝阳区远洋天地社区、白领家园社区智能垃圾回收机运营状况调查记录表

日期/时间	2019 年 7 月 12 日—23 日
【调查发现】 我实地调查的朝阳区远洋天地社区、白领家园社区的智能垃圾回收机，均有社区工作人员值守，遇有不懂机器操作居民，工作人员会很耐心地解释和协助，而且这些设备运营状况都很好。我看到社区居民参加分类投放的积极性很高。 新闻报道说回龙观龙跃苑东四区等小区投放的小黄狗智能垃圾回收机基本处于不能投放的状态，这些机器隶属的小黄狗环保科技公司目前处于破产重组状态。公司工作人员说目前部分智能垃圾回收机已陆续恢复正常使用。 我跟妈妈一起讨论了这个情况，她给我的建议：若是甄选具备一定行业资质和资本规模的环保科技通过竞争参与进来，不仅在整体智能分类设备的先进程度会有所提高，而且在管理上有专门的机构来监督和检查，很大程度上可以有效避免出现这些智能分类设备运营不稳定的情况	

四、调查结果

针对这项调查活动，我的调查结果如下：

1. 社区垃圾分类收集容器完备情况：所调查的社区均有标志明显的垃圾分类投放桶，但是受社区经费能力、管理水平和保洁等因素影响，设备的先进程度不一，整洁和完好程度不一。

2. 居民按要求进行垃圾分类投放的情况：社区居民基本可以按照垃圾分类投放的要求进行投放，但还有很大一部分居民不愿进行分类投放。不分类的主要原因有：不知道如何分类，家庭分类设施欠完备，不利于日常进行随手分类。

社区居民分类投放时，有的社区有积分这类激励措施，但也有的社区没有引导性奖励措施。对于不按照政策要求进行垃圾分类投放的居民，没有督促和惩罚措施。

3. 在社区垃圾清运工作中，废旧家具等体积较大的废弃物品、建筑垃圾按照政策要求单独推放以及垃圾分类运装情况：我所调查的几个社区，废旧家具、床垫这样体积较大的废弃物品、建筑垃圾基本可以按照政策要求进行单独堆放，但有标志不明显和标志所处地方不合理的情况。

比较大的问题：垃圾清运受存放、运输设施完备程度的影响较大，混乱装车的现象严重。

五、我的思考与建议

在上述调查的基础上，我对于北京垃圾分类新政的有效落地有了自己的一些想法：

1. 开展正面引导的评比活动。我们班级后面的黑板光荣榜每个学期有多个项目的评比，每组及每个同学的好坏都能很直观地体现在上面。同学和同学之间的对比、小组与小组之间的对比时时刻刻提醒着同学们之间你追我赶。由此我想到在社区与社区、单位与单位、学校与学校之间开展垃圾分类评比活动，为了个人和集体荣誉，相信大家一定会努力做得更好。

2. 很多居民不愿意参与垃圾分类，直接的原因之一是家中垃圾桶功能上无法匹配新政要求的分类标准。我认为可以通过合理的设计来解决居民家庭垃圾分类的桶过小、数量不足、空间占用多等问题。这特别需要科技的力量，尤其中国城市垃圾分类中厨余垃圾一直是重中之重。如果我们每个城市居民家庭都行动起来，每天在家中通过便捷的垃圾分类桶随手就进行了垃圾分类，尤其将厨余垃圾按照标准准确地进行了分类并投放，那么现在许许多多的垃圾分拣员们就再也不需要每天不辞辛劳地在恶劣的工作环境下进行二次分类，这将为后面的垃圾回收和清运处理工作奠定一个特别好的基础。

3. 在公交、地铁、报刊和网络的公益版面，结合垃圾分类的、易懂的宣传画开展宣传教育活动。

地球是我们共同的家园，环境是我们生存的共同体。垃圾分类事小，但却是我们保护环境的有效方法之一。

六、绘制宣传画

这次调查过后，我依据自己的绘画特长画出趣味、简单又通俗易懂的垃圾分类宣传画，并带着我的画让很多不同年龄的人们试读，请他们给我提出改进意见，进一步完善宣传画的内容。

表 2－27　宣传画改进记录

<table>
<tr><td>日期/时间</td><td>2019 年 8 月 11 日 10:30—11:30</td></tr>
<tr><td>地点</td><td>朝阳大悦城一层大堂</td></tr>
<tr><td colspan="2">

图 2－42　垃圾分类宣传画第一版本手稿之一</td></tr>
<tr><td colspan="2">【调查发现】
我将自己画出的垃圾分类易懂画第一版本手稿，拿到朝阳大悦城随机找大家试阅读。
记录了试读现场大家的修改意见：年轻、时尚的人群，更喜欢设计新颖、生动可爱、内容简洁的风格，而年龄偏大的人群更喜欢分类说明详细、画面和字体偏大的风格。
结合大家的修改意见完成第二版本手稿

图 2－43　第二版手稿 1

图 2－44　第二版手稿 2</td></tr>
</table>

七、走入雅成里社区居委会

我带着自己画的垃圾分类宣传画，走进了朝阳区雅成里社区居委会办

公室，现场给工作人员讲解了宣传画的绘制初衷，并将宣传画的内容进行了详细的讲解。在征得他们的同意后，我将垃圾分类宣传画放入社区宣传栏中进行了展示。

八、后续研究

这次调查研究结束了，但是垃圾分类对于整个社会是一场长久的“战役”，这当中需要政府及科研企业的力量，更需要我们每个人积极地响应和付诸实际行动，让我们从每天生活中的点滴做起，垃圾减量，爱护环境，爱护我们共同生存的家园。我将继续关注这个方向的进展。

九、感谢

之所以能够顺利完成这次论文的调查和撰写，我要感谢学校老师的辛勤教育，尤其是在科学课上我学到了很多科学分析逻辑的知识，有趣的教学很好地激发了我对科学研究的兴趣。我要感谢妈妈，暑假里每一次实地调查都是她带着我去完成的。当调查中碰到难题时，妈妈总能帮助我分析、出主意。还要感谢配合我调查的叔叔阿姨们，暑假天气炎热，他们愿意停下来为我的调查花上一点宝贵的时间，这也激励我要更好地完成本次论文。

案例四：学生课余自主开展设计与发明类实践作业——“小小工程师”

1. 案例的背景介绍

此项作业是在六年级下册“小小工程师”单元后展开的实践作业设计，在本单元学习后，学生基本掌握了技术与工程实践的基本流程，能够依据生活实际问题的需求设计技术物，并利用身边的材料制作技术物模型，进行检测改进，直至最终成果发布，因此本单元学习后设计以技术物的发明与制作为实践作业的主题，鼓励学生自主完成一个技术的发明与制作过程，对于较低层次水平的学生要求是能设计出可制作的技术物设计图，用来解决生活中的一个实际问题，对于层次较高的学生，除了设计要求外，还提出了利用自己身边的材料将自己的设计真实地制作出来的要求。在课上引导学生经历发明创造的头脑风暴，每个学生都找到了自己想要设计解决的实际问题，并于单元学习后都以不同形式的成果进行了展示交流，其中有位同学非常优秀地完成了此次单元作业，并根据作业主题真正发明了可以用来解决生活实际问题的技术物，下面来看看他的成果。

2. 优秀作业展示

［学生作业成果论文］

基于树莓派平台上的图像识别技术研制口罩是否正确佩戴及体温检测仪

作　　者：马睿皓

辅导教师：王小宁

一、研究背景

2020年年初，中国武汉地区开始流行新冠肺炎，由于大家对疫情没有得到充分的认识，所以没有引起足够重视，导致了疫情面向全国蔓延。武汉进行了封城，这对全省，特别是武汉市的经济及各行业造成了极大影响。在钟南山、李兰娟、张伯礼等专家们的带领下，对这种病毒进行了全面的鉴定和诊断，最终确定为新冠病毒，为防止疫情快速扩散和传播，专家们强烈要求全国人民在日常生活中一律都配戴口罩，并检测体温，以此来降低传播的风险。最初体温检测是使用非接触式温度计手动完成的，这个效率低，而且有风险。后来引入人工智能，在大型商场、超市、机场、车站等人群聚集处都安装了人体成像仪等设备进行体温检测，大大提高了检测效率。由此，启发我想要研究一款能够提醒大家佩戴口罩的人工智能工具，我通过搜索资料和自身学习编程课的技能基础，基于树莓派平台上的图像识别技术，研制了一

款口罩是否正确佩戴及体温检测仪，它具有识别是否正确佩戴口罩和实时检测体温的功能，并可以对未正确佩戴口罩的人发出提醒。

二、研究意义

在政府的高度重视下，一年来大家都坚持佩戴口罩，并且经常测体温，保持社交距离，所以中国的疫情很快得到了控制，也说明了监督检测戴口罩及体温的必要性。随着时间的推移，有些人在心态上放松警惕，有时在商超等公共场合中能看到不戴口罩的人，我在想如何去提醒这些人佩戴口罩，为了解决这个问题，我设计了一个树莓派图像识别的口罩及体温检测仪。该设备的使用不仅限于学校、办公室和其他工作场所，也可广泛应用于车站、机场、商超等公共场合。

三、研究方法

本次研究我使用的是实验法，通过观察、分析新冠疫情期间各大商超、学校使用人工检查口罩佩戴情况的现象，有了设计一个“口罩检测装置”替代人工检测的想法。我先搭建了一个简化的试验模型，不断调试修改，最终让其实现实时检测并能够反馈检测结果。

四、研究过程

（一）调查资料

首先我在网上查找了关于如何用计算机实现人脸识别和口罩检测的技术问题，了解到通过 Opencv（基于开源发行的跨平台计算机视觉库）、Tensorflow（符号数学系统）、Dlib（使用 C++技术编写的跨平台通用库）等计算机视觉和深度学习的技术可以实现该功能，于是我便搜索关于这些技术的编程方法并进行学习。

通过进一步的资料调查发现，AIZOO 团队在开源网站 github 上公开了基于多种深度学习方法实现口罩检测的训练模型，可以在其基础上进行修改来实现目标功能。

（二）在计算机上进行编程

从网上下载相关模型数据及编码，同时，需要配置 python（计算机编程语言）深度学习的开发环境，在编译软件中对代码进行简单修改，在计算机上实现了口罩检测，并且通过调试实现了较高的准确率。

我编写了 RGB（颜色系统）灯组的代码，通过数组设定的方法使 RGB 灯组上出现不同的颜色和图案，以对应不同的检测结果，达到更好的反馈效果。还修改了原有的代码，设定了人脸识别范围以及参数，并且根据神经网络模型分析出的结果数据进行判断，如果获取到正确佩戴口罩的人脸图像，系统会向画面输出绿色方框；如果获取到非正常佩戴口罩的人脸图像，系统会向画面输出红色方框；如果没有检测到人脸画面则不显示方框。并且我还添加了部分程序，让 RGB 灯组能够根据检测结果显示不一样的提示信息。

我还编写了视频图像获取的代码，目的是为了实现将摄像头捕捉的画面转换为图片数据，并且把图片数据转换为可以进行机器学习模型分析的数据类型，然后将得到的数据输入引用的开源模型中，进行分析、检测人脸和口罩。我还引用了 AIZOOTech 的开源项目 —— Face Mask Detection（人脸口罩检测）的部分开源代码，由于面部识别的训练数据库是该开源项目提供的，所以需要利用开源模型中设定好的参数来构建口罩分析模型，以达到最好的检测效果。我还引用了 AIZOOTech 的开源项目 ——Face Mask Detection（人脸口罩检测）的部分开源代码，用来划分数据结构，并且对获取的图片数据利用神经网络模型进行分析，并且输出相应参数。

（三）移植到树莓派

通过进一步研究发现，很难将计算机投入在实际使用环境中，原因是计算机体积较大并且无法实现自由移动，所以需要将程序移植到比较小型的计算硬件上去。通过我之前对电子硬件的学习经验，我选择了将程序移植到树莓派上的方案。因为树莓派体积小适合各种场景，并且它也具备一定的计算

处理能力，可以实现简单的 AI 计算。于是我便采购了相关硬件材料。

在这里我选的是树莓派 4B 而不是 3B +，因为：1. 性能有所提升，4B 比 3B + 的性能高 80%；2. 接口有所提升，4B 的两个 USB 接口升级成了 USB3.0，并且这四个接口走的是一个芯片，而以太网接口走的是另一个芯片，这也使它的以太网速率从百兆升级成了千兆，此外，它的 micro - USB 接口换成了 Type - C 接口，这样的话可以防止插反，它还配备了双 4K 输出，可以使用两个电脑显示屏显示相同画面，也可以把这两个电脑显示屏融为一体；3. 芯片有所升级，4B 的 CPU 的频率高了一些，内存芯片也比 3B + 更大了，这也证明了它性能上面的全面提升。

获取到材料过后，我便开始进行树莓派硬件及软件初始化。

1. 从 Raspberry Pi（树莓派）下载页面下载 Raspberry Pi Imager 。将 SD 卡连接到电脑，选择 Raspberry Pi OS 的最新版本，然后单击 Write，将 OS 闪存到 SD 卡中，将 SD 卡连接到 Raspberry Pi，将其连接到显示器，然后打开电源。等待几分钟，直到 Raspberry Pi 启动。

2. 连接树莓派屏幕，用于操作系统实现进行编程调试及结果展示。

3. 设置树莓派摄像头，并且根据屏幕的分辨率，调整摄像头的传输画面，保证识别画面的可辨识度。

4. 安装环境，配置图像识别的依赖库

（1）更新树莓派操作系统及 pip3，并且更改树莓派内存设置

（2）安装依赖库

（3）安装 Opencv 库

（4）安装 Tensorflow 库

（5）安装 DLIB 库

5. 之后从网站下载口罩检测模型，并且调试、优化代码，设置摄像头捕捉画面的分辨率大小，以确保在显示屏上正确显示，使代码可以在树莓

派系统中运行。

（四）功能优化

完成移植后，我拿到户外进行测试，我召集了小区中的小伙伴们来参与实验，发现虽然可以实现口罩检测，但是由于外面光线比家里要强，导致树莓派显示屏的显示效果不是很好，不能清晰地辨认检测结果。所以我又设计了一个方案：通过 RGB 灯组来反馈检测结果。

1. 首先我购买了 Sense Hat（树莓派家族的标准组件）模块

2. 安装 Sense Hat 模块，并且配置依赖库。

3. 增加 Sense Hat 控制代码，使检测口罩时，RGB 灯显示绿色的钩儿，否则显示红色的叉儿。

4. 增加温度模块，达到体温检测和口罩检测完美结合。

为了实现温度检测功能，我在网上查找相关体温检测的知识，发现了我们平时在地铁或者商场进行体温检测的过程中，经常使用的是人体红外线温度测量仪。这个装置可以帮我实现需求，于是我又查找了相关资料，发现 MLX90614（无接触式红外线温度感应芯片）红外测温模块可以在树莓派上实现无接触的人体温度检测，于是我购买了相关材料，并且学习器材的组装与调试。我将 MLX90614 模块与一个四位的 LED 数码管连接在一起，并且将它们与树莓派进行连接，通过设定的自启动程序，成功实现了人体温度的检测。

（五）成品制作

我学过两年的机器人，所以实体搭建方面很容易，我把所需的设备进行创意搭建，实现外型美观，功能齐全。

首先，我找到了家中天文望远镜的三脚架，用 Makeblock（一种编程机器人）零件做出支架，用螺母固定，然后，将树莓派 4B、智能风扇依次装入外壳，再将摄像头支架组装起来，插上排线，安装到盖子上，最后装

上屏幕，连接屏幕电源线及屏幕显示数据线，将机器搬到合适的地方，插上树莓派电源线，口罩检测机就完成了！

补充说明：

1. 在后续对口罩检测仪的进一步思考与研究的过程中，我发现还可以增加一个温度模块，可以让体温检测和口罩检测完美的结合。

首先，我在体温检测仪上安装了一个 Makeblock 连接片，然后，用 M2 螺丝将 MLX90614 红外测温模块装在连接片上，再将四位数码管安装到连接片底部，最后连接 MLX90614 与四位数码管，并将 MLX90614 的 5V 和 GND 端口用杜邦线安装到智能电源管理板上的接口，MLX90614 部分就完成了。

2. 我还发现可以用 Jetson nano 开发版来代替树莓派，它是专门做图像处理的，性能要比树莓派好，后期实现效果可能要更好一点。但程序写起来很麻烦，我还没学那么多知识，未来应该能够做到。

五、成品效果测试及结果分析

我前期从商场、超市、小区附近的药店还有淘宝网上购买了大家常用的八种不同颜色、型号的口罩，将经过优化过后的口罩检测仪装置放在家里，和请来的小朋友一起进行测试，并且记录检测数据，统计实验结果。实验分为两人，每人依次戴上四种不同的口罩进行检测，由实验数据可知，检测的成功率达到95%以上，所以该设备是可以满足在实际环境中对人脸进行识别并且检测是否佩戴口罩的，我的装置中摄像头可识别范围是一米左右，只要人物在画面中达到一定比例就可以识别，不同身高可以同样识别。对完全不戴口罩、口罩戴得不规范都不予通过，只有规范地佩戴口罩才会显示通过。

后期，我又用四种具有代表类型的口罩进行了反复实验，它们分别是药店销售最高的医用外科口罩、淘宝网络销售最高的 KN95 口罩、同学们佩戴最多的儿童医用外科口罩以及网红第一的口罩。

实验 1. 针对露出鼻子和露出嘴巴这两种不正确佩戴方式进行检测

（见表 2－28）

表 2－28 露出鼻子和露出嘴巴这两种不正确佩戴方式检测结果记录表

口罩不正确佩戴方式	医用口罩	KN95	儿童医用口罩	网红口罩
露出鼻子	检测成功	检测成功	检测成功	检测成功
露出嘴巴	检测成功	检测成功	检测成功	检测成功

实验结果表明：口罩检测仪对口罩佩戴不正确的方式有很高的检测率。

实验 2. 对不同年龄、身高、性别的人进行检测（见表 2－29）。

表 2－29 口罩检测结果记录

检测人群	正面	侧面	抬头	低头
爸爸 62 岁（178cm）	检测成功	检测成功	检测成功	检测成功
妈妈 46 岁（162cm）	检测成功	检测成功	检测成功	检测成功
我 10 岁（145cm）	检测成功	检测成功	检测成功	检测成功
同学 11 岁（155cm）	检测成功	检测成功	检测成功	检测成功

实验结果表明：口罩检测仪对于不同年龄、身高、性别的人都能给予准确的检测结果。

实验 3. 户外小区门口测试，面貌特征不同，身高、性别、角度不同的人都测试通过了。

随着我对计算机视觉知识进一步的学习，我可以去自己优化模型，进一步提高识别的准确率。

六、 研究心得

通过这次研究，我感到人工智能的强大功能，体会到了做一个程序需要经过多次实验并要有坚持到底的决心，由于目前技术限制，以后可以放在无人车上，便于公园管理人员进行监控提醒。

七、 致谢

感谢在此次论文撰写过程中王老师的帮助，感谢家长对我研究的帮助与支持，也感谢我的同学李扶麟对我的支持。

下 篇

评价篇

本篇内容解读：本篇主要阐述了科学课程标准核心素养如何在单元作业评价中得以落实，通过常年对于单元作业评价的钻研，提出几类单元作业评价的模板，可以参照模板开展对单元活动的评价，提高教师备课效率，增强核心素养的落实情况，本篇评价主要是针对单元教学活动和单元作业的表现性评价，并在最后列举出单元表现性评价的案例供一线教师参考使用，分别指向单元教学活动（作业）中的评价、单元课后实践作业评价。

一、本书中对单元评价的解读

1. 什么是单元评价

单元评价是依据单元教学目标对整个教学过程及结果进行评价的综合性的表现性任务，力求整合本单元所学知识并创设情境，鼓励学生在情境中运用所学完成任务。它是对本单元基本问题的回顾，主张单元目标的落实；聚焦话题，让学生在过程中不断感悟单元学习的内容；帮助学生形成思维构建，并且为学生提供进一步发挥的空间。通过单元评价，鼓励学生把本单元所学知识经过深思熟虑后，灵活地运用到真实的情境中，证明对本单元知识的理解和迁移，并对事物形成判断和自我认知。

2. 本书中单元评价的主要方式——单元表现性评价

在《义务教育科学课程标准（2022 年版）》（以下简称《课标》）评价建议中，提出两部分评价内容：其一是过程性评价；其二是学业水平考试。由于学业水平考试与本书内容关联性不强，所以这里不展开介绍了。

对于过程性评价，《课标》评价建议中给出了具体的评价原则及主要环节的提示，而本书就是以过程性评价的原则为前提，围绕单元中课堂教学、作业等主要环节中学生的具体表现进行评价活动，即单元表现性评价，如图 3－1。

先来说一说什么是表现性评价①，它针对的是学生的行为，是通过让学生完成实际任务来评价学生的学习状况，一般较为正式。其关注“我们怎么知道学生知道了什么”，要求定期观察和评价学生的表现。学生应该知道评价的标准，明确标准不仅可使学生知道关键信息，同时也可使学生

---

① 彭香，主编．小学科学有效学习评价［M］．北京：北京师范大学出版社，2016：18.

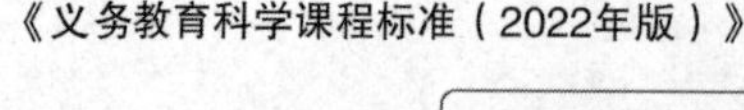

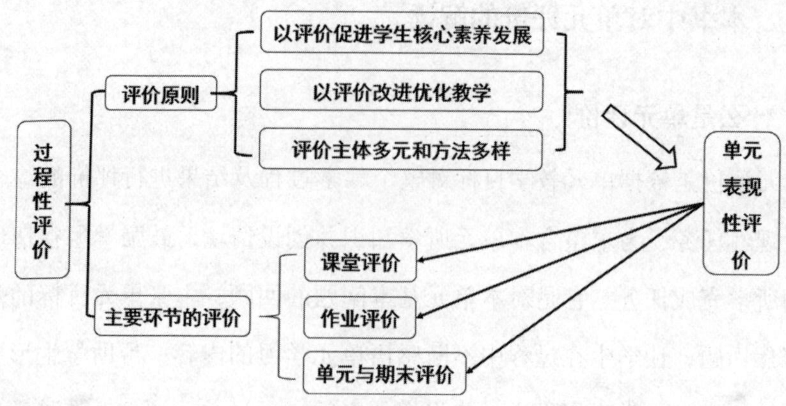

图3－1　课标指导下的本书重点介绍内容框架图

明确一个奋斗目标。表现性任务按任务的形式来划分，可分为口头报告与讨论、模拟表现、科学实验、创作作品、项目研究等。表现性任务的评分方法有整体评价法（以整体的印象对表现或结果进行评定）和分析评价法（针对构成表现或结果的每个重要细节进行判断）两种。做一般性决定（分组、评选或评定成绩等），用整体评价法较为恰当；做诊断困难以及了解学生精熟表现程度时，则用分析评价法更合适。

本书中提到的单元表现性评价，就是基于单元的整体结构，遵循单元整体学生发展的实际情况，制定不同的水平层次，方便教师及时发现单元中每节课学生的发展水平，课堂中从核心素养的四个方面制定评价标准，课后从作业篇介绍的两类作业进行评价设计，以期达成教学评一体化的单元设计。

3. 本书中单元表现性评价的具体内容

（1）围绕核心素养进行单元表现性评价

科学课程要培养的学生核心素养包括科学观念、科学思维、探究实践和态度责任四个方面，将这四个方面按照《课标》所表述的内容可以细化为表 3－1 的具体指标，而本书中的单元表现性评价就是围绕着这些具体指标来进行设计的。

表 3－1　单元表现性评价的具体指标

一级指标	二级指标	三级指标
科学观念	具体观念	物质、能量、结构、功能、变化等
	科学本质	可验证性、相对性、暂时性等
	观念应用	解释自然现象、解决实际问题
科学思维	模型建构	科学推理、科学论证
	推理论证	
	创新思维	
探究实践	科学探究	提出问题、作出假设、制订计划、搜集证据、处理信息、得出结论、表达交流、反思评价
	技术与工程实践	明确问题、设计方案、实施计划、检验作品、改进完善、发布成果
	自主学习能力	制订合理的学习计划、监控学习过程、反思学习过程与结果
态度责任	科学态度	探究兴趣、实事求是、质疑创新、合作分享
	社会责任	人地协调、健康生活、价值判断、道德规范、家国情怀

（2）从作业角度设计相应的评价标准

在作业篇中，着重从两方面进行了作业的介绍：其一是课程视域下融入单元教学过程中的作业；其二是学生在单元学习后的实践作业，因此本篇中也会针对这两部分作业给出评价的具体设计方法，后文将做具体阐述。

二、为什么要对学生进行单元评价

1. 单元评价是“教—学—评”一体化中的支柱

《新课标》着重增强了对教师教学的指导性。在课程标准中针对“内容要求”提出“学业要求”“教学提示”，细化了评价与考试命题建议，注重实现“教—学—评”一致性，增加了教学、评价案例，不仅明确了“为什么教”“教什么”“教到什么程度”，而且强化了“怎么教”的具体指导。

单元评价是“教—学—评”一体中非常重要的一环，与教师的教、学生的学具有高度的相关性，并从某种程度上支撑着教师的教与学生的学。单元评价就是教师依据教学目标，确定评价目标、评价内容和评价标准，通过组织和引导学生完成以评价为导向的多种表现性活动，监控学生的学习过程，检测教与学的效果。有效的单元评价有助于实现“以评促学、以评促教”，直接指向发展学生的核心素养。

所谓“教—学—评”联动，也称为“教—学—评”一体，其核心思想是评价与教学、学习进行统整的设计和实施。也就是说，评价不是教学结束之后的独立、附加、后置环节，而是镶嵌于教学过程之中的，最终形成评价与教学是“你中有我、我中有你”的融合关系。在设计单元活动时，要关注于“教—学—评”的联动：一是评价目标相当于学习目标；二是评价过程相当于学习过程；三是评价结果相当于学习效果。也就是说，学什么，就评什么；希望学生达到什么样的学习目标，其实就等同于对学生的评价目标。评价必须融合在学生的问题解决过程之中，因此评价是整合在整个学习过程中的进行时状态，一边学、一边评，通过对学的观察，完成对评的实施。这也是“教—学—评”联动的核心主旨。当然针对单元教学活动设计和作业设计都在前两个篇章中陈述了，本篇着重于评价标准的设定部分，但三个篇章间的关系是密不可分的。

2. 单元评价促学生进行深度探究实践作业

从上文中可以看出，单元评价对于学生核心素养提升的重要作用，其中也包含了在单元作业中的提升，但是单元评价的设定不仅仅是提升了核心素养，而且也能够促进学生在课后探究实践活动中的深度学习。

所谓深度学习是指在教师引领下，学生围绕着具有挑战性的学习主题，全身心积极参与，体验成功，获得发展的、有意义的学习过程。在这个过程中，学生掌握学科的核心知识，理解学习的过程，把握学科的本质及思想方法，形成积极的内在学习动机、高级的社会性情感、积极的态度、正确的价值观，成为既具独立性、批判性、创造性又有合作精神、扎实基础的优秀学习者，成为未来社会历史实践的主人。

单元后的实践作业，因为是学生自主选择完成的项目，虽然有数字统计每个班级完成的情况，但是还需要一些有针对性的细则来进行深入的评价，而这个评价一定是先行下发给学生的，让他们清晰自己所选择的任务要达到什么程度，可以被评为哪种水平，只有通过评价先行的方式才能促使学生在自主完成实践作业时深度参与，而非蜻蜓点水，沾过即可。

三、怎样进行单元表现性评价设计

1. 单元表现性评价设计的基本原则

（1）明晰评价核心要素，设计切实可行评价标准

单元表现性评价主要由评价目标、评价活动、评价标准、评价反馈四部分组成，其中评价目标与教学目标和学习目标保持一致，体现目标的达成与落实。评价活动是在具体情境中完成的一种表现性活动，体现对语言的运用过程。评价标准与评价目标一致，是衡量表现性活动的依据，确定完成活动的结果质量。评价反馈是完成活动程度的信息呈现，为即将形成的教学决策服务。如图 3 - 2，评价标准的制定是否恰当得体，直接影响着对评价活动质量的评判以及评价目标的达成效果，也就影响着进一步教学决策的准确性，所以制定切实可行的评价标准至关重要，它应与评价目标高度吻合。

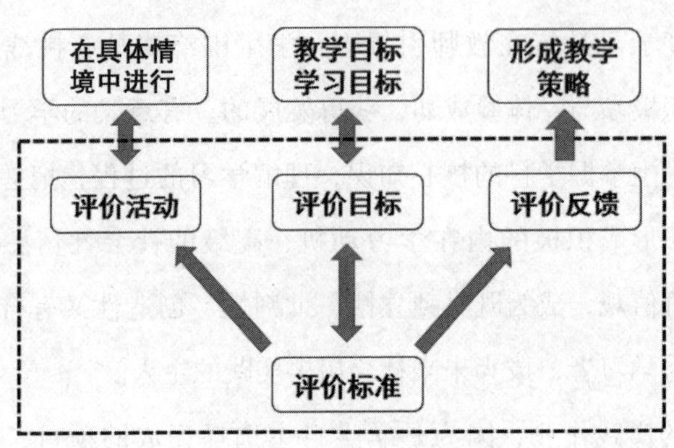

图 3－2　评价四要素的关系图

（2）依托课程标准内容，设计全面进阶评价内容

课程标准是教师授课的纲要，因此所有教学活动的评价都应当紧密围绕着课程标准来进行，所以在设计评价内容时，首先，要充分拆解《课标》所蕴含的丰富内涵，尽可能全面、细致地落实于自己的教学中，其次，在相应的评价标准中进行进阶设计，才能有针对性地进行评价。上文中已经明确阐述本书中的评价内容，是以课程标准为设定的依据，针对核心素养的四个方面进行评价内容及相应评价标准的制定，并结合课后实践活动中的各种作业形式制定评价模板，便于一线教师可以在自己的教学中修改使用。借助这样全面细致的评价内容，达成对学生核心素养的培养。当然还有本书中未涉及的评价内容，比如跨学科课程设计及评价等，有待大家一起共同研讨。

（3）结合具体情境评价，设计主体多元、方法多样的评价活动

2022 年版课程方案中明确提出，要加强课程内容与学生经验、社会生活的联系，注重培养学生在真实情境中综合运用知识解决问题的能力。科学课标中也同样提出要综合利用各评价主体的评价结果，促进教与学方式的改变；强调方法多样，将定性评价和定量评价相结合，单项评价与整体

评价相结合，纸笔测试与表现性评价相结合，综合利用各种方法，保证评价结果的准确性和有效性，作业形式要体现多样性。用于评价的作业可以采取多种形式：书面作业，如知识内容的巩固练习、单元练习等；动手操作类作业，如实验设计和探究、科学设计与制作等；主题学习的考察类作业，如参观科普场馆、研究某一具体的主题或课题等；调查类作业，如调查公众对重大技术问题的看法、调查区域垃圾分类实施情况等。

因此落实于教师设计单元作业时，就应当紧密围绕《课标》要求，开展具有情境化的实际解决问题能力的评价，同时借助自评、互评和师评等多元主体，开展形式多样化的评价活动。

2. 单元表现性评价设计的一般流程及解读

结合上面的陈述，根据多年来的教学经验，梳理出单元表现性评价设计的一般流程图（如图 3－3），供一线教师进行参考使用。

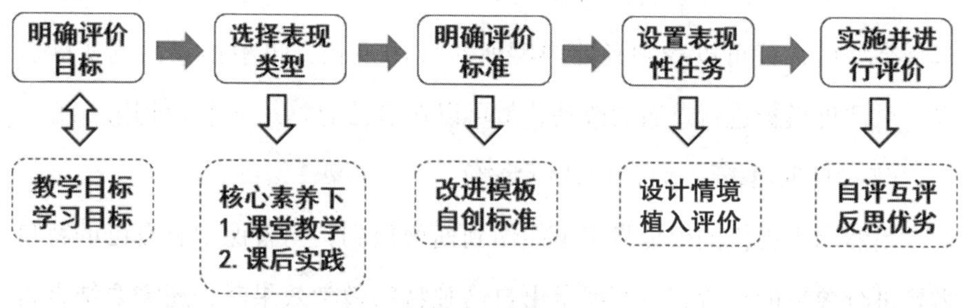

图 3－3 单元表现性评价设计的一般流程图

对流程图的解读：

第一步：明确评价目标

在小学科学教学过程中，基于单元的表现性评价，主要考查学生在单元教学活动过程中的具体表现，包括对知识的掌握情况、思维方法运用的程度、参与探究实践活动的程度与情感态度倾向性。因此，在单元备课的

初始，就应当结合教学目标和学生学习的目标而制定相应的、明确的评价目标，在有明确的评价目标的前提下，才能进行后续相应的评价活动的设计。

第二步：选择表现类型

明确了评价的目标后，下一步就是确认想要评价的学生的表现性活动的类型，同样都要基于核心素养展开评价，对于单元课堂教学活动以及融合于单元课堂教学中的作业，就应当有自己的一套评价模板，而对应单元后的实践作业，显然要用另一套评价的模板来进行具体的评价活动，所以第二步就是确定需要设计哪几部分的单元评价，明确要评价的表现类型。

第三步：明确评价标准

在这个环节中，通常会分为两种情况。

（1）改进模板转化为自己的单元评价

书中下一个话题里会给大家提供一些常用的评价模板，在明确目标、选择类型后，就可以找到具体类型所对应的模板，再根据自己的实际教学，对评价模板进行略微的改动，就可以在自己的单元备课中使用。

（2）自创模板展示特色的单元评价

当然书中提供的模板肯定不能做到面面俱到，当备课中有自己的特色需要进行单独的评价，以便展示出自己独特的教学效果时，还需要结合自己需要评价的内容进行评价标准的制定。

第四步：设置表现性任务

根据前面三步所进行的内容，围绕核心概念的达成还要设计一个真实的生活情境问题来对学生进行评价。如果是单元教学中进行的评价，那么就应当把真实情境作为单元或者课程导入部分的内容，学习后针对这个具体问题该如何解决就是评价学生学习活动效果的依据；如果是单元课后的实践活动，也要把一些任务赋予真实的情境，比如设计手抄报的任务要明确看手抄报的人群是谁，也就是学生带着明确的生活目的性，从而达成宣传教育的目的，对应的评价点就应当是结合学生是否能够解决设置手抄报实际需求这个任务而进行的。

第五步：实施并进行评价

当完成评价细则的制定后，一定在学生实施前让他们清楚知道有这样一项活动，会从几个方面对他们的表现进行评价，可以是自评、互评还有师评，最后体现的就是学生完成这项任务的表现情况。这就是我们常说的评价先行。明晰评价内容及细则后，学生参与单元教学或者开展自己的单元后作业实践活动，完成后教师可以组织学生们以不同的形式完成自评、互评和师评。常见的形式可以是直接在笔记本上贴上评价表格，将每一次课上课后表现及时记录，形成长期的学生档案；还可以是设计为摘星板，把每次评价及时地在教室或者实验室进行摘星记录；再或者可以利用电子信息技术，制作相应的趣味化的情境，在学生完成任务的同时能够通过电子信息评价方式及时记录。

3. 撰写单元表现性评价的基本模板

（1）单元教学表现性评价设计

在单元教学活动中，既有着教学活动的评价，也有融合于教学活动中作业的评价，但是无论哪种评价，都要以核心素养的落实为出发点，所以这里提供给大家的模板就是依据核心素养的四个方面来分别进行的。

第一，科学观念表现性评价设计。

科学观念中包含着三个要素点，即具体观念、科学本质和观念应用。其中，具体观念的进阶达成情况就是《课标》中清晰罗列出来的学习内容进阶体系，这里就不再重复介绍，如果想要对学生具体观念达成情况进行评价，通常借助的是纸笔测试。科学本质是学生的一种理解状态，不易于设计相应的情境进行有针对性的评价，它是一种对学生潜移默化、逐步形

成的思想引领。因此，此处表现性评价主要是针对第三个要素点——观念应用来进行的，可以参照表3-2的模板。

表3-2 科学观念单元表现性评价模板

评价方式	单元表现性评价							
课时	评价内容	评价标准				自评等级	互评等级	师评等级
		A	B	C	D			
1	是否能够将本课所学知识迁移应用	能够独立完成知识的迁移应用，并阐述清楚解决问题的过程	能够独立完成知识的迁移应用，在教师引导下能够说清解决问题的过程	能够在教师的引导下完成知识的迁移应用	能够在教师的引导下、同学的帮助下完成知识的迁移应用			
2								
……								

第二，科学思维表现性评价设计。

科学思维下包含着三个要素点，即模型建构、推理论证和创新思维，每个要素点在《课标》中都有着明确的进阶性要求，因此在进行评价设计时，必须首先要找到学生所处的位置，在总体进阶要求下进行有针对性的评价活动。明确学生所处的位置以后，又可以将不同的要素点按照步骤拆解，进行表现性评价。

①科学思维三个要素点在《课标》中进阶要求的整理（见表3-3）

表3-3 科学思维三个要点在《课标》中的进阶要求

	1—2年级	3—4年级	5—6年级
模型建构	能在教师指导下，观察具体事物的构成要素，通过口述、画图等方式描述事物的外在特征；能利用材料和工具，通过口述、绘画、画图等方式表达自己的想法	能在教师引导下，观察并描述具体事物的构成要素，分析并表达要素之间的关系，找到它们之间重要的、共同的特征；利用模型解释简单的科学现象	通过分析、比较、抽象、概括等方法，抓住简单事物的本质特征，展示对事物的系统、结构、关系、过程及循环的理解，能使用或建构模型，解释有关的科学现象和过程

续表

	1—2 年级	3—4 年级	5—6 年级
推理论证	能在教师指导下，辨别二维空间中的东西南北和上下左右；比较事物之间外在特征的不同点和相同点；根据事物的外在特征，对常见事物进行分类；初步分清观点与事实，根据问题提出假设，具有提供证据的意识	能在教师引导下，用二维方式表达三维空间的物体；比较事物的某些本质特征，根据不同的目的进行分类，基于事物之间的功能相似性进行类比；分析事物的特征及结构，建立事实与观点之间的联系；根据问题提出假设，能提供支撑性的证据；可以利用控制变量的方法设计简单的实验	能形成事物动态变化的图景，掌握比较的方法和分类的基本要求，善于用类比的方法认识事物的特征，理解归纳推理和演绎推理的基本方法并用于解决真实情境中的简单问题，抽象概括常见事物的本质特征，比较全面地分析问题的各种影响因素；针对具体问题提出假设，基于交流情境提出观点，建立证据与假设或观点之间的联系；分析科学实验中的变量控制
创新思维	初步具有从不同角度提出观点的意识，能突破对常见物品功能的思维定式，利用发散思维、重组思维等方法，提出不同想法	初步掌握重组思维、发散思维、突破定势等创造性思维的基本方法，能基于具体事物外在特征展开想象，突破生活中常见问题的思维定式，提出有一定新颖性和合理性的观点，针对事物的外在特征进行设计，并对方案进行初步的科学分析	具有基于事物的结构、功能等展开想象的能力，能运用重组思维、发散思维、突破定势等创造性思维的基本方法，基于科学原理提出有一定新颖性和合理性的观点；能进行初步的创意设计，并利用影像、文字或实物表达自己的创意

②模型建构表现性评价模板（见表 3－4）

根据多年的教学经验，我认为模型建构具有这样的一个过程性，即认识（激活）原型（概念或现象）、用多种形式建构（修正）模型、应用模型或解释原型、建构概念或认识现象，它们彼此的关系如图 3－4。因此在设计相应的评价内容时，也应当从这个流程图出发，进行逐一的评价。

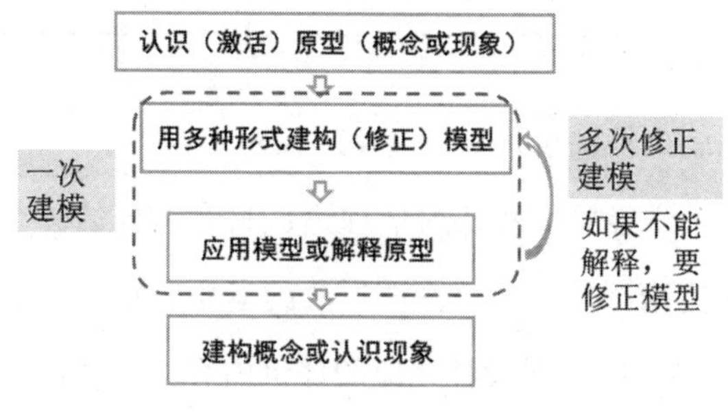

图 3－4　模型建构一般流程图

表3-4　模型建构表现性评价模板

评价方式	单元表现性评价							
环节	评价内容	评价标准				自评等级	互评等级	师评等级
		A	B	C	D			
认识（激活）原型（概念或现象）	是否能够清晰认识原型（概念或现象）	能够独立进行识别，并对原型进行分析与说明	能够独立进行识别，在教师引导下能够对原型进行分析与说明	能够在教师的引导下进行原型的识别	能够在教师的引导下、同学的帮助下完成对原型的识别			
用多种形式建构（修正）模型	是否能够用多种形式建构（修正）模型	能够独立设计、制作和修正模型	能够独立设计、制作模型，在教师引导下完成修正模型活动	能够在教师的引导下设计、制作和修正模型	能够在教师的引导下、同学的帮助下设计、制作和修正模型			
应用模型或解释原型	是否能够应用模型进行解释	能够独立应用模型进行全面的解释	能够独立应用模型进行较全面的解释	在教师引导下应用模型进行较全面的解释	能够在教师的引导下、同学的帮助下进行较全面的解释			
建构概念或认识现象	是否建构概念或者认识现象	能够独立完成知识的迁移应用并阐述清楚解决问题的过程	能够独立完成知识的迁移应用，在教师引导下能够说清解决问题的过程	能够在教师的引导下完成知识的迁移应用	能够在教师的引导下、同学的帮助下完成知识的迁移应用			

③推理论证表现性评价模板（见表3-5）

根据多年的教学经验，我认为推理论证具有这样的一个过程性，即明确论证问题、陈述论点与事实、论证方法的运用、得出论证结论，它们彼此的关系如图3-5。因此在设计相应的评价内容时，也应当从这个流程图出发，进行逐一的评价。

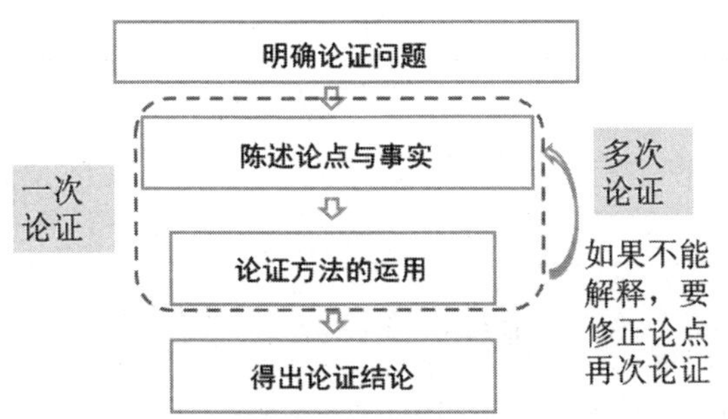

图 3－5 推理论证一般流程图

表 3－5 推理论证表现性评价模板

评价方式	单元表现性评价							
环节	评价内容	评价标准				自评等级	互评等级	师评等级
		A	B	C	D			
明确论证问题	是否能够明确提出要论证的问题	能够独立提出问题，说清楚问题与情境的关系	能够独立提出问题，在教师引导下能够说清楚问题与情境的关系	能够在教师的引导下提出问题	能够在教师的引导下、同学的帮助下提出问题			
陈述论点与事实	是否能够提出明确的观点	能够独立提出自己的观点并说清楚形成自己观点的思考过程	能够独立提出自己的观点，在教师引导下能够说清楚形成自己观点的思考过程	能够在教师的引导下提出自己的观点	能够在教师的引导下、同学的帮助下提出自己的观点			
论证方法的运用	是否能够选择相应的论证方法获取证据，论证自己的观点	能够独立选择相应的论证方法获取证据，论证自己的观点	能够独立选择相应的论证方法，在教师的引导下获取证据，论证自己的观点	在教师引导下选择相应的论证方法获取证据，论证自己的观点	能够在教师的引导下、同学的帮助下选择相应的论证方法获取证据，论证自己的观点			

续表

评价方式	单元表现性评价							
环节	评价内容	评价标准				自评等级	互评等级	师评等级
		A	B	C	D			
得出论证结论	是否通过分析证据得出论证的结论	能够独立通过分析证据得出论证结论	能够独立分析证据，在教师引导下得出论证结论	能够在教师的引导下通过分析证据得出论证结论	能够在教师的引导下、同学的帮助下通过分析证据得出论证结论			

④创新思维表现性评价模板

根据多年的教学经验，我认为创新思维所包含的内容是极其丰富的，探究环节中学生提出富有创意的、独特的见解，技术工程实践活动中学生设计出特有的与众不同的技术物，这些都是创新思维的表现，因此这部分的评价主要是围绕着散布在教学环节中的点进行评价设计的（见表3－6）。

表3－6　创新思维表现性评价模板

评价方式	单元表现性评价							
环节	评价内容	评价标准				自评等级	互评等级	师评等级
		A	B	C	D			
提出自己观点	是否能够提出新颖性和合理性的观点	能够独立提出新颖性和合理性的观点，并说清楚形成自己观点的思考过程	能够独立提出新颖性和合理性的观点，在教师引导下能够说清楚形成自己观点的思考过程	能够在教师的引导下提出新颖性和合理性的观点	能够在教师的引导下、同学的帮助下提出新颖性和合理性的观点			

续表

评价方式	单元表现性评价							
环节	评价内容	评价标准				自评等级	互评等级	师评等级
		A	B	C	D			
设计技术物方案	是否能够进行创意设计	能够独立进行创意设计，并说清楚自己设计的思考过程	能够独立进行创意设计，在教师引导下能够说清楚自己设计的思考过程	能够在教师的引导下进行创意设计	能够在教师的引导下、同学的帮助下进行创意设计			

第三，探究实践表现性评价设计。

探究实践下包含着三个要素点，即科学探究、技术与工程实践、自主学习能力，每个要素点在《课标》中都有着明确的进阶性要求，因此在进行评价设计时，必须首先要找到学生所处的位置，在总体进阶要求下进行有针对性的评价活动。明确学生所处位置以后，又可以将不同的要素点按照步骤拆解，进行表现性评价。

①探究实践三个要素点在《课标》中进阶要求的整理（见表 3－7）

表 3－7　探究实践三个要点在《课标》中的进阶要求

	1—2 年级	3—4 年级	5—6 年级
科学探究	能在教师指导下，通过对具体现象与事物的观察和比较，提出感兴趣的问题，做出简单猜想，并了解科学探究需要制订的计划。具有初步的提出问题和制订计划的意识。 能利用多种感官或简单的工具，观察对象的外部形态特征及现象，并能对这些特征和现象进行简单的比较、分类等。具有初步的收集信息和得出结论的意识	能在教师引导下，通过对具体现象与事物的观察和比较，提出可探究的科学问题，并基于已有经验和所学知识，从现象和事件发生的条件、过程、原因等方面提出假设，制订简单的探究计划。初步具有根据具体现象与事物提出探究问题、基于已有经验和知识制订简单探究计划的能力	能基于所学知识，从事物的结构、功能、变化及相互关系等角度提出可探究的科学问题和研究假设，制订比较完整的探究计划，设计控制变量的实验方案。初步具有从事物的结构、功能、变化及相互关系等角度提出问题和制订比较完整的探究计划的能力

续表

	1—2 年级	3—4 年级	5—6 年级
	具有简单交流、评价探究过程和结果的意识	能运用感官和选择恰当的工具、仪器，观察并描述对象的外部形态特征及现象，用较准确的科学词汇、统计图表等记录和整理信息，并运用分析、比较、推理、概括等方法，分析结果，得出结论。初步具有描述对象外部特征和现象以及分析处理信息并得出结论的能力。 能准确讲述并反思自己的探究过程和结果，作出自我评价与调整。初步具有交流、反思以及评价探究过程和结果的意识	能运用观察、实验、查阅资料、实地调查、案例分析等方式获取信息，用科学语言、概念图、统计图表等记录整理信息，表述探究结果，并运用分析、比较、推理、概括等方法得出科学探究的结论，判断结论与假设是否一致。初步具有获取信息、运用科学方法描述和处理信息并得出结论的能力。 采用不同方式（如小论文、调查报告等）呈现探究的过程与结果，尝试运用科学原理进行解释，对探究活动进行过程性反思和总结性评价，完善探究报告。初步具有交流探究过程和结果并进行评价、反思、改进的能力
技术与工程实践	知道简单工具的功能和使用方法，能利用身边的材料和简单工具动手完成简单的任务，能发现作品中存在的问题并尝试提出解决方案	掌握常见工具的使用方法；能拆开简单产品并复原，制作某种产品的简化实物模型并反映其中的部分科学原理；能发现作品的不足并进行改进。初步具有参与技术与工程实践的意识及使用常见工具的技能	能利用相关仪器设备进行观察并记录；应用所学科学原理设计并制作简单的装置，能进行模拟演示并简要解释；能根据证据改进实物模型的设计和制作。具有初步的构思、设计、实施、验证与改进的能力
自主学习能力	能在教师的指导下完成学习任务，进行总结反思，初步养成良好的学习习惯	能在教师引导下，制订和执行学习计划，运用基本的学习方法，对学习过程和结果进行总结与反思，养成良好的学习习惯	能自主制订和执行学习计划，掌握基本的学习方法，探索适合自身特点的学习策略，进行有效的总结和反思。具有初步的制订学习计划、监控学习过程和总结反思的能力

②科学探究表现性评价模板

从《课标》中也可以看到，对于科学探究有明确的八个要素，分别是提出问题、作出假设、制订计划、搜集证据、处理信息、得出结论、表达交流和反思评价。因此在课堂教学中要落实探究实践核心素养，必然要从这八个要素点进行一一评价（见表3－8）。

表 3-8 科学探究表现性评价模板

评价方式	单元表现性评价							
环节	评价内容	评价标准				自评等级	互评等级	师评等级
		A	B	C	D			
提出问题	是否能够提出可探究科学问题	能够独立依据情境提出可探究的科学问题，说清楚问题与情境的关系	能够独立依据情境提出可探究的科学问题，在教师引导下能够说清楚问题与情境的关系	能够在教师的引导下提出可探究的科学问题	能够在教师的引导下、同学的帮助下，提出可探究的科学问题			
作出假设	是否能够作出自己的假设	能够提出自己的假设并说清楚形成假设的思考过程	能够提出自己的假设，在教师引导下能够说清楚形成假设的思考过程	能够在教师的引导下提出自己的假设	能够在教师的引导下、同学的帮助下提出自己的假设			
制订计划	是否能够制订严谨、科学、可实施的实验计划	能够独立制订严谨、科学、可实施的实验计划，说清楚对于实验的预设与分析	能够独立制订严谨、科学、可实施的实验计划，在教师引导下说清楚对于实验的预设与分析	能够在教师的引导下制订严谨、科学、可实施的实验计划	能够在教师的引导下、同学的帮助下，制订严谨、科学、可实施的实验计划			
搜集证据	是否能够严谨、科学地获取实证	能够在小组合作中带领同组同学严谨、科学地获取实证	在教师的引导下，能够在小组合作中带领同组同学严谨、科学地获取实证	在教师的组织下，能够在小组合作中和同组同学一起严谨、科学地获取实证	在教师的组织下，能够在小组合作中借助同学的帮助完成实验求证活动			

续表

评价方式	单元表现性评价							
环节	评价内容	评价标准				自评等级	互评等级	师评等级
		A	B	C	D			
处理信息	是否能够运用科学的方法进行证据的处理	能够在小组合作中带领同组同学运用科学的方法进行证据的处理	在教师的引导下，能够在小组合作中带领同组同学运用科学的方法进行证据的处理	在教师的组织下，能够在小组合作中和同组同学一起运用科学的方法进行证据的处理	在教师的组织下，能够在小组合作中借助同学的帮助完成证据的处理活动			
得出结论	是否能够运用科学的思维方法得出实验的结论	能够独立推理出实验的结论，并说清楚得出结论的思考过程	能够独立推理出实验的结论，在教师引导下能够说清楚得出结论的思考过程	能够在教师的引导下推理出实验的结论	能够在教师的引导下、同学的帮助下，推理出实验的结论			
表达交流	是否能够把研究过程进行合理的表达	能够独立根据已有的格式填写研究报告，在班级或小组中与他人交流	能够独立根据已有的格式填写研究报告，在教师引导下能够在班级或小组中与他人交流	能够在教师的引导下，根据已有的格式填写研究报告	能够在教师的引导下、同学的帮助下，根据已有的格式填写研究报告			
反思评价	是否能够反思探究过程和结果，对自己和他人作出评价	能够在小组合作中带领同组同学反思探究过程和结果，对自己和他人作出评价	在教师的引导下，能够在小组合作中带领同组同学反思探究过程和结果，对自己和他人作出评价	在教师的组织下，能够在小组合作中和同组同学一起反思探究过程和结果，对自己和他人作出评价	在教师的组织下，能够在小组合作中借助同学的帮助完成反思探究过程和结果，对自己和他人作出评价的活动			

③技术工程实践表现性评价模板

从《课标》中可以看到，对于技术工程实践有明确的六个要素，分别是明确问题、设计方案、实施计划、检验作品、改进完善、发布成果。因此在课堂教学中要落实探究实践核心素养，必然要从这六个要素点进行一一评价（见表3－9）。

表3－9 技术工程实践表现性评价模板

评价方式	单元表现性评价							
环节	评价内容	评价标准				自评等级	互评等级	师评等级
		A	B	C	D			
明确问题	是否能够从真实情境中明确要解决的技术与工程问题	能够独立从真实情境中明确要解决的技术与工程问题，并说清楚问题的具体要求	能够独立从真实情境中明确要解决的技术与工程问题，在教师引导下能够说清楚问题的具体要求	能够在教师的引导下，从真实情境中明确要解决的技术与工程问题	能够在教师的引导下、同学的帮助下，从真实情境中明确要解决的技术与工程问题			
设计方案	是否能够设计出解决实际问题的方案，并具有可实施性	能够独立设计出解决实际问题的方案，并具有可实施性	能够独立设计出解决实际问题的方案，在教师引导下能够说清楚自己方案的可实施性	能够在教师的引导下，设计出解决实际问题的方案	能够在教师的引导下、同学的帮助下，设计出解决实际问题的方案			
实施计划	是否能够按照设计方案实施计划	能够在小组合作中带领同组同学按照设计方案实施计划	在教师的引导下，能够在小组合作中带领同组同学按照设计方案实施计划	在教师的组织下，能够在小组合作中和同组同学一起按照设计方案实施计划	在教师的组织下，能够在小组合作中借助同学的帮助完成设计方案实施计划			

续表

评价方式	单元表现性评价							
环节	评价内容	评价标准				自评等级	互评等级	师评等级
		A	B	C	D			
检验作品	是否能够按照作品的评价标准检验自己的作品，对其他小组的作品进行有效的评价	能够在小组合作中带领同组同学按照作品的评价标准检验自己的作品，对其他小组的作品进行有效的评价	在教师的引导下，能够在小组合作中带领同组同学按照作品的评价标准检验自己的作品，对其他小组的作品进行有效的评价	在教师的组织下，能够在小组合作中和同组同学一起按照作品的评价标准检验自己的作品，对其他小组的作品进行有效的评价	在教师的组织下，能够在小组合作中借助同学的帮助按照作品的评价标准检验自己的作品，对其他小组的作品进行有效的评价			
改进完善	是否能够根据所提建议进行有效的修改，制作出更优异的迭代作品	能够在小组合作中带领同组同学根据所提建议进行有效的修改，制作出更优异的迭代作品	在教师的引导下，能够在小组合作中带领同组同学根据所提建议进行有效的修改，制作出更优异的迭代作品	在教师的组织下，能够在小组合作中和同组同学一起根据所提建议进行有效的修改，制作出更优异的迭代作品	在教师的组织下，能够在小组合作中借助同学的帮助根据所提建议进行有效的修改，制作出更优异的迭代作品			
发布成果	是否能够把制作过程和成品进行合理的表达	能够独立根据已有的格式展示制作过程和成品，在班级或小组中与他人交流	能够独立根据已有的格式展示制作过程和成品，在教师引导下，能够在班级或小组中与他人交流	能够在教师的引导下，根据已有的格式展示制作过程和成品	能够在教师的引导下、同学的帮助下根据已有的格式展示制作过程和成品			

④自主学习能力表现性评价模板

从《课标》中可以看到，对于自主学习能力可以从三个方面进行评价，分别是制订合理的学习计划、监控学习过程、反思学习过程与结果。这部分内容在课堂中往往体现不多，因此结合课后实践作业部分的评价一起进行陈述，这里不再进行模板的设计。

第四，态度责任表现性评价设计。

态度责任包含着两个要素点，即科学态度和社会责任，每个要素点在《课标》中都有着明确的进阶性要求，因此在进行评价设计时，必须首先要找到学生所处的位置，在总体进阶要求下进行有针对性的评价活动。明确学生所处的位置以后，又可以将不同的要素点按照不同的方向拆解，进行表现性评价。

①态度责任两个要素点在《课标》中进阶要求的整理

表 3－10 态度责任两个要素点在《课标》中的进阶要求

	1—2 年级	3—4 年级	5—6 年级
科学态度	在好奇心驱使下，对常见自然现象或生活现象表现出直觉兴趣；能如实记录观察到的信息；知道可以有依据地质疑别人的观点，尝试从不同角度、以不同方式认识事物；愿意倾听他人的想法，乐于分享和表达自己的想法	在好奇心驱使下，乐于动手操作感兴趣的事物；知道科学学科的学习与实践要实事求是，能如实记录和报告观察与实验的信息，具有基于事实表达观点的意识；能有依据地质疑别人的观点，尝试运用不同思路和方法完成探究和实践；愿意分享自己的想法，乐于倾听他人观点，改进和完善探究活动	在好奇心驱使下，表现出对现象发生原因的因果兴趣；不盲从，不迷信权威，能以事实为依据作出独立判断，面对有说服力的证据，愿意调整自己的想法；善于有依据地质疑别人的观点，乐于尝试运用多种思路和方法完成探究和实践，初步具有创新的兴趣；就科学问题在认识上的分歧，乐于与他人进行沟通交流和辩论，基于证据反思和调整探究活动
社会责任	了解生活中常见的科技产品能给人类生活带来的便利，知道科技产品有利也有弊；树立珍爱生命、节约资源和保护环境的意识	了解科学技术对人类生活方式和生产方式有影响，人类的生活和生产可能对环境造成破坏；知道节约资源和保护环境的重要性	了解科学、技术、社会、环境之间的相互影响，以及科学研究和技术应用中需要考虑伦理道德；愿意采取行动保护环境、节约资源

②科学态度表现性评价模板

从《课标》中可以看到，对于科学态度可以从四个方面进行评价，分别

是探究兴趣、实事求是、质疑创新、合作分享。因此在课堂教学中要落实态度责任核心素养，必然要从这四个要素点进行一一评价（见表3-11）。

表3-11　科学态度表现性评价模板

评价方式	单元表现性评价							
环节	评价内容	评价标准				自评等级	互评等级	师评等级
		A	B	C	D			
探究兴趣	是否能够在好奇心驱使下，对常见自然现象或生活现象表现出探究的兴趣	能够在好奇心驱使下，对常见自然现象或生活现象表现出非常高昂的探究兴趣	能够在好奇心驱使下，对常见自然现象或生活现象表现出积极的探究兴趣	能够在好奇心驱使下，对常见自然现象或生活现象表现出一定的探究兴趣	能够在老师 同学的引导下，对常见自然现象或生活现象表现出探究兴趣			
实事求是	是否能够如实记录观察到的信息	能够如实记录观察到的信息	在教师引导下，能够如实记录观察到的信息	在同学帮助下，能够如实记录观察到的信息	在教师指导帮助下，能够如实记录观察到的信息			
质疑创新	是否能够有依据地质疑别人的观点，运用不同思路和方法完成探究和实践	能够有依据地质疑别人的观点，运用不同思路和方法完成探究和实践	在教师引导下，能够有依据地质疑别人的观点，运用不同思路和方法完成探究和实践	在同学帮助下，能够有依据地质疑别人的观点，运用不同思路和方法完成探究和实践	在教师指导帮助下，能够有依据地质疑别人的观点，运用不同思路和方法完成探究和实践			
合作分享	是否愿意分享自己的想法，乐于倾听他人观点	愿意分享自己的想法，乐于倾听他人观点	在教师引导下，愿意分享自己的想法，乐于倾听他人观点	在同学帮助下，愿意分享自己的想法，乐于倾听他人观点	在教师指导帮助下，愿意分享自己的想法，乐于倾听他人观点			

③社会责任表现性评价模板

从《课标》中可以看到，对于社会责任可以从五个方面进行评价，分别是人地协调、健康生活、价值判断、道德规范、家国情怀。因此在课堂教学中要落实态度责任核心素养，必然要从这五个要素点进行评价，但要注意不是每个单元中都会包含这其中的所有要素，还是要根据单元的教学目标来选择合适的评价目标进行评价，在单元评价时一定要格外关注这部分的评价内容，它是不可或缺的重要组成，更是落实立德树人根本任务的重要基石，模板中给出的是评价的大致方向，大家在使用时要根据自己的单元教学内容，细化模板中的一些文字内容，比如：人地协调，具体到单元中，如果只有保护环境的内容，就要对模板进行调整使用（见表3－12）。

表3－12 社会责任表现性评价模板

评价方式	单元表现性评价							
环节	评价内容	评价标准				自评等级	互评等级	师评等级
		A	B	C	D			
人地协调	是否能够具有节约资源和保护环境的意识	面对真实情境问题，能够具有节约资源和保护环境的意识	面对真实情境问题，在教师指导下，能够具有节约资源和保护环境的意识	面对真实情境问题，在同学们的帮助下，能够具有节约资源和保护环境的意识	面对真实情境问题，在教师的细致的指导下，具有节约资源和保护环境的意识			
健康生活	是否能够树立珍爱生命、保护自己的意识	面对真实情境问题，能够树立珍爱生命、保护自己的意识	面对真实情境问题，在教师指导下，能够树立珍爱生命、保护自己的意识	面对真实情境问题，在同学们的帮助下，能够树立珍爱生命、保护自己的意识	面对真实情境问题，在教师的细致的指导下，能够树立珍爱生命、保护自己的意识			

续表

评价方式	单元表现性评价							
环节	评价内容	评价标准				自评等级	互评等级	师评等级
		A	B	C	D			
价值判断	是否能够作出正确的价值判断	面对真实情境问题，能够作出正确的价值判断	面对真实情境问题，在教师指导下，能够作出正确的价值判断	面对真实情境问题，在同学们的帮助下，能够作出正确的价值判断	面对真实情境问题，在教师的细致的指导下，能够作出正确的价值判断			
道德规范	是否能够具有基本的道德规范	面对真实情境问题，能够具有基本的道德规范	面对真实情境问题，在教师指导下，能够具有基本的道德规范	面对真实情境问题，在同学们的帮助下，能够具有基本的道德规范	面对真实情境问题，在教师的细致的指导下，能够具有基本的道德规范			
家国情怀	是否能够怀有民族自豪感，能够有爱国情怀	面对真实情境问题，能够怀有民族自豪感，能够有爱国情怀	面对真实情境问题，在教师指导下，能够怀有民族自豪感，能够有爱国情怀	面对真实情境问题，在同学们的帮助下，能够树立起民族自豪感，能够有爱国情怀	面对真实情境问题，在教师的细致的指导下，树立起民族自豪感，能够有爱国情怀			

（2）课后实践作业表现性评价设计

课后实践作业的设计往往是依据单元教学活动而进行的，因此在对于课后实践作业的评价上，要从单元整体教学活动要达成的目标考虑，也蕴含着核心素养的四个方面，即科学观念、科学思维、探究实践和态度责任。也就是说对于课后实践作业，可以使用上述的模板对其进行评价考核，这里就不再一一重复了，此部分为大家提供的是针对于不同实践活动的特有评价模板，从常见的五类实践作业进行梳理，即手抄报、思维导图、情景剧表演、拓展小讲座、探究实践活动，建议在向学生布置此类作业前出示评价标准，这样学生在完成实践活动作业前就能够清楚地知道自己要做什么、应该做到什么程度、会得到怎样的评价。下面具体来看一下每类作业应当如何做，怎样评。

第一，单元实践作业之手抄报。

单元学习后布置学生围绕某一个主题进行手抄报的绘制是常见的实践活动作业方式之一。手抄报非常有利于学生展示自己所学的知识，并将其以自己的视角宣传给别人，获得别人的称赞，增强自信心。

①手抄报制作的基本要求

手抄报是模仿报纸的、单面的、用钢笔书写的、可传阅也可张贴的小报。制作手抄报，从总体上考虑，首先要确立主题思想。一期手抄报，版面很有限，要办出特色，必须在内容上突出一个主题，做到主题突出又丰富多彩。版面编排和美化设计，也要围绕着主题，根据主题和文章内容决定形式的严肃与活泼，做到形式与内容的统一。

手抄报的编排设计，总的要求是，主题明确，版面新颖美观。首先，要把版面划分成两块，每块中还可以再分成片；划分文章块面时，要有横有竖，有大有小，有变化和有对称的美；报头要放在显著位置。其次，进行块面的编排，如不符合原先的划分，就要对版面、块面安排做必要的调整。最后是装饰设计，除报头按内容设计、绘制外，每篇文字内容的标题也要做总体考虑，按文字主次确定每篇文字内容标题的字体、字号、颜色及横、竖排位置；文字内容以横排为主，行距大于字距，篇与篇之间可以用些题花、插图、花边及尾花等穿插其中，起装饰、活泼片面的作用。

在手抄报文字编写这部分，也要注意标题与正文的区别。比如主要或重要的文字标题，应用较醒目、庄重的字体；次要文字，则可用轻松活泼

的字体。同一版上的各篇文字内容也应用不同的字体书写。标题字体应比文字内容字体大，色彩也应加重。正文的书写字体要清楚、美观大方，字行间要整齐，字体不宜太小，忌潦草错字。

手抄报的装饰美化，主要是用色彩、绘图等艺术手段，弥补文字的单调，给人以生动形象、优美和谐的美感和启迪。内容包括报头、题花、插图、花边、尾花和色彩运用等。报头是手抄报的标志，由图案或画面和主题名称组成。题花是对文章标题或开头的装饰，带有提示性的图画或图案。插图可以根据文章的内容，画一个能说明一个情节的画面，这种形式与文章内容紧密联系。花边一般不宜太多、太大、太粗，否则就会喧宾夺主；花边可以美化版面，可以隔开文章，便于阅读。尾花是装饰在文章后面的图画或图案，如一篇文章抄完后，还剩有空白，可以画一尾花，既可充实版面，又能增加美感。色彩一般宜简练、明快、淡雅，不宜过分渲染、杂乱。一般而言，正文色调宜朴素、稳重；标题及花边、插图等，则可用较鲜艳的色彩，这样才能浓淡适宜，增强效果。

②手抄报表现性评价模板

针对上述的基本要求，就可以设计相应的评价模板，并让学生针对每项评价进行自己的实践活动（见表3－13）。

表3－13　手抄报表现性评价模板

评价方式	单元表现性评价							
环节	评价内容	评价标准				自评等级	互评等级	师评等级
		A	B	C	D			
版面编排	是否美观大方，图文布局合理	版面设计美观大方，图文布局合理	版面设计美观大方，图文布局比较合理	版面设计比较美观大方，图文布局比较合理	版面设计欠缺美观大方，图文布局有不合理之处			

续表

评价方式	单元表现性评价							
环节	评价内容	评价标准				自评等级	互评等级	师评等级
		A	B	C	D			
文字编写	是否文章内容符合要求、书写工整认真、形式多样	文章内容完全符合要求、书写非常工整认真、形式呈现多样	文章内容符合要求、书写工整认真、形式多样	文章内容基本符合要求、书写比较工整认真	文章内容有不符合要求的地方、书写不够工整认真			
装饰美化	是否具有基本美化项目，整体设计有特色	报头、题花、插图、花边、尾花都进行了美化设计，并有自己的特色	报头、题花、插图、花边、尾花都进行了美化设计	美化项目略有缺项，但有自己的特色	美化项目略有缺项，色彩运用没有特色			

第二，单元实践作业之思维导图。

单元学习后，布置学生围绕本单元学习内容进行思维导图的绘制是常见的实践活动作业方式之一。思维导图可以帮助学生深化理解单元所学知识，帮助学生在头脑中分析知识的联系，建立单元内容的模型体系，还可以从思维整理角度将单元所学知识技能化繁为简、化乱为治，还可以对学生思维进行激发，产生与单元内容更多联系的想法，它是一种蕴含着高度思维活动的实践作业，因此在绘制前一定要让学生认识到思维导图的基本要求，明确评价的标准，再开展有意义的单元实践作业，从而提升学生的核心素养。

①绘制思维导图的基本要求

绘制思维导图可以遵循着这样的步骤：第一步从白纸中心开始画，周

围留出足够空白。第二步用一幅图像表达中心思想。第三步从白纸的右上角45度开始，顺序连接中心图像和主要分枝、二级分枝、三级分枝，依此类推。第四步每条线上注明一个关键词。第五步用多变曲线连接，不要使用直线。第六步绘图时使用多种颜色，多使用相关图像（形）。

思维导图常见的格式有四种：第一种是气泡图，它分为单气泡图和双气泡图，单气泡图就是有很多圆圈围绕中心主题所建立的，双气泡图是由两个气泡思维导图组建而成的，中间的部分是两个思维导图所重合的部位，可以用来总结两个相似内容；第二种是树状图，它就如同一棵大树一样，该种类的思维导图主要适用于对知识点的归纳，这样在后期使用的时候可以一目了然地、清晰地展示在面板中；第三种是鱼骨图，它是一种发现问题根本原因的方法，特点是简洁实用，它看上去像鱼骨，问题标注在鱼头处，在鱼骨上长出鱼刺，按照问题的多少，对节点进行添加组成一个完整的鱼骨图；第四种是圆圈图，它是由不同的圆圈大小组合而成的，位于中间部门的自然是中心主题，一般会偏大一点，四周的圆圈是分支主题，大小稍微小点，可以培养学生的想象力以及联想力。

②思维导图表现性评价模板（见表3－14）

表3－14 思维导图表现性评价模板

评价方式	单元表现性评价							
环节	评价内容	评价标准				自评等级	互评等级	师评等级
		A	B	C	D			
视觉效果	是否美观大方	版面设计美观大方	版面设计比较美观大方	版面设计有一定的美观性	版面设计欠缺美观大方			
思维结构	是否分类标准统一，层级科学	分类标准高度统一，层级划分科学合理	分类标准统一，层级划分比较科学合理	分类标准基本统一，层级划分比较科学合理	分类标准欠缺统一，层级划分有不合理的地方			

续表

评价方式	单元表现性评价							
环节	评价内容	评价标准				自评等级	互评等级	师评等级
		A	B	C	D			
文字编写	是否进行全面的总结、提取的关键词简洁清晰、编写的文字字迹工整	进行非常全面细致的总结、提取的关键词简洁清晰、编写的文字字迹工整	进行比较全面细致的总结、提取的关键词比较简洁清晰、编写的文字字迹工整	进行相对全面的总结、提取的关键词内容较多	进行相对全面的总结、提取的关键词内容较多，字迹不够工整			

第三，单元实践作业之情景剧表演。

单元学习后，布置学生围绕某一主题内容进行情景剧的表演是常见的实践活动作业方式之一。通过情景剧的表演，可以充分将单元所学习的内容融于一个生活化的真实情境中，既可以在情境中再次演绎问题解决的过程，又可以进一步提升学生对这一主题内容思想上的认识，从而更好地落实立德树人的根本任务。

①情景剧表演的基本要求

情景剧表演一般分为五步：第一步，确定表演的人员组成；第二步，设计围绕主题活动的剧本；第三步，准备相关的表演道具；第四步，进行小组排练；第五步，进行班级展示活动。在每个环节中，都需要学生们进行小组合作，在不断的研讨、排练中熟悉自己的角色，从而更好地展现出小组同学对于本单元或者主题活动的理解。

②情景剧表演的表现性评价模板（见表3－15）

表3－15　情景剧表演表现性评价模板

评价方式	单元表现性评价							
环节	评价内容	评价标准				自评等级	互评等级	师评等级
		A	B	C	D			
剧本内容	是否能够体现单元或者主题内容，积极向上传播正能量	能够高度体现单元或者主题内容，剧本设计积极向上传播正能量，引发同学们的共鸣与思考	能够体现单元或者主题核心内容，剧本设计具有积极向上传播正能量的内容	能够体现单元或者主题核心内容，剧本设计具有一定的积极向上传播正能量的作用	能够体现单元或者主题内容，剧本设计还需要在积极向上传播正能量上努力			
道具材料	是否充分准备了所需要的相关道具材料	根据剧本需要，准备了充足恰当的道具	根据剧本需要，准备了一定的道具	有简单的道具辅助表演	道具准备不充足			
现场表现	是否语言流畅、配合默契、呈现效果好	在表演中语言表达流畅、成员配合默契、情景剧呈现效果好	在表演中语言表达比较流畅、成员配合比较默契、情景剧呈现效果好	在表演中语言表达比较流畅、成员配合默契度有待提高、情景剧呈现效果比较好	在表演中语言表达不太流畅、成员配合默契度有待提高、情景剧呈现效果还可以更好			

第四，单元实践作业之拓展小讲座。

单元学习后，布置学生围绕某一拓展学习内容进行制作PPT开展小讲座的形式是常见的实践活动作业方式之一。通过布置拓展小讲座的活动，可以让同学们了解更多与单元学习相关的内容，也培养了演讲人及其小团队成员搜集信息、整理信息和表达交流等基本能力。

①拓展小讲座的基本要求

拓展小讲座一般分为五步：第一步，确定演讲人及小组成员；第二步，搜集与拓展内容相关的资料内容；第三步，小组合作完成资料的整理；第四步，编写演讲稿和汇报的 PPT 文件；第五步，进行班级展示活动。在每个环节中，都需要学生们进行小组合作，在不断的研讨、整理、分析和总结中，更好地展现出小组同学对于本单元或者主题活动拓展部分的理解。

②拓展小讲座的表现性评价模板（见表 3 – 16）

表 3 – 16　拓展小讲座表现性评价模板

评价方式	单元表现性评价							
环节	评价内容	评价标准				自评等级	互评等级	师评等级
		A	B	C	D			
搜集整理资料	是否能够有效搜集并整理资料	能够围绕单元或主题内容搜集有价值的资料，并运用科学方法进行资料整理	能够围绕单元或主题内容搜集相关的资料，并运用科学方法进行资料整理	能够围绕单元或主题内容搜集资料，并进行资料整理	能够围绕单元或主题内容搜集资料，但整理的资料没有主线			
演讲内容	是否能够体现单元或者主题拓展的内容，积极向上传播正能量	能够高度体现单元或者主题拓展的内容，演讲稿设计积极向上传播正能量，引发同学们的共鸣与思考	能够体现单元或者主题拓展的核心内容，演讲稿设计具有积极向上传播正能量的内容	能够体现单元或者主题拓展的核心内容，演讲稿设计具有一定的积极向上传播正能量的作用	能够体现单元或者主题拓展的内容，演讲稿设计还需要在积极向上传播正能量上努力			

续表

评价方式	单元表现性评价							
环节	评价内容	评价标准				自评等级	互评等级	师评等级
		A	B	C	D			
汇报课件	是否准备了与演讲内容匹配的课件	根据演讲需要，准备了精美且高度匹配的课件	根据演讲需要，准备了相应的课件	根据演讲需要，准备了简单的课件	没有使用课件或者相应的道具			
现场表现	是否语言流畅，呈现效果好	在演讲中语言表达流畅，成员配合默契，呈现效果好	在演讲中语言表达比较流畅，成员配合比较默契，呈现效果好	在演讲中语言表达比较流畅，成员配合默契度有待提高，呈现效果比较好	在演讲中语言表达不太流畅，成员配合默契度有待提高，呈现效果还可以更好			

第五，单元实践作业之探究实践活动。

单元学习后，布置学生围绕某一主题内容进行探究实践活动的形式是常见的实践活动作业方式之一，但是这类探究实践活动作业具有一定的难度，在学生选择并想尝试的时候，一定依据学生具体情况进行单独的指导与帮助，不同水平的学生最终成果展示方式也要有区别性的评价。

①探究实践活动的基本要求

探究实践活动类的作业在上一个篇章中已经详细进行了分析与说明，主要有三种类型，即自然科学实践活动、社会科学实践活动、设计与发明类实践活动，具体的解读与设计可以参考作业篇的相关内容。

②探究实践活动的表现性评价模板（分为自然科学、社会科学、设计与发明类三个方向）

对应不同的探究实践活动，评价的内容与标准也会有所区别，因此这里提供给大家的模板就是三个不同方向的内容，结合到具体的单元评价中可以进行选择与修改（见表 3－17、表 3－18、表 3－19）。

表 3-17 自然科学实践活动表现性评价模板

评价方式	单元表现性评价							
环节	评价内容	评价标准				自评等级	互评等级	师评等级
		A	B	C	D			
研究题目	是否清晰易懂	题目清晰易懂，能够吸引别人的关注	题目比较清晰易懂，能够吸引别人的关注	题目比较烦琐，能够吸引一些人的关注	题目烦琐难懂，不能吸引别人的关注			
研究背景	是否阐述清晰	研究背景陈述清晰，问题明确	研究背景陈述清晰，问题不太明确	研究背景陈述不太清晰，问题不太明确	研究背景陈述和研究问题都不明确			
研究目的	是否目的明确且与背景相关	研究目的明确，与研究背景紧密相关	研究目的明确，与研究背景相关	研究目的不太明确，与研究背景相关	研究目的不明确，与研究背景无关			
研究计划	是否可行	制订计划真实、可行性高	制订计划真实、有可行性	制订计划不太真实、可行性不高	制订计划不具有可行性			
研究过程与结果	是否有科学严谨的过程，得出真实可靠的结果	研究过程科学严谨，研究结果真实可靠	研究过程比较科学严谨，研究结果比较真实可靠	研究过程比较科学严谨，研究结果不太可靠	研究过程缺乏科学严谨，研究结果不太可靠			
后期宣传	是否有效果	宣传有实效，能起到推广的作用	宣传有一定的实效，能起到一定范围的推广作用	宣传有一定的实效，推广范围不大	宣传实效性差，推广范围小			

表 3－18　社会科学实践活动表现性评价模板

评价方式	单元表现性评价							
环节	评价内容	评价标准				自评等级	互评等级	师评等级
		A	B	C	D			
研究题目	是否清晰易懂	题目清晰易懂，能够吸引别人的关注	题目比较清晰易懂，能够吸引别人的关注	题目比较烦琐，能够吸引一些人的关注	题目烦琐难懂，不能吸引别人的关注			
研究背景	是否阐述清晰	研究背景陈述清晰，问题呈现较为明确	研究背景陈述清晰，问题呈现不明确	研究背景陈述不太清晰，问题呈现不明确	研究背景陈述和问题都不明确			
发现问题	是否能够提出明确的问题且与背景相关	研究问题明确，与研究背景紧密相关	研究问题明确，与研究背景相关	研究问题不太明确，与研究背景相关	研究问题不明确，与研究背景无关			
查找资料	是否能够有效搜集并整理资料	能够围绕研究主题内容搜集有价值的资料，并运用科学方法进行资料整理	能够围绕研究主题内容搜集相关的资料，并运用科学方法进行资料整理	能够围绕研究主题内容搜集资料，并进行资料整理	能够围绕研究主题内容搜集资料，但整理的资料没有主线			
研究计划	是否可行	制订计划真实、可行性高	制订计划真实、有可行性	制订计划不太真实、可行性不高	制订计划不具有可行性			
研究过程与结果	是否有科学严谨的过程，得出真实可靠的结果	研究过程科学严谨，研究结果真实可靠	研究过程比较科学严谨，研究结果比较真实可靠	研究过程比较科学严谨，研究结果不太可靠	研究过程缺乏科学严谨，研究结果不太可靠			
后期宣传	是否有效果	宣传有实效，能起到推广的作用	宣传有一定的实效，能起到一定范围的推广作用	宣传有一定的实效，推广范围不大	宣传实效性差，推广范围小			

表 3－19 设计与发明类实践活动表现性评价模板

评价方式	单元表现性评价							
环节	评价内容	评价标准				自评等级	互评等级	师评等级
		A	B	C	D			
研究题目	是否清晰易懂	题目清晰易懂，能够吸引别人的关注	题目比较清晰易懂，能够吸引别人的关注	题目比较烦琐，能够吸引一些人的关注	题目烦琐难懂，不能吸引别人的关注			
研究背景	是否阐述清晰	研究背景陈述清晰，问题呈现较为明确	研究背景陈述清晰，问题呈现不明确	研究背景陈述不太清晰，问题呈现不明确	研究背景陈述和问题都不明确			
研究意义	是否能够解决实际问题	设计发明的技术物有效解决生活中的实际问题	设计发明的技术物能够解决生活中的实际问题	设计发明的技术物在一定程度上能够解决生活中的实际问题	设计发明的技术物不能解决生活中的实际问题			
研究计划	是否可行	制订计划真实、可行性高	制订计划真实、有可行性	制订计划不太真实、可行性不高	制订计划不具有可行性			
研究过程	是否有科学严谨的过程，得出真实可靠的结果	研究过程科学严谨，研究结果真实可靠	研究过程比较科学严谨，研究结果比较真实可靠	研究过程比较科学严谨，研究结果不太可靠	研究过程缺乏科学严谨，研究结果不太可靠			
成品效果测试及结果分析	是否有效果	亲测成品效果很好地解决生活中的实际问题	亲测成品效果能解决生活中的实际问题	亲测成品效果一定程度上解决了生活中的实际问题	亲测成品效果不能解决生活中的实际问题			

四、单元表现性评价设计案例

本篇中提供的三个评价案例都是与前面的两个篇章相互呼应的，上篇课堂篇中最后放置的两个案例即为下文的案例一、案例二，中篇作业篇内模板举例的单元作业设计即为下文的案例三，如果想还原单元教学活动、学生学习活动和单元评价整体的过程，可以结合前两个篇章的内容一起看这三个案例。

案例一：工程实践类单元教学表现性评价设计："设计楼梯照明电路"

1. 案例的背景介绍

此案例其他的具体内容在课堂篇案例展示中，与评价相关的是单元的指导思想和单元教学目标，这里简要回顾一下。

表 3－20 "设计楼梯照明电路"单元教学设计（也包含着融合于单元教学中的作业设计）

单元指导思想	基于上述思考，为了培养学生科学素养中的实践创新和理性思维，我在充分地将教材电学知识内化的基础上，根据学生现有知识水平与认知结构，建构出符合学生最近发展区需求的新的教材结构，确定教学单元"奇妙的双向开关"，并进行设计与教学实施，力求以学生为中心，借助假想电流法 和对电路逻辑分析的教学策略，从学生思维起点出发，引导学生感受像工程师一样发明一项技术的过程，分层引导学生发明出双向开关，解决生活实际问题，从而培养创新萌芽
单元教学目标	科学观念目标： 在分析实际问题和设计双向开关的探究活动中，了解双向开关在楼梯照明电路中的控制作用，知道发明一项技术的基本步骤，能够认识到技术与工程的关系。 科学思维目标： 能够运用比较、分析、综合、归纳等基本思维方法，在设计楼梯照明电路探究活动中，创新设计并制作出双向开关。 探究实践目标： 1. 通过设计楼梯照明电路探究活动，在遇到困难时能够主动思考解决问题的办法，创新出双向开关去解决实际问题。 2. 通过设计楼梯照明电路探究活动，在分析需求、设计、创新等能力上都能得到一定提升。 3. 在教师引导下，通过设计楼梯照明电路探究活动，能对自己的探究过程、方法和结果进行反思，做出自我评价与调整。 态度责任目标： 通过设计楼梯照明电路探究活动，学生面对失败时，有不怕困难、勇于创新的探索精神，并将这种科学精神运用到学习和生活中去

2. 案例的表现性评价展示

由上述分析中不难看出，要对本单元进行表现性评价，要从核心素养四个方面进行，分别套用上述的相关模板，结合具体的单元内容修改细则，形成本单元的表现性评价。

表 3－21 “设计楼梯照明电路”单元表现性评价

评价指向	单元表现性评价							
	评价内容	评价标准				自评等级	互评等级	师评等级
		A	B	C	D			
科学观念——具体概念的掌握	是否清楚发明一项技术的基本步骤	能够独立说出发明一项技术的基本步骤	能够在教师的引导下，说出发明一项技术的基本步骤	能够借助同学的帮助，说出发明一项技术的基本步骤	能够通过流程图的记录，说出发明一项技术的基本步骤			
科学观念——观念的应用	是否能够将本单元所学知识（发明技术的步骤）迁移应用	能够独立完成知识的迁移应用并阐述清楚解决问题的过程	能够独立完成知识的迁移应用，在教师引导下能够说清解决问题的过程	能够在教师的引导下，完成知识的迁移应用	能够在教师的引导下、同学的帮助下，完成知识的迁移应用			
科学思维——模型建构	是否能够用多种形式建构（修正）模型	能够独立设计、制作和修正模型	能够独立设计、制作模型，在教师引导下，完成修正模型活动	能够在教师的引导下，进行设计、制作和修正模型	能够在教师的引导下、同学的帮助下，进行设计、制作和修正模型			
科学思维——模型建构	是否能够应用模型进行解释	能够独立应用模型进行全面的解释	能够独立应用模型进行较全面的解释	在教师引导下，应用模型进行较全面的解释	能够在教师的引导下、同学的帮助下，进行较全面的解释			

续表

评价指向	单元表现性评价							
	评价内容	评价标准				自评等级	互评等级	师评等级
		A	B	C	D			
科学思维——创新思维	是否能够进行创意设计	能够独立进行创意设计并说清楚自己设计的思考过程	能够独立进行创意设计，在教师引导下，能够说清楚自己设计的思考过程	能够在教师的引导下，进行创意设计	能够在教师的引导下、同学的帮助下，进行创意设计			
探究实践—技术与工程—明确问题	是否能够从真实情境中明确要解决的技术与工程问题	能够独立从真实情境中明确要解决的技术与工程问题并说清楚问题的具体要求	能够独立从真实情境中明确要解决的技术与工程问题，在教师引导下，能够说清楚问题的具体要求	能够在教师的引导下，从真实情境中明确要解决的技术与工程问题	能够在教师的引导下、同学的帮助下，从真实情境中明确要解决的技术与工程问题			
探究实践—技术与工程—设计方案	是否能够设计出解决实际问题的方案，并具有可实施性	能够独立设计出解决实际问题的方案，并具有可实施性	能够独立设计出解决实际问题的方案，在教师引导下，能够说清楚自己方案的可实施性	能够在教师的引导下，设计出解决实际问题的方案	能够在教师的引导下、同学的帮助下，设计出解决实际问题的方案			
探究实践—技术与工程—实施计划	是否能够按照设计方案实施计划	能够在小组合作中带领同组同学按照设计方案实施计划	在教师的引导下，能够在小组合作中带领同组同学按照设计方案实施计划	在教师的组织下，能够在小组合作中和同组同学一起按照设计方案实施计划	在教师的组织下，能够在小组合作中借助同学的帮助完成设计方案实施计划			

续表

评价指向	单元表现性评价							
	评价内容	评价标准				自评等级	互评等级	师评等级
		A	B	C	D			
探究实践—技术与工程—检验作品	是否能够按照作品的评价标准检验自己的作品，对其他小组的作品进行有效的评价	能够在小组合作中带领同组同学按照作品的评价标准检验自己的作品，对其他小组的作品进行有效的评价	在教师的引导下，能够在小组合作中带领同组同学按照作品的评价标准检验自己的作品，对其他小组的作品进行有效的评价	在教师的组织下，能够在小组合作中和同组同学一起按照作品的评价标准检验自己的作品，对其他小组的作品进行有效的评价	在教师的组织下，能够在小组合作中借助同学的帮助按照作品的评价标准检验自己的作品，对其他小组的作品进行有效的评价			
探究实践—技术与工程—改进完善	是否能够根据所提建议进行有效的修改，制作出更优异的迭代作品	能够在小组合作中带领同组同学根据所提建议进行有效的修改，制作出更优异的迭代作品	在教师的引导下，能够在小组合作中带领同组同学根据所提建议进行有效的修改，制作出更优异的迭代作品	在教师的组织下，能够在小组合作中和同组同学一起根据所提建议进行有效的修改，制作出更优异的迭代作品	在教师的组织下，能够在小组合作中借助同学的帮助根据所提建议进行有效的修改，制作出更优异的迭代作品			
探究实践—技术与工程—发布成果	是否能够对制作过程和成品进行合理的表达	能够独立根据已有的格式展示制作过程和成品，在班级或小组中与他人交流	能够独立根据已有的格式展示制作过程和成品，在教师引导下，能够在班级或小组中与他人交流	能够在教师的引导下，根据已有的格式展示制作过程和成品	能够在教师的引导下、同学的帮助下，根据已有的格式展示制作过程和成品			

续表

评价指向	单元表现性评价							
	评价内容	评价标准				自评等级	互评等级	师评等级
		A	B	C	D			
态度责任—质疑创新	是否能够有依据地质疑别人的观点，运用不同思路和方法完成探究和实践	能够有依据地质疑别人的观点，运用不同思路和方法完成探究和实践	在教师引导下，能够有依据地质疑别人的观点，运用不同思路和方法完成探究和实践	在同学帮助下，能够有依据地质疑别人的观点，运用不同思路和方法完成探究和实践	在教师引导下、同学的帮助下，能够有依据地质疑别人的观点，运用不同思路和方法完成探究和实践			

案例二：科学探究类单元教学表现性评价设计：“神奇的声音”

1. 案例的背景介绍

此案例其他的具体内容在课堂篇案例展示中，与评价相关的是单元的指导思想和单元教学目标，这里简要回顾一下。

表 3－22 “神奇的声音”单元教学设计（也包含着融合于单元教学中的作业设计）

单元指导思想	基于上述思考，为了培养学生的理性思维素养和科学推理能力，我在精减教材内容的基础上，根据学生现有知识水平与认知结构，建构出符合学生最近发展区需求的新的单元结构，确定教学单元“神奇的声音”，并进行设计与教学实施，借助杜威教学过程五个阶段完成课程的环节设计，力求以学生为中心，通过对归纳推理思维方法的学习，经历“教—扶—放”的过程，帮助学生进一步加深对于归纳推理思维方法的理解与应用
单元教学目标	科学观念目标： 通过探究声音的产生、传播和变化的实验活动，知道声音是由物体振动产生的。声音可以在固体、液体和气体中传播。音高是由振动的快慢（频率）决定的，音量是由振动的幅度（振幅）决定的。并能运用上述知识解释生活中常见的关于声音的现象。 科学思维目标： 对实验所获得的证据运用分析、比较、推理、概括等思维方法，归纳推理得出结论

续表

	探究实践目标： 通过探究声音的产生、传播和变化的实验活动，能从具体现象和事物的观察、比较中，提出可探究的科学问题，能基于已有经验和所学知识，从现象和事件发生的条件、过程、原因等方面提出假设。 态度责任目标： 通过探究声音的产生、传播和变化的实验活动，能在好奇心的驱使下，表现出对现象和事件发生的条件、过程、原因等方面的探究兴趣，发展对声音调查的兴趣。在科学探究中能以事实为依据，不从众，不轻易相信权威与书本；面对有说服力的证据，能调整自己的观点

2. 案例的表现性评价展示

由上述分析中不难看出，对本单元进行表现性评价，要从核心素养的四个方面进行，分别套用上述的相关模板，结合具体的单元内容修改细则，形成本单元的表现性评价。

表 3－23 “神奇的声音”单元表现性评价

评价指向	单元表现性评价							
	评价内容	评价标准				自评等级	互评等级	师评等级
		A	B	C	D			
科学观念—具体概念的掌握	是否清楚声音的产生、传播、变化的规律	能够独立说出声音的产生、传播、变化的规律	能够借助教师的引导，说出声音的产生、传播、变化的规律	能够借助同学的帮助，说出声音的产生、传播、变化的规律	能够通过思维导图的记录，说出声音的产生、传播、变化的规律			
科学观念—观念的应用	是否能够将本单元所学知识（声音的产生、传播、变化的规律）迁移应用	能够独立完成知识的迁移应用并阐述清楚解决问题的过程	能够独立完成知识的迁移应用，在教师引导下，能够说清解决问题的过程	能够在教师的引导下，完成知识的迁移应用	能够在教师的引导下、同学的帮助下，完成知识的迁移应用			

续表

评价指向	单元表现性评价							
	评价内容	评价标准				自评等级	互评等级	师评等级
		A	B	C	D			
探究实践—科学探究—提出问题、科学思维—推理论证	是否能够提出可探究的科学问题	能够独立依据情境提出可探究科学问题，说清楚问题与情境的关系	能够独立依据情境提出可探究的科学问题，在教师引导下，能够说清楚问题与情境的关系	能够在教师的引导下，提出可探究的科学问题	能够在教师的引导下、同学的帮助下，提出可探究的科学问题			
探究实践—科学探究—作出假设、科学思维—推理论证	是否能够作出自己的假设	能够独立提出自己的假设并说清楚形成自己假设的思考过程	能够独立提出自己的假设，在教师引导下，能够说清楚形成自己假设的思考过程	能够在教师的引导下，提出自己的假设	能够在教师的引导下、同学的帮助下，提出自己的假设			
探究实践—科学探究—制订计划、科学思维—创新思维	是否能够制订严谨、科学可实施的实验计划	能够独立制订严谨、科学可实施的实验计划，说清楚对于实验的预设与分析	能够独立制订严谨、科学可实施的实验计划，在教师引导下，说清楚对于实验的预设与分析	能够在教师的引导下，制订严谨、科学可实施的实验计划	能够在教师的引导下、同学的帮助下，制订严谨、科学可实施的实验计划			
探究实践—科学探究—搜集证据、科学思维—推理论证	是否能够严谨、科学地获取实证	能够在小组合作中带领同组同学严谨、科学地获取实证	在教师的引导下，能够在小组合作中带领同组同学严谨、科学地获取实证	在教师的组织下，能够在小组合作中和同组同学一起严谨、科学地获取实证	在教师的组织下，能够在小组合作中借助同学的帮助完成实验求证活动			

续表

评价指向	单元表现性评价							
	评价内容	评价标准				自评等级	互评等级	师评等级
		A	B	C	D			
探究实践—科学探究—处理信息、科学思维—推理论证	是否能够运用科学的方法进行证据的处理	能够在小组合作中带领同组同学运用科学的方法进行证据的处理	在教师的引导下，能够在小组合作中带领同组同学运用科学的方法进行证据的处理	在教师的组织下，能够在小组合作中和同组同学一起运用科学的方法进行证据的处理	在教师的组织下，能够在小组合作中借助同学的帮助完成证据的处理活动			
探究实践—科学探究—得出结论、科学思维—推理论证	是否能够运用科学的思维方法得出实验的结论	能够独立推理出实验的结论并说清楚得出结论的思考过程	能够独立推理出实验的结论，在教师引导下，能够说清楚得出结论的思考过程	能够在教师的引导下，推理出实验的结论	能够在教师的引导下、同学的帮助下，推理出实验的结论			
探究实践—科学探究—表达交流	是否能够对研究过程进行合理的表达	能够独立根据已有的格式填写研究报告，在班级或小组中与他人交流	能够独立根据已有的格式填写研究报告，在教师引导下，能够在班级或小组中与他人交流	能够在教师的引导下，根据已有的格式填写研究报告	能够在教师的引导下、同学的帮助下，根据已有的格式填写研究报告			
探究实践—科学探究—反思评价	是否能够反思探究过程和结果，对自己和他人作出评价	能够在小组合作中带领同组同学反思探究过程和结果，对自己和他人作出评价	在教师的引导下，能够在小组合作中带领同组同学反思探究过程和结果，对自己和他人作出评价	在教师的组织下，能够在小组合作中和同组同学一起反思探究过程和结果，对自己和他人作出评价	在教师的组织下，能够在小组合作中借助同学的帮助完成反思探究过程和结果，对自己和他人作出评价的活动			

续表

评价指向	单元表现性评价							
	评价内容	评价标准				自评等级	互评等级	师评等级
		A	B	C	D			
态度责任—科学态度—探究兴趣	是否能够在好奇心驱使下，对常见自然现象或生活现象表现出探究的兴趣	能够在好奇心驱使下，对常见自然现象或生活现象表现出非常高昂的探究兴趣	能够在好奇心驱使下，对常见自然现象或生活现象表现出积极的探究兴趣	能够在好奇心驱使下，对常见自然现象或生活现象表现出一定的探究兴趣	能够在老师的引导下、同学的帮助下，对常见自然现象或生活现象表现出探究兴趣			

案例三：课后实践作业表现性评价设计："环境与我们"

1. 案例的背景介绍

本案例来源于中篇作业篇中的作业举例，详细分析可见本书上一篇章内的分析，这里简要回顾一下与评价标准相关的内容。

表 3－24　学生在"环境与我们"单元学习后的实践作业设计模板

教材名称	教科版教材	单元内容	环境与我们
单元作业目标			
科学观念	通过对于水污染主题探究实践活动的开展，进一步加深对于"淡水资源很紧缺，人们在生产生活中要用掉大量的淡水，而新技术能帮助我们节约用水，以及我们面临复杂而严重的环境问题，这些环境问题主要是人类造成"的认识，加强对于生物与环境相互关系的理解		
科学思维	在开展水污染主题探究实践活动的过程中，运用比较、分类、分析、综合等思维方法，归纳概括出水资源的珍贵性		
探究实践	通过对于水污染主题探究实践活动的开展，进行调查、统计，并利用图表进行比较分析，达成实践活动目标		
态度责任	通过对于水污染主题探究实践活动的开展，关注水资源紧缺、水污染等环境问题，意识到人类活动对环境破坏的严重程度		

续表

单元作业主题：水污染主题实践活动			
作业形式	作业实施与评价反馈	数据统计（全班共35人）	交流展示
手抄报	基础要求：手抄报中能够体现水污染主题内容。 提高要求：手抄报具有很强的个人特色和宣传价值	16人选择都已完成，特色作品6幅	优秀作品粘贴在班级宣传栏展示2周
拓展小讲座	基础要求：能够找到与主题紧密相关的资料。 提高要求：能够将资料按照一定的方式进行分类整理	9人选择已完成	以PPT形式进行班级汇报
情景剧表演	基础要求：表演中能够体现水污染主题内容。 提高要求：具有宣传展示价值	5人选择已完成	以视频形式年级展示
校园水污染调查研究	基础要求：有实地的走访记录，并对记录进行分析。 提高要求：形成自己的调查研究论文	2人选择已完成	以PPT形式进行班级汇报
温榆河调查研究	基础要求：有实地的走访记录，并对记录进行分析。 提高要求：形成自己的调查研究论文	1人选择正在进行，暑期后提交	以论文形式分享交流并提交参赛
通惠河调查研究	基础要求：有实地的走访记录，并对记录进行分析。 提高要求：形成自己的调查研究论文	2人选择正在进行，暑期后提交	以论文形式分享交流并提交参赛

2. 案例表现性评价的展示

①本次单元作业有16人选择以手抄报的形式完成，因此开展实践活动前将下面的表现性评价表提供给学生（见表3－25）。

表3－25　手抄报表现性评价

评价方式	单元表现性评价							
环节	评价内容	评价标准				自评等级	互评等级	师评等级
		A	B	C	D			
版面编排	是否美观大方，图文布局合理	版面设计美观大方，图文布局合理	版面设计美观大方，图文布局比较合理	版面设计比较美观大方，图文布局比较合理	版面设计欠缺美观大方，图文布局有不合理之处			

续表

评价方式	单元表现性评价							
环节	评价内容	评价标准				自评等级	互评等级	师评等级
		A	B	C	D			
文字编写	是否文章内容符合水污染主题要求、书写工整认真、形式多样	文章内容完全符合水污染主题要求、书写非常工整认真、形式呈现多样	文章内容符合水污染主题要求、书写工整认真、形式多样	文章内容基本符合水污染主题要求、书写比较工整认真	文章内容有不符合水污染主题要求的地方、书写不够工整认真			
装饰美化	是否具有基本美化项目，整体设计有特色	报头、题花、插图、花边、尾花都进行了美化设计，并有自己的特色	报头、题花、插图、花边、尾花都进行了美化设计	美化项目略有缺项，但有自己的特色	美化项目略有缺项，色彩运用没有特色			

②本次单元作业有9人选择以拓展小讲座的形式完成，因此开展实践活动前将下面的表现性评价表提供给学生（见表3－26）。

表3－26　拓展小讲座表现性评价

评价方式	单元表现性评价							
环节	评价内容	评价标准				自评等级	互评等级	师评等级
		A	B	C	D			
搜集整理资料	是否能够有效搜集并整理关于水污染的资料	能够围绕水污染问题搜集有价值的资料，并运用科学方法进行资料整理	能够围绕水污染问题搜集相关的资料，并运用科学方法进行资料整理	能够围绕水污染问题搜集资料，并进行资料整理	能够围绕水污染问题搜集资料，但整理的资料没有主线			

续表

评价方式	单元表现性评价							
环节	评价内容	评价标准				自评等级	互评等级	师评等级
		A	B	C	D			
演讲内容	是否能够体现水污染拓展的内容，积极向上传播正能量	能够高度体现水污染拓展的内容，演讲稿设计积极向上传播正能量，引发同学们的共鸣与思考	能够体现水污染拓展的核心内容，演讲稿设计具有积极向上传播正能量的内容	能够体现水污染拓展的核心内容，演讲稿设计具有一定的积极向上传播正能量的作用	能够体现水污染拓展的内容，演讲稿设计还需要在积极向上传播正能量上努力			
汇报课件	是否准备了与演讲内容匹配的课件	根据演讲需要，准备了精美且高度匹配的课件	根据演讲需要，准备了相应的课件	根据演讲需要，准备了简单的课件	没有使用课件或者相应的道具			
现场表现	是否语言流畅呈现效果好	在演讲中语言表达流畅，成员配合默契呈现效果好	在演讲中语言表达比较流畅，成员配合比较默契，呈现效果好	在演讲中语言表达比较流畅，成员配合默契度有待提高，呈现效果比较好	在演讲中语言表达不太流畅，成员配合默契度有待提高，呈现效果还可以更好			

③本次单元作业有5人选择以情景剧表演的形式完成，因此开展实践活动前将下面的表现性评价表提供给学生（见表3－27）。

表3－27　情景剧表演表现性评价

评价方式	单元表现性评价							
环节	评价内容	评价标准				自评等级	互评等级	师评等级
		A	B	C	D			
剧本内容	是否能够体现水污染主题内容，积极向上传播正能量	能够高度体现水污染主题内容，剧本设计积极向上传播正能量，引发同学们的共鸣与思考	能够体现水污染主题核心内容，剧本设计具有积极向上传播正能量的内容	能够体现水污染主题核心内容，剧本设计具有一定的积极向上传播正能量的作用	能够体现水污染主题内容，剧本设计还需要在积极向上传播正能量上努力			

续表

评价方式	单元表现性评价							
环节	评价内容	评价标准				自评等级	互评等级	师评等级
		A	B	C	D			
道具材料	是否充分准备了所需要的相关道具材料	根据剧本需要，准备了充足恰当的道具	根据剧本需要，准备了一定的道具	有简单的道具辅助表演	道具准备不充足			
现场表现	是否语言流畅，配合默契，呈现效果好	在表演中语言表达流畅，成员配合默契，情景剧呈现效果好	在表演中语言表达比较流畅，成员配合比较默契，情景剧呈现效果好	在表演中语言表达比较流畅，成员配合默契度有待提高，情景剧呈现效果比较好	在表演中语言表达不太流畅，成员配合默契度有待提高，情景剧呈现效果还可以更好			

④本次单元作业有 5 人选择以社会调查也就是社会科学实践活动的形式完成，因此开展实践活动前将下面的表现性评价表提供给学生（见表 3－28）。

表 3－28　社会科学实践活动表现性评价

评价方式	单元表现性评价							
环节	评价内容	评价标准				自评等级	互评等级	师评等级
		A	B	C	D			
研究题目	是否清晰易懂	题目清晰易懂，能够吸引别人的关注	题目比较清晰易懂，能够吸引别人的关注	题目比较烦琐，能够吸引一些人的关注	题目烦琐难懂，不能吸引别人的关注			
研究背景	是否阐述清晰	研究背景陈述清晰，问题呈现较为明确	研究背景陈述清晰，问题呈现不明确	研究背景陈述不太清晰，问题呈现不明确	研究背景陈述和问题都不明确			

续表

评价方式	单元表现性评价							
环节	评价内容	评价标准				自评等级	互评等级	师评等级
		A	B	C	D			
发现问题	是否能够提出明确的问题且与背景相关	研究问题明确，与研究背景紧密相关	研究问题明确，与研究背景相关	研究问题不太明确，与研究背景相关	研究问题不明确，与研究背景无关			
查找资料	是否能够有效搜集并整理资料	能够围绕研究主题内容搜集有价值的资料，并运用科学方法进行资料整理	能够围绕研究主题内容搜集相关的资料，并运用科学方法进行资料整理	能够围绕研究主题内容搜集资料，并进行资料整理	能够围绕研究主题内容搜集资料，但整理的资料没有主线			
研究计划	是否可行	制订计划真实、可行性高	制订计划真实、有可行性	制订计划不太真实、可行性不高	制订计划不具有可行性			
研究过程与结果	是否有科学严谨的过程，得出真实可靠的结果	研究过程科学严谨，研究结果真实可靠	研究过程比较科学严谨，研究结果比较真实可靠	研究过程比较科学严谨，研究结果不太可靠	研究过程缺乏科学严谨，研究结果不太可靠			
后期宣传	是否有效果	宣传有实效，能起到推广的作用	宣传有一定的实效，能起到一定范围的推广作用	宣传有一定的实效，推广范围不大	宣传实效性差，推广范围小			

将所有作业收集上来以后，就可以根据各项作业的评价表，开展评价活动，让学生清晰知道本次作业的完成情况。

后　记

本书自《新课标》出台开始构思，撰稿，结合本人多年对于单元教学设计的研究，形成了这样的一本物化文稿，肯定还有诸多不足之处，但是在一定程度上也为一线教师们提供了一个具有实践价值、通俗易懂的备课指导，书中的一般流程和提供的模板都是我本人多年来不断改进完善、借鉴诸多前辈们的宝贵经验而形成的，希望能借此机会抛砖引玉，引起大家的重视和讨论，为培养提升学生的核心素养而不断努力。

还想借此机会，感谢本书撰写过程中给予我帮助与支持的教委领导们和学校领导们，其中予以我最大帮助的是我的师父——朝阳区小学科学教研员王素英老师，书中每个获奖案例的背后都是她悉心对我的一次次指导与帮助，书中每个流程和模板的提出，都是她在我内心种下的萌芽。正是因为有了大家的支持与帮助，才能让我有机会回顾梳理自己的经历，提炼自己的教育教学成果。

最后我想说，教学无定法，我也会一如既往地在教学的道路上继续前行，摸索和实践更好、更成熟的教育教学策略及方法，以期后续再和同人交流。